KB161812

임동석중국사상100

월절서
越絕書

袁康(撰) 吳平(輯錄) / 林東錫 譯註

象犀珠玉怪珍之物有悦於人之耳目而不適於用金石草木絲麻五穀六材有適於用而用之則弊取之則竭悦於人之耳目而適於用用之而不弊取之而不竭賢不肖之所得各因其才不同而求無不獲者惟書乎仁智之所見各隨其分

丁亥菊秋錄東坡李氏山房藏書記 丘堂呂元九

"상아, 물소 뿔, 진주, 옥. 진괴한 이런 물건들은 사람의 이목은 즐겁게 하지만 쓰임에는 적절하지 않다. 그런가 하면 금석이나 초목, 실, 삼베, 오곡, 육재는 쓰임에는 적절하나 이를 사용하면 닳아지고 취하면 고갈된다. 그렇다면 사람의 이목을 즐겁게 하면서 이를 사용하기에도 적절하며, 써도 닳지 아니하고 취하여도 고갈되지 않고, 똑똑한 자나 불초한 자라도 그를 통해 얻는 바가 각기 그 자신의 재능에 따라주고, 어진 사람이나 지혜로운 사람이나 그를 통해 보는 바가 각기 그 자신의 분수에 따라주되 무엇이든지 구하여 얻지 못할 것이 없는 것은 오직 책뿐이로다!"

《소동파전집》(34) 〈이씨산방장서기〉에서 구당(丘堂) 여원구(呂元九) 선생의 글씨

책 머리에

옛 월나라 도읍 소흥(紹興, 會稽)도 서너 번 가 보았다. 대우릉大禹陵이며 노신魯迅의 함형주점咸亨酒店, 그리고 서성書聖 왕희지 王羲之의 난정蘭亭에 가서는 〈난정서蘭亭序〉를 외어 보기도 하고, 곡수曲水 가에 앉아 어설픈 시 한 수도 읊어보고는 글씨도 쓸 줄 모르면서 붓과 벼루를 기념으로 샀다. 그런가 하면 오나라 도읍 소주蘇州에서는 호구虎丘며, 졸정원拙政園을 거쳐 한산사寒山寺에 이르러는 장계張繼의 절창 〈풍교야 박楓橋夜泊〉을 외우며 한산사 종루에 올라 종도 쳐보고는 그 시의 족자도 하나 사서 여행 배낭에 삐죽이 넣었다. 오나라, 월나라! 내 여행 기억 속 에는 애절한 고대 왕국이 아니라 살아 있는 합려와 부차, 구천이 신하 오자서와 백비, 범려와 문종을 데리고 곧 나타날 것만 같은 그런 곳이었다.

張繼 〈楓橋夜泊〉(啓功 書)

그리하여 《오월춘추》와 《월절서》를 한 번 자세히 들여다보겠노라 늘 생각하고 있었지만 그것이 오히려 짐이었다. 그리하여 《오월춘추》를 얼추 마치고 내친 김에 이 책도 작업에 나섰다.

《월절서》는 중국 많은 고전 중에 복수를 주제로 한 특이한 저술이다. 그러한 책은 흔치 않으며 기술 방법 또한 일반 고전과는 다르다. 춘추시기 끝 무렵 장강長江 남방의 월越나라가 오吳나라를 멸한 일반적 역사 사실을 철저 하게 부각시켜 그 주제를 복수에 초점을 맞추어 서술한 것이다. 《오월춘추》와 쌍벽을 이루고 있으며 마치 표리관계를 형성하고 있는 듯한 착각을 자아내게

한다. 책의 성격은 일국사─國史이며 동시에 연의演義식으로 생동감 있게 기록한 잡저雜著요 방지方志의 일종이다. 다만 '월절'이라는 서명 자체는 아직도 확연하지 않으나 대체로 '월왕越王 구천句踐의 절대적 위대함', '악을 끊고 선으로 되돌림', '그처럼 위대한 월나라 역사에 대한 기록이 끊어짐' 등의 복합적 의미를 지니고 있으며 아울러 편찬자가 자신의 지역인 회계(會稽, 紹興)의 고대사, 월나라에 대한 동경과 우월성에 대한 긍지를 암암리에 담고 있는 것이 아닌가 한다. 이 책은 동한 초 회계會稽 사람 원강袁康이 처음 기록을 시도하고 같은 시기 오평吳平이 마무리한 것으로 되어 있으나 이에 대한 이론異論은 오늘날까지 해결되지 못하고 있다. 오나라와 월나라는 이웃한 나라이면서 애증이 엇갈리고 서로가 서로를 극복하지 못하고는 생존할 수 없는 역사상 특이한 구조로 대립하던 두 나라였다. 오나라는 멀리 주초周初 고공단보古公亶甫의 첫째 아들 태백(泰伯, 太伯)을 시조로 하며 지금의 강소성江蘇省을 중심으로 오(지금의 蘇州)에 도읍을 두고 오왕료吳王僚, 합려(闔閭, 闔廬), 부차夫差로 이어지는 걸출한 지도자와 그 아래 오자서伍子胥, 백비伯嚭라는 신하로 구성되어 있었고, 월나라는 아득한 옛날 우禹임금의 후손 소강少康의 서자庶子 무여(無余, 無餘)를 시조로 하여 지금의 절강성浙江省 소흥(紹興, 옛 지명 會稽)에 도읍하고 구천句踐을 중심으로 범려范蠡와 문종文種이 보필하였다. 이들은 마치 정확하게 대칭을 이루듯이 왕, 보필하는 신하, 그들의 성격, 능력, 문제해결 방식, 고난 극복의 의지 등이 판에 박은 듯 쌍을 이루고 있다가 결국 월나라가 마지막 멸오복구滅吳復仇의 소설같은 대단원을 내리게 된다.

우리가 흔히 알고 있는 고사 '오월동주吳越同舟'니 '와신상담臥薪嘗膽'이니 '서시습보西施瞥步'니 하는 수많은 성어는 바로 이 두 나라의 쟁패 과정에 있었던 역사 속의 교훈들이다.

나는 《오월춘추吳越春秋》 역주를 마치고, 아무래도 그와 대칭과 표리를
이루고 있는 이 책을 함께 다루는 것이 합리적이라 여겨 자료를 모아 작업에
나섰다. 그러나 일부 문자의 괴벽乖僻함과 내용의 황당荒唐함 등이 난제로
가로막았으나 고전이란 궐의闕疑는 그대로 두는 편이 원리에도 맞을 것이
라는 핑계로 직역에 매달릴 수밖에 없었다.

　그럼에도 편자의 편찬 목적, 즉 월왕의 복수에 대한 전체의 흐름에 대해
서는 작업을 마치고 나서는 어딘가 애절함과 냉혹함이 지나치다는 생각이
앞서기도 하였다. 즉 승리자 월왕 구천의 피도 눈물도 없는 냉혈적 잔혹함과
오왕 부차의 판단 착오, 범려의 선견지명, 나아가 오자서의 지나친 강직함에
안타까움이 짙은 안개처럼 몽몽濛濛하게 나를 씌우기도 한다. 《오월춘추》
에서도 같은 느낌이었지만 어떻게 살아야 하는가의 문제까지 되짚어보게
된다. 승리는 마지막 도달점인지, 성공은 성취감보다 앞서는 것인지 등에
대한 질문과 피도 눈물도 없는 승자가 옳은 것인지, 덕과 은혜란 허황된
교훈적 단어에 멈추고 마는 것인지에 대한 상념도 지워버릴 수가 없었다.

　그러나 결론은 있다. 역사 속의 가치를 통해 현재를 배우는 것이며,
과거를 거울로 미래를 예측하는 것. "明者, 因時而變; 智者, 隨事而制"라
하였다. 때와 사례에 의해 변화에 적응하고 스스로 창조하여 제압할 수 있는
원리란 작은 일에도 있다. 역사의 한 가운데에 서 있지는 않더라도 하루
하루의 생활이 역사인만큼 그래도 덕과 화합은 지고至高의 가치요, 용서와
화해는 최상最上의 열쇠일 것이라는 강한 믿음이 고맙기 때문이다.

　　　　　　　　　　　　　　苗浦 林東錫이 醉碧軒에서 적음

일러두기

1. 이 책은 〈四庫全書〉, 〈四部備要〉, 〈四部叢刊〉 등의 《越絶書》를 저본으로 하여 참조·교정을 거쳐 전체를 완역한 것이다.

2. 현대 백화어 역주본도 수집하여 참고하였으며 큰 도움을 받았다. 특히 《新譯越絶書》(劉建國 三民書局 1997 臺北)와 《吳越春秋全譯》(俞紀東 貴州人民出版社 2008 貴陽) 등은 구체적인 주석이 세밀하여 번역에 많은 참고가 되었음을 밝힌다.

3. 총 247장으로 장을 나누었으나 이는 필자가 임의로 나눈 것이다. 아울러 매 장마다 일련번호를 부여하고 괄호 안에 해당 편별 번호도 제시하여 찾아보기 쉽도록 하였다.

4. 각 장마다 제목을 달았으나 이는 그 장의 전체를 아우를 수 있는 것은 아니며 필자가 임의로 작성하여 읽기에 편하도록 한 것일 뿐이다.

5. 해석은 가능한 한 직역을 위주로 하였으나 일부 의역한 곳도 있다.

6. 원문을 싣고 해석을 실었으며 원문은 줄바꾸기 등을 통하여 시각적으로 순통하도록 구성하였고, 문장 부호는 중국 현대 표점법을 따랐다.

7. 주석은 인명, 지명, 사건명, 역사 내용 등을 위주로 하되 이미 거론한 표제어도 반복하여 실었으며 이는 읽는 자로 하여금 다시 찾는 번거로움을 피하기 위한 것이다.

8. 매 장마다 여러 전적에 전재되거나 혹 이미 알려져 있는 고사, 문장, 내용 등은 여러 사서史書 및 제자서諸子書, 유서類書 등에서 일일이 찾아내어 해당 부분 말미 「참고 및 관련 자료」 난에 실어 대조와 연구에 도움이 되도록 하였다.

9. 부록으로 서발序跋 등 《越絶書》 관련 자료와 《史記》, 《國語》 등의 관련 기록도 함께 실어 연구에 도움을 삼을 수 있도록 하였다.

10. 이 책의 역주에 참고한 문헌은 대략 다음과 같다.

◉ 참고문헌

1. 《越絶書全譯》俞紀東(譯註) 貴州人民出版社 貴州 1996 貴陽

2. 《新譯越絶書》劉建國(注譯), 黃俊郎(校閱) 三民書局 1997 臺北

3. 《越絶書》四庫全書 史部(9) 載記類

4. 《越絶書》四部備要 史部 臺灣中華書局 印本 1980 臺北

5. 《越絶書》四部叢刊 初編 史部

6. 《吳越春秋全譯》張覺(譯) 貴州人民出版社 2008 貴陽

7. 《新譯吳越春秋》黃仁生(注譯) 三民書局 1996 臺北

8. 《越王勾踐》梁仁遠(著) 陽明出版社 1960 臺北

9. 《國語》林東錫(譯注) 東西文化社 2009 서울

10. 《史記》鼎文書局 標點本

11. 《左傳》林東錫(譯註) 東西文化社 2013 서울

12. 《帝王世紀》晉 皇甫謐(撰), 陸吉(校點) 齊魯書社 2010 濟南

13. 《世本》撰者未詳, 周渭卿(點校) 齊魯書社 2010 濟南

14. 《逸周書》撰者未詳, 袁宏(點校) 齊魯書社 2010 濟南

15. 《竹書紀年》撰者未詳, 張潔·戴和冰(點校) 齊魯書社 2010 濟南

16. 《尙書》十三經注疏本 藝文印書館 印本

17. 《禮記》十三經注疏本 藝文印書館 印本

18. 《戰國策》漢 劉向(輯) 林東錫 譯註本 東西文化社. 2009 서울

19. 《論語》林東錫 譯註本 東西文化社 서울

20. 《藝文類聚》文光出版社 標點本 1979 臺北

21. 《北堂書鈔》學苑出版社 印本 2003 北京

22. 《初學記》鼎文書局 標點本 1976 臺北

23. 《太平御覽》中華書局 印本 1995 北京

24. 《事類賦注》(印本 6冊) 宋, 吳淑(撰) 江蘇廣陵古籍刻印社 1989 江蘇 揚州

25. 《三才圖會》上海古籍出版社 印本 2005 上海

26. 《水經注疏》後魏 酈道元(注) 楊守敬(疏) 江蘇古籍出版社 1989 邗江

27. 《詩經直解》陳子展(選述) 范祥雍(校閱) 復旦大學出版社 1991 上海

28. 《穀梁傳》十三經注疏本 藝文印書館印本

29. 《公羊傳》十三經注疏本 藝文印書館印本

　　기타 工具書는 기재를 생략함.

해제

I. 《越絶書》

《월절서》에서 '越'은 월나라, 특히 越王 勾踐을 가리킨다. 그러나 '絶'의 뜻에 대해서는 세 가지로 보고 있다.

첫째는 본문 〈本事〉편에서 밝히고 있듯이 "越者, 國之氏也." "絶者, 絶也, 以勾踐時也"라 하여 '絶'은 '절대적 우위, 즉 월왕 구천이 절대적으로 뛰어난 시대의 군주였음'을 뜻하는 말이다.

두 번째는 '끊다'의 뜻이다. 역시 〈본사〉편에 다시 "絶者, 絶也. 勾踐之時, 天子微弱, 諸侯皆叛. 於是勾踐抑彊扶弱, 絶惡反之於善"이라 하여 '악을 끊어 이를 선으로 되돌렸다'라 한 것이 그 의미이다.

세 번째는 '끊어지다'의 뜻이다. 〈敍外傳記〉에 "聖人發一隅, 辯士宣其辭; 聖文絶於彼, 辯士絶於此. 故題其文, 謂之《越絶》"이라 하여 이토록 위대한 월왕 구천의 업적에 대한 기록이 "성인의 문장에서도 끊어지고, 변사의 해석에도 끊어져 그 문장이 전하지 않으므로 그 때문에 '월절'이라 하였다"라는 것이다.

이처럼 《월절서》는 그 책 제목이 복합적인 의미를 담고 있고 함의는 실제 명확하지도 않다. 중국 고전 중에 서명이 이토록 미묘한 책도 없을 듯하다.

그런가 하면 이 책이 책이름도 실제 많은 이명異名을 가지고 있어 더욱 궁금증을 자아내고 있다. 즉 《隋書》에는 《越絶記》로, 《史記》 三家注에는 《越絶書》, 또 많은 곳에는 《越絶》로, 《北堂書鈔》에는 《越記》로 되어 있다. 심지어 王充의 《論衡》에 보이는 《越紐錄》이라는 것조차 이의 또 다른 서명이 아닌가 하여 田藝蘅는 〈越絶書人姓名字考〉에서 "《越紐》者, 卽《越絶》也.

蓋紐有結束之義, 卽絶之所謂斷滅也, 紐有關紐之義, 卽絶之所謂最絶也. 豈初名《越紐錄》, 而後定爲《越絶》耶?"《留靑日札》권17)라 하였다.

　내용은 조엽趙曄의 《오월춘추吳越春秋》와 쌍벽을 이루고 있으며 아울러 춘추 말 오나라와 월나라 사이의 역사고사만을 전적으로 다룬 대표적인 잡저雜著이다. 〈사고전서〉에는 史部(九) 載記類로 되어 있으니 실제는 정식 역사서는 아니며 야사의 일종이다. 춘추시대 오나라와 월나라의 쟁패 중에 그 복수극을 적나라하게 표현하고 있어 중국 많은 고전 중에 복수에 관한 일화를 중심으로 한 기이한 책이다.

　그 중에 많은 민간 전설과 인물의 묘사는 문학적 가치까지 인정받고 있으나 역사적 사실은 실제와 연도나 내용이 맞지 않다. 이를테면 공자孔子가 낭야대까지 가서 월왕 구천을 만난 것으로 되어 있으나 낭야대瑯琊臺의 축조는 월왕 구천이 오나라를 멸한 몇 년 뒤이며 공자는 이보다 6~7년전 세상을 떠난 뒤였다. 그리고 태아검泰阿劍의 전설도 실제와는 아주 거리가 있는 묘사이며 인물의 행적도 시간적으로 앞뒤가 맞지 않은 내용도 다수 들어있다.

　아울러 이 책은 월왕 구천의 절대적 우세함과 오왕 부차의 무지와 실책에 초점을 맞추어 이루어짐으로써 편향된 시각으로 서술된 부분도 상당량 차지하고 있다. 이를테면 오왕 부차를 "下愚不移"로 단정하고 월왕 구천은 "一念復仇"의 화신으로 묘사하여 마치 월왕의 성공은 지극히 당연하다는 일관된 취지로 이끌어 나가고 있다. 아울러 두 나라의 대칭을 이루고 있는 모신, 즉 오나라의 오자서伍子胥와 태재太宰 백비伯嚭, 월나라의 범려范蠡와 문종文種을 극단적으로 대비시킴으로써 그 효과를 극대화하고자 한 의도도 드러나고 있다.

그럼에도 이 책은 많은 교훈을 일러주고 있다. 바로 "得道多助, 失道寡助"의 원칙이 그것이다. 즉 오나라는 선조들이 이루어 놓은 성취를 부차가 훼멸함으로써 나라가 망한 것이라는 주장이다. 즉 부차의 숙조부 계찰季札은 외교에 성공하여 중원 여러 나라와 원만한 관계를 이루어 오나라의 지위를 크게 격상시켜 놓은 상태였다. 그리고 합려(闔廬, 闔閭)는 비록 음모를 거쳐 나라를 차지하기는 하였지만 진陳, 채蔡 두 나라와 외교적으로 단결하면서 제齊, 진晉 두 나라와는 대국과 우호관계를 유지 하는 등 발전과 안정의 기틀을 닦아 놓고 있었다. 아울러 아직 약하던 월나라를 겸병하고 대대로 원한 관계를 가졌던 초나라를 공격하는 등 성과를 거두고 있었다. 그러나 부차가 즉위하고 나서는 부친의 원한을 갚는다는 일념아래 월나라를 쳐서 이겼으나 태재 백비의 잘못된 판단에 의해 월나라 합병 기회를 놓쳤으며 아울러 우호관계를 유지하던 제, 진을 적대관계로 바꾸는 등 지나친 세력 과시에 빠지고 말았던 것이다. 그리하여 패자가 되었으나 일단 사방 주위에 적을 만들었고 나아가 복수에만 전념하던 월왕 구천에 의해 처절한 배신과 사직이 파괴되고 자신은 나락의 치욕으로 떨어져 생을 마감하는 國亡身死의 대단원을 내리게 되는 것이다.

그러나 이 책은 단순한 오월의 쟁패만을 다룬 야사는 아니다. 오히려 부수적인 지리, 군사, 산업 등 많은 방면에 걸쳐 주의를 기울일만한 내용을 풍부히 싣고 있는 문헌으로 인정받고 있으며 뒷날 많은 곳에 인용되거나 구체적 근거로 활용되기도 한다.

이 책은 전체가 불과 수만 자에 불과하지만 청말 俞樾은 〈讀越絶書〉에서 다른 문헌과 달리 특이한 풍모를 가진 책으로 여기면서 "有價値的記載頗不少"《中國近三百年學術史》라 하였다. 그런가 하면 월절서는 중국 동남지역의 오(강소성)와 월(절강성)을 바탕으로 기록한 방역사의 최초로 알려져 있으며 이것이 바탕이 되어 송대 방지方志의 발달로 이어진 것으로 보고 있다. 이에 양계초 역시 이 《월절서》에 대해 "最古之史, 實爲方志"(《中國近三百年學術史》라 하였으며 역시 많은 학자들은 "一方之志, 始於《越絶》"畢沅〈乾隆醴泉縣志序〉)이라 하여 그 가치를 인정하고 있다.

한편 책의 체제는 모두 15권 19편으로 구성되어 있다. (1)本事 (2)荊平王, (3)記吳地傳, (4)吳, (5)計倪, (6)請糴, (7)紀策考, (8)記范伯, (9)陳成恒, (10)記地傳, (11)計倪, (12)記吳王占夢, (13)記寶劍, (14)九術, (15)記軍氣, (16)枕中, (17)春申君, (18)德序, (19)篇敍記 등 모두 19편이며 매 편마다 앞에는 일괄적으로 '越絶'이라는 두 글자가 붙어 있다. 그리고 '外傳'으로 구분된 것은 (1), (3), (7), (8), (10), (11), (12), (13), (15), (16), (17), (18), (19) 등 14편이나 어떤 의미에서 외전으로 명칭을 붙였는지는 전혀 알 수 없다. 더구나 그것도 앞에 부여한 것과 뒤에 표기한 것이 섞여 있어 통일성도 없다. 그리고 '內傳'으로 되어 있는 것은 (2), (4), (6), (9) 등 4편이며 이 역시 '內傳'의 의미가 명확하지는 않다. 또한 '內經'이라 구분한 것은 (5), (14) 등 2편이며 이 역시 '經'의 의미는 드러나지 않고 있다. 그 외 '記'로 되어 있는 것은 (3), (8), (10), (12), (13), (15), (19) 등이 있으나 역시 일관된 제목이라 보기 어렵다. 이처럼 일관된 구분도 되어 있지 않고 분류 기준도 명확하지 않다.

Ⅱ. 《越絶書》의 편찬자

일반적으로 이 《월절서》는 東漢 袁康이 편찬하고, 같은 시기 吳平이 집록輯錄한 것으로 알려져 있으나 그 이면에는 아주 복잡한 기록이 얽혀 있다. 이를 간단히 정리하면 다음과 같다.

첫째, 공자孔子 제자 子貢(端木賜)이 지었다는 설이다. 이는 《隋書》經籍志와 《舊唐書》經籍志 및 《新唐書》藝文志에 저록되어 있으며 본 《월절서》〈本事〉편과 〈篇敍外傳記〉에도 그렇게 기록하고 있음에 근거한 것이다.

둘째, 伍子胥가 지었다는 설이다. 이는 《崇文總目》에 "子貢撰"이라 하면서 "或曰子胥"라 하였고, 趙希弁의 《郡齋讀書志附志》에도 "或以爲子貢所作, 或疑似子胥所作"이라 한 것에서 시작되었으며 이 역시 본 《월절서》〈本事〉편과 〈篇敍外傳記〉에도 그렇게 기록하고 있다.

셋째, 無名氏의 작이라는 설이다. 陳振孫의 《直齋書錄解題》에 "《越絶書》十六卷. 無撰人名氏, 相傳以爲子貢者, 非也. 其書雜記吳越事, 下及秦漢, 直至建武二十八年, 蓋戰國後人所爲, 而漢人又附益之耳"라 하여 '戰國 후기 무명씨가 지은 것이며 漢나라 때 사람이 덧붙인 것일 뿐'이라 하였다. 이 주장은 張佳胤, 錢培名, 余嘉錫 등도 모두 인정하고 있다. 그러나 《월절서》 外傳本事篇에 "問曰:「《越絶》誰所作?」「吳越賢者所作也.」問曰:「作事欲以自著, 今但言賢者, 不言姓字, 何?」曰:「是人有大雅之才, 直道一國之事, 不見姓名, 小之辭也. 《越絶》, 小藝之文, 固不能布于四方, 焉有誦述先聖賢者? 所作未足自稱, 載列姓名, 直斥以身者也. 嫌以求譽, 是以不著姓名"이라 하여 賢者가 지은 것이며 명예를 얻기 위해 지었다는 혐의를 피하기 위해 그 이름을 숨긴 것이라 하였다.

넷째, 袁康과 吳平의 합작으로 보는 견해이다. 이는 〈篇敍外傳記〉에 은어隱語로 기록하고 있다. 즉 "記陳厥說, 略有其人. 以去爲姓, 得衣乃成; 厥名有米, 覆之以庚; 禹來東征, 死葬其疆. 不直自斥, 托類自明; 寫精露愚, 略以事類, 俟告

後人. 文屬辭定, 自於邦賢. 邦賢以口爲姓, 丞之以天; 楚相屈原, 與之同名"이라
한 것으로, 파자破字와 미어謎語의 방법으로 그 이름과 지역을 밝히고 있는
것이다. "以去爲姓, 得衣乃成"은 '袁', "厥名有米, 覆之以庚"은 '康'자로 이를
합하면 '袁康'이 된다. 그리고 "禹來東征, 死葬其疆"은 '우임금이 동쪽 순수를
하다가 죽어 묻힌 곳'으로 바로 會稽 사람임을 뜻하며 지금의 浙江 紹興으로
월나라의 도읍이었던 곳이다. 다음으로 이 책의 문사文辭를 촉정屬定한
사람은 같은 곳의 현자이며 그는 "以口爲姓, 丞之以天"이라 하여 성은 '吳',
이름은 "楚相屈原, 與之同名"이라 하여 屈原과 같으니 '平'으로 결국 '吳平'
이라는 인명이 되는 것이다.

특히 漢代 王充은 《論衡》按書篇에서 "東番鄒伯奇, 臨淮袁太伯, 袁文術,
會稽吳君高·周長生之輩, 位雖不至公卿, 誠能知之囊橐, 文雅之英雄也. 觀伯
奇之《元思》·太伯之《易章句》·文術之《箴銘》·高君之《越紐錄》·長生之《洞曆》,
劉子政·揚子雲不能過也"라 하여 吳平은 字가 君高이며 이 책의 저술에
관여한 것임을 밝히기도 하였다. 이에 의해 田藝蘅 등은 「其陳厥說」者, 袁創
於先, 而「屬文定辭」者, 吳成於後也"라 하여 먼저 원강이 짓고 뒤에 오평이
이를 정리한 것으로 여겼다. 아울러 〈記吳地傳〉의 "勾踐徙瑯琊, 到建武
二十八年"의 구절을 근거로 袁康과 吳平은 東漢 초의 사람이라 하면서
이들이 책을 저술한 목적에 대해 "豈斯人之徒, 當建武之末, 追痛中國之亡
而勾踐之祀忽諸, 故因《越絶》以成書耶?"라 주장하기도 하였다. 참고로
建武는 東漢 光武帝(劉秀)의 연호(25~55년까지 31년간)이며 28년은 A.D.52년에
해당한다. 明代 이후로는 《월절서》 판본은 대체로 '袁康撰'이나 '袁康·吳平撰'
으로 되어 있으며 〈사고전서〉에도 '漢 袁康撰'으로 되어 있고, 현대 많은
역주본도 '袁康撰, 吳平輯錄' 등으로 표시하고 있다.

Ⅲ. 《越絶書》의 판본 및 출간

《월절서》는 南宋 嘉定(寧宗: 1208~1224) 연간에 餘杭의 丁黼에 의해 판각이 이루어졌던 것으로 기록되어 있다. 즉 그의 跋文에 "予於紹興王子遊於吳中, 得許氏本, 訛舛特甚; 嘉定壬申(1212)令餘杭, 又得陳正卿本, 乙亥(1215)官中都, 借本秘閣, 以三本互相參考, 擇其通者從之, 乃粗可讀, 然猶未也. 念前所見者皆謄寫失眞, 不板行則其傳不廣, 傳不廣則私所藏莫克是正, 遂刻之夔門, 以俟來者"라 하여 을해년에 夔門에서 출간하였다. 이렇게 책이 출간되자 그의 친구 汪綱이 이를 근거로 浙江 紹興에서 다시 출간하였으며, 다시 元 大德(成宗: 1279~1307) 연간에 소흥紹興의 지방관이 다시 출간하였다. 그러나 이 두 판본은 모두 사라지고 없으며 지금 전하는 것은 모두가 明刊本이다. 즉 明 正德(武宗: 1506~1521), 嘉靖(世宗: 1522~1566) 이후의 것이며 특히 正德 연간 吉水의 劉以貞본과 嘉靖 연간의 姚江 夏恕본, 및 陳塏본, 張佳胤의 〈雙柏堂〉본, 孔文谷본, 趙恒이 宋 汪綱본을 모방한 판본, 그리고 萬曆(神宗: 1573~1619) 연간의 〈古今逸史〉본, 天啓(熹宗: 1621~1627) 연간의 〈漢魏叢書〉본 등이 널리 알려져 있으며, 청대 판본은 더욱 많다. 그러나 명청대의 간본은 거의가 남송 丁黼본을 근거로 하고 있으며 각기 14권, 15권, 16권 등 구분이 다르다. 그럼에도 편수는 모두가 19편으로 일치하고 있다. 현대에 이르러 張宗祥의 校注本이 널리 알려져 있으며 이 책에는 많은 서발을 모았으며 아울러 淸代 錢培名의 《越絶書札記》와 〈逸文〉, 그리고 俞樾의 《越絶書札記》도 함께 싣고 있어 연구와 역주에 가장 큰 도움을 주고 있다. 그 외 樂祖謀의 校點本 《월절서》는 매편마다 校勘記를 싣고 있으며, 앞에 陳橋驛의 장문 〈序〉를 싣고 있어 《월절서》 전체에 대한 연구에 종합적인 참고 자료를 제공해 주고 있다. 한편 현대 역주본으로는 俞紀東譯注의 《越絶書全譯》(貴州人民出版社, 1996 貴陽)와 劉建國(注譯), 黃俊郎(校閱)의 《新譯越絶書》(三民書局, 1997 臺北)이 있다.

Ⅳ. 吳, 越 槪述

〈1〉 吳

춘추 말기에 패자를 이루었던 희성姬姓의 제후국으로 고공단보古公亶父의
아들 태백(泰伯, 太伯)과 중옹(仲雍, 虞仲)이 아우 계력季歷을 통해 문왕(文王,
姬昌)에게 왕통을 잇게 하고자 남쪽으로 도망하여 세운 나라이다. 무왕이
뒤에 그 후손 주장周章을 오군吳君으로 세워 장강長江 하류 일대를 다스리
도록 하였다. 그로부터 오나라는 희미하게 이어오다가 춘추 중기에 이르러
비로소 초楚나라와 접촉이 시작되었으며 그 뒤 진晉나라가 초나라를 칠 때
오나라를 연합함으로써 군비를 개혁하기에 이르렀다. 오나라는 이 때부터
급격히 성장하여 그 지역의 풍부한 구리와 주석을 활용 신흥 무기를 개발
하고 병제兵制를 개혁, 천하에 무력을 떨치게 되었다. 그러다가 B.C.585년
태백의 19세 손인 수몽壽夢에 이르러 비로소 왕을 칭하게 되었고 그 아들
제번諸樊이 오(吳, 지금의 江蘇 蘇州) 고소성姑蘇城을 도읍으로 하고 합려(闔廬,
闔閭)가 오자서伍子胥와 손무孫武 등을 기용하여 재위 9년째에 초나라와의
싸움에 크게 이겨 초나라 도읍 영郢까지 점령하였으며 이듬해 마침 월나라가
오나라 국경을 들어오고 진秦나라가 초나라를 구원하기에 나섰고, 게다가
합려의 아우 부개왕夫槪王이 반란을 일으키자 할 수 없이 퇴각한 큰 전쟁과
변혁을 치르게 되었다. 그러다가 합려 19년 오나라가 월나라 정벌에 나섰
으나 크게 패하여 합려는 상처를 입고 죽었으며 태자 부차夫差가 뒤를 이어
왕위에 올라 절치부심 월나라 보복에 나서게 된다. 오왕 부차는 즉위 2년
(B.C.494) 다시 월나라를 쳐 대승을 거두었으며 회계(會稽, 지금의 浙江 紹興)에서
월왕 구천句踐의 화해를 허락하였다. 부차는 이에 월나라에 대하여 안심을
품고 그를 뒤로한 채 중원으로의 진출을 꾀하여 노魯나라와 제齊나라 정벌에
나서고자 성을 쌓고 장강과 회수淮水를 준설하는 등 공사를 벌였으며 뒤에
황지黃池에서 제후들을 모아 회맹하면서 진晉나라와 패자를 다투는 사이

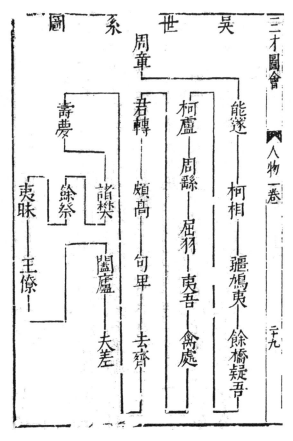

吳나라 世系圖《三才圖會》

월왕 구천 기습을 받아 도읍이 위태로워지고 태자가 포로가 되자 급거 귀국하였으나 결국 23년 도성이 함락되고 부차는 자살하여 나라가 망하고 말았다.

춘추 말기 오나라와 월나라와의 쟁패는 역사상 그 유례를 찾을 수 없을 정도로 극적인 전개와 반전을 거듭하여 수많은 일화와 고사를 남겼으며 춘추오패에도 역시 합려와 구천이 오르내리는 등 신흥 국가의 급격한 부상과 순식간의 멸망을 잘 보여주는 역사적 사례로도 널리 회자되고 있다.

수몽부터 춘추시대 말기까지(B.C.585~B.C.473)의 오나라 임금 세계는 대략 다음과 같다. ( ) 안은 재위 기간.

　　壽夢(25) → 諸樊(13) → 餘祭(17) → 餘昧(4) → 僚(12) → 闔閭(19) → 夫差(23)

● 《史記》吳太伯世家는 본책 부록을 참조할 것.

〈2〉越

춘추 말기의 회계(會稽, 지금의 浙江 紹興)를 중심으로 크게 떨쳤던 신흥 패국 霸國이다. 《사기》에 의하면 하夏 왕조의 소강少康의 묘예苗裔이며 사성姒姓이라 하였고, 《세본世本》에는 우성芋姓이라 하는 등 그 근원은 자세히 알려져 있지 않다. 춘추 중기에 비로소 초나라와 회맹을 한 사실이 보이며 오나라와 잦은 싸움으로 초나라가 오나라를 제압하기 위해 연맹으로 끌어들인 책략의 대상이기도 하였다. 이에 따라 월나라는 오나라와 대대로 원수지간이 되어 춘추 말기를 극적으로 장식한 나라이기도 하였다. 주로 장강 남쪽 회계를

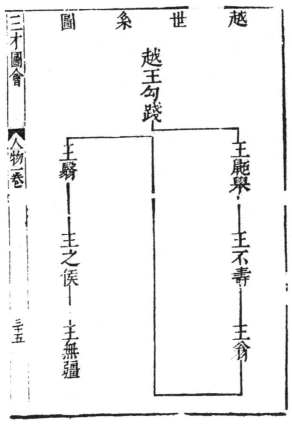

越나라 世系圖《三才圖會》

근거지로 발전하였으며 B.C.506년 오왕 합려闔廬가 오자서伍子胥의 책략에 따라 초나라를 쳐서 도읍 영郢까지 들어가자 월나라는 이 틈을 노려 오나라를 쳐 초나라를 돕기도 하였다. 월왕 구천句踐이 즉위하자(B.C.496) 곧바로 오왕 합려가 월나라를 공격하였으나 오나라는 패하고 합려는 상처를 입고 죽고 말았다. 이에 그 아들 부차夫差는 복수의 뜻을 품고 구천 공격하였다. 3년 구천은 할 수 없이 5천의 군사를 이끌고 회계산會稽山으로 들어가 치욕을 무릅쓰고 살아나 와신상담臥薪嘗膽 끝에 국력을 회복하고 내정을 개혁하였으며 생산을 늘려 15년 뒤 마침내 오나라가 중원으로 진출한 틈을 타서 오나라 도읍 고소姑蘇를 포위하고 태자를 사로잡았다. 부차는 급히 귀국하여 화해를 요청하였지만 이를 들어주지 않은 채, 24년 다시 오나라 도읍을 3년간 포위, 마침내 부차는 자살하고 오나라는 종말을 고하게 된다.

구천은 오나라를 멸한 다음 역시 북상하여 제후국을 넘보았으며 이에 송宋, 정鄭, 노魯, 위衛 등 제후국이 월나라에게 신복하였다. 이에 구천은 도읍을 낭야(琅琊, 지금의 山東 膠南 남쪽)로 옮기고 제齊, 진晉 등과 회맹을 가져 주周 원왕元王이 정식으로 그를 패주霸主로 인정하게 된다. 그러나 전국시대 들어서면서 월나라는 급격히 약화되어 월왕 예翳가 다시 오(지금의 강소 소주)로 되돌아 왔으며 초 위왕威王 때 월왕 무강無彊이 초나라를 쳤다가 대패하고 결국 초나라에 병탄되고 말았다.

✸ 《史記》越王句踐世家는 본책 부록을 참조할 것.

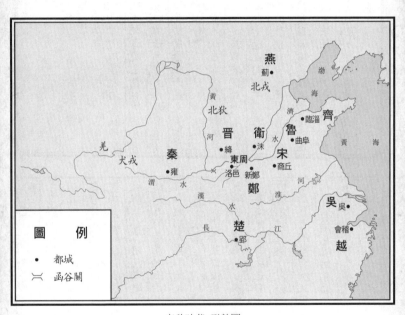

春秋時代 形勢圖

越絕書
外傳本事

漢　袁康　撰

問曰何謂越絕越者國之氏也何以言之按春秋序齊
魯皆以國為氏姓是以明之越者絕也謂句踐時也當
是之時齊將伐魯孔子恥之故子貢說齊以安魯子貢
一出亂齊破吳興晉彊越其後賢者辯士見夫子作春
秋而畧吳越又見子貢與聖人相去不遠屑之與齒表
之與裏益要其意覽史記而述其事也問曰何不稱越
經書記而言絕乎不也絕者也句踐之時天子微
弱諸侯皆叛於是句踐抑彊扶弱絕惡取善於
以道沛歸於宋浮陵以付楚臨沂開陽復反之於魯中國
侵伐因斯衰止以其誠在於內威發於外越專其功故
曰越故作此者貴其內能自約外能絕人也賢者所述
不可斷絕故不為記明矣

問曰桓公九合諸侯一匡天下任用賢者誅服彊楚何
不言齊絕乎曰桓公中國兵彊霸世之後威淩諸侯服
彊楚此正宜耳夫越王句踐東垂海濱夷狄文身躬而
自苦任用賢臣轉死為生以敗為成越伐彊吳尊事周
室行霸琅邪躬自省約率道諸侯貴其始微終能以霸
故與越專其功而有之也
問曰然越專其功而有之何不第一而卒本吳太伯為
曰小越而大吳小越大吳奈何曰吳有子胥之教霸世
甚久北陵齊楚諸侯莫敢叛者乘薛許郯婁莒旁轂趨
走越王句踐屬芻莝養馬諸侯從之若果中之李反邾
七年焦思苦身克已自責任用賢人越伐彊吳行霸諸
侯故不使越第一者欲以貶大吳顯弱越之功也
問曰吳亡而越與在天與在人乎皆人也夫差失道越
亦賢矣瀆易兩餓易助曰何以知獨在人乎子貢與夫
子坐告夫子曰太宰死夫子曰不死也如是者再起吳
再拜而問何以知之夫子曰天生宰嚭者欲以亡吳吳

詳校官編修臣李潢

侍讀臣孫球覆勘

總校官降調編修臣倉聖脉

校對官中書臣李斯咏

謄錄監生臣吕仲玉

欽定四庫全書

越絕書

外傳本事

漢　袁康　撰

問曰何謂越絕越者國之氏也何以言之按春秋序齊
魯皆以國為氏是以明之絕者也謂句踐時也當
是之時齊將伐吳孔子恥之故子貢說齊以安魯子貢
一出亂齊破吳興晉彊越其後賢者辯士見夫子作春
秋而署吳越又見子貢與聖人相去不遠脣之與齒表
之與裏蓋要其意覽史記而述其事也問曰何不稱越
經書記而言絕乎曰不也絕者也句踐之時天子微
弱諸侯皆叛於是句踐抑彊扶弱絕惡反之於善取舍
以道沛歸於宋浮陵以付楚臨沂開陽復之於魯中國
侵伐因斯止以其誠在於內威發於外越專其功故
曰越故作此者貴其內能自約外能絕人也賢者所述
不可斷絕故不為記明矣

越絕書十

五卷

四部叢刊史部

越絕卷第一

越絕荊平王內傳第二

昔者荊平王有臣伍子奢、伍子奢譖罪於王且殺
之。其二子出走。伍子尚奔吳，伍子奢、胥奔鄭。王
召子奢而問之，曰：若召子奢執來也，子奢對曰：王
不入胥，且來。吳邪君王必早閉而晏開，胥將
開。臣對而畏死不對，不知子之心者。尚為人
也，仁且智。來之，必入。胥為人也，勇且智。必
使邊境有大憂矣。於是王即使使者召子尚於
吳曰：子父有罪，子入則免之，不入則殺之。子
胥聞之，使人告子尚。子入窮出者報仇，入者皆
子必毋入。胥聞之，入者窮出者報仇，入者皆
死，是不智也。死而不報父之讐，是非勇也。子
尚對曰：入則免父之死，不入則不仁。愛身之
死，絕父之望。賢士不為也。意不同謀不合，子
其居尚請入。荊平王復使使者召子胥於鄭

越絕書十 五卷

四部叢刊史部

越絕書

越絕外傳本事第一

問曰何謂越絕越者國之氏也何以言之按
春秋序齊魯皆以國為氏姓是以明之絕者
絕也謂句踐時也當是之時齊將伐魯孔子
恥之故子貢說齊以安魯子貢一出亂齊破
吳興晉疆越其後賢者辯士見夫子作春秋
而畧吳越又見子貢與聖人相去不遠屑之

越絕書

越絕外傳本事第一

問曰何謂越絕越者國之氏也何以言之按
春秋序齊魯皆以國為氏姓是以明之絕者
絕也謂句踐時也當是之時齊將伐魯孔子
恥之故子貢說齊以安魯子貢一出亂齊破
吳興晉疆越其後賢者辯士見夫子作春秋
而畧吳越又見子貢與聖人相去不遠屑之

四部叢刊《越絕書》電子版

越絕書

越絕書　外傳本事

問曰何謂越絕越者國之氏也何以言之按春秋序齊魯皆以國為
氏姓是以明之絕者絕也謂句踐時也當是之時齊將伐魯孔子恥
之故子貢說齊以安魯子貢一出亂齊破吳與晉彊越其後彊越者辯
士見夫子作春秋而略吳越又見子貢與聖人相去不遠脣之與齒
表之與裏蓋愛其意覽史記而述其事也
問曰何不稱越經記而言絕乎曰不也絕者絕也句踐之時天子
微弱諸侯皆叛於是句踐抑彊扶弱絕惡反之於善取舍以道沛歸
於宋浮陵以付楚臨沂開陽復之於魯中國侵伐因斯衰止以其誠
在於內威發於外越專其功故曰越故作此者貴其內能自約外能
絕人也賢者所述不可斷絕故此為記明矣
問曰桓公九合諸侯一匡天下任用賢者誅服彊楚何不言齊絕乎

曰桓公中國兵彊霸世之後威凌諸侯服彊楚此正宜耳夫越王句
踐東垂海濱夷狄文身躬而自苦任用賢臣轉死為生以敗為成越
伐吳尊事周室行霸瑯邪躬自省約率道諸侯其始微終能以
霸故與越專其功而有之也
問曰然越專其功而有之何第一而卒本吳太伯為曰小越而大
吳小越大吳奈何曰吳有子胥之教霸世甚久北陵齊楚諸侯莫敢
叛者乘薛許郯翼呂旁轂走越王句踐屬芻莝養馬諸侯從之若
果中之李反邦七年焦思克己自責任用賢人越伐彊吳行霸
諸侯故不使越第一者欲以貶大吳顯弱越之功也
問曰吳亡而越興在天與在人乎皆人乎夫差失道越亦賢矣濕易
雨鐵易助曰何以知獨在人乎子貢與夫子坐告夫子曰太宰死夫
子曰不死也如是者再子貢與夫子再問何以知之夫子曰天生生
者欲以亡吳吳令未亡宰何病乎後人來言不死聖人不妄言是以

四部備要《越絕書》

吳越春秋

吳越春秋吳太伯傳第一　　後漢　趙曄　撰

吳之前君太伯者，后稷之苗裔也。后稷其母台氏之女姜嫄，為帝嚳元妃年少未孕，出游於野，見大人跡而觀之，中心歡然喜其形像，因履而踐之，身動意若為人所感，後姙娠恐被淫泆之禍，遂祭祀以求，謂無父履上帝之跡生子，慮棄於阨狹之巷，馬牛過者折易而避之，復置於澤中冰上，衆鳥以羽覆之，后稷遂得不死。姜嫄以為神收而養之，長因名棄。兒時好種樹禾黍桑麻五穀，相五土之宜青赤黃黑，陵水高下，粢稷黍禾蕖麥豆，稻各得其理，堯遭洪水，人民泛濫，遂高而居。堯聘棄使教民山居隨地造區，研營種之術，三年餘行人無饑乏之色，乃拜棄為農師封之台號為后稷，姓姬氏。后稷就國為諸侯，卒子不窋立，卒其子鞠立，卒子公劉立。公劉慈仁，行不履生草，運車以避葭葦。公劉避夏桀於戎狄，變易風俗，民化其政。公劉卒，子慶節立，其後八世，而得古公亶甫，脩公劉后稷之業，積德行義，為狄人所慕，薰鬻戎姤而伐之，古公事之以皮幣金玉重寶，而狄伐之不止，古公問何所欲，曰欲其土地，古公曰君子不以養害所養害，去邠踰梁山而處岐周，豳人父子兄弟相帥負老攜幼，揭釜甑而歸古公，乃杖策去邠踰梁山而處岐周。

四部備要《吳越春秋》

自作用鐱

越王 句踐 銅劍과 吳王 光의 鑑

父雄不敢忘
妖吞越輕一朝
南面王含甘肯茹苦忠言誠迫年稱霸
保城府山士附有兔美人享手牽行樂及儻身外
妹專任顯毀吳不兒今不寅於古

吳王夫差

吳王夫差

〈越王句踐臥薪嘗膽圖〉

차 례

❧ 책머리에
❧ 일러두기
❧ 해제

卷一:〈1〉越絶 外傳本事
　　　〈2〉越絶 荊平王內傳

卷二:〈3〉越絶 外傳記吳地傳

卷三:〈4〉越絶 吳內傳

卷四:〈5〉越絶 計倪內經

卷五:〈6〉越絶 請糴內傳

卷六:〈7〉越絶 外傳紀策考

卷七:〈8〉越絶 外傳記范伯
　　　〈9〉越絶 內傳陳成恒

卷八:〈10〉越絶 外傳記地傳

卷九:〈11〉越絶 外傳計倪

卷十:〈12〉越絶 外傳記吳王占夢

卷十一:〈13〉越絶 外傳記寶劍

卷十二:〈14〉越絶 內經九術
　　　　〈15〉越絶 外傳記軍氣

卷十三:〈16〉越絶 外傳枕中

卷十四:〈17〉越絶 外傳春申君
　　　　〈18〉越絶 德序外傳

卷十五:〈19〉越絶 篇敍外傳記

《월절서》 세부목차

越絶書 二

卷一

〈1〉越絶 外傳 〈本事〉 第一

001(1-1) '월절'의 뜻 50

002(1-2) '절絕'의 의미 53

003(1-3) 월나라의 업적 55

004(1-4) 약했던 월나라 57

005(1-5) 오나라가 망하고 월나라가 흥한 이유 60

006(1-6) 《월절서》의 작자 63

007(1-7) 경經, 전傳, 내경內經, 외전外傳 67

〈2〉越絶 〈荊平王內傳〉 第二

008(2-1) 오자서 집안의 재앙 70

009(2-2) 강 가의 어부와 빨래하는 처녀 75

010(2-3) 합려를 만난 오자서 82

011(2-4) 평왕에 대한 복수 85

卷二

〈3〉越絶 外傳〈記吳地傳〉第三

012(3-1) 오나라의 역사 …………………………………… 92

013(3-2) 합려궁閤閭宮 ……………………………………… 94

014(3-3) 합려의 유락 장소 ………………………………… 96

015(3-4) 오나라 성과 성문 ………………………………… 98

016(3-5) 오나라 소성小城 ……………………………………… 100

017(3-6) 동궁과 서궁 ……………………………………… 101

018(3-7) 오자서성伍子胥城 …………………………………… 102

019(3-8) 여러 성문들 ……………………………………… 103

020(3-9) 도읍 밖으로 통하는 길 …………………………… 104

021(3-10) 오나라의 물길 …………………………………… 106

022(3-11) 산음으로 통하는 길 ……………………………… 107

023(3-12) 전투 장소 취리就李 ……………………………… 108

024(3-13) 간장검을 만들던 곳 ……………………………… 109

025(3-14) 합려의 빙실冰室 …………………………………… 111

026(3-15) 합려의 무덤 ……………………………………… 112

027(3-16) 공주를 위한 장례식 ……………………………… 114

028(3-17) 신녀神女의 무덤 …………………………………… 117

029(3-18) 미왕糜王의 무덤 …………………………………… 118

030(3-19) 손무孫武의 무덤 …………………………………… 120

031(3-20) 세자당世子塘 ……………………………………… 121

032(3-21) 이름 없는 오왕의 무덤들 ……………………… 122

033(3-22) 신무神巫의 무덤 …………………………………… 123

034(3-23) 마정계馬亭溪의 복성復城 ………………………… 124

035(3-24) 홍성鴻城 ·· 126

036(3-25) 계피허雞陂墟 ·· 127

037(3-26) 태호太湖를 관람하던 고서대姑胥臺 ························· 128

038(3-27) 제왕 딸을 위해 지은 제문齊門 ······························ 129

039(3-28) 오왕이 농사짓던 땅 ··· 131

040(3-29) 녹피鹿陂 ·· 132

041(3-30) 서주류胥丰嘐 ··· 133

042(3-31) 미호성糜湖城과 여계성櫚溪城 ······························ 134

043(3-32) 역사성力士城 ··· 135

044(3-33) 무려성巫櫚城 ··· 136

045(3-34) 적송자赤松子의 유적 ··· 137

046(3-35) 작대산筰碓山 ··· 141

047(3-36) 방산放山 ·· 143

048(3-37) 추성墜星 ·· 144

049(3-38) 무후산撫侯山 ··· 145

050(3-39) 동서정東徐亭 ··· 146

051(3-40) 마안계馬安溪 ··· 147

052(3-41) 원산대총冤山大冢 ··· 148

053(3-42) 요성搖城 ·· 149

054(3-43) 서녀대총胥女大冢과 포고대총蒲姑大冢 ·················· 150

055(3-44) 고성古城 ·· 151

056(3-45) 통강남릉通江南陵 ··· 152

057(3-46) 십리갱十里坑 ··· 153

058(3-47) 해염현海鹽縣 ··· 154

059(3-48) 무성武城 ··· 155

060(3-49) 숙갑宿甲과 요왕총搖王冢 ······························· 156

061(3-50) 진시황제秦始皇帝가 이주시킨 대월大越의 백성들 ······ 157

062(3-51) 상산常山 ··· 159

063(3-52) 제향齊鄕 ··· 160

064(3-53) 무함巫咸이 태어난 우산虞山 ························· 161

065(3-54) 모릉도母陵道 ··· 162

066(3-55) 무석성無錫城 ··· 163

067(3-56) 춘신군春申君과 무석당無錫塘 ······················· 164

068(3-57) 무석호無錫湖 ··· 165

069(3-58) 용미릉도龍尾陵道 ··· 166

070(3-59) 곡아曲阿 ··· 167

071(3-60) 비릉毗陵과 연릉계자延陵季子 ······················· 168

072(3-61) 남성南城과 엄군淹君 ································· 169

073(3-62) 연릉계자延陵季子의 무덤 ····························· 170

074(3-63) 하가대총夏駕大冢 ··· 171

075(3-64) 진여항산秦餘杭山 ··· 172

076(3-65) 부차총夫差冢 ··· 173

077(3-66) 삼대三臺 ··· 175

078(3-67) 태호太湖 ··· 177

079(3-68) 무석호無錫湖 ··· 178

080(3-69) 여러 호수들 ··· 179

081(3-70) 당포棠浦 동쪽의 사당 ·································· 181

082(3-71) 서녀산胥女山 남쪽의 소촉산小蜀山 ················· 182

083(3-72) 도하궁桃夏宮 ····················· 183

084(3-73) 춘신군 아들 가군假君의 궁전 ··········· 184

085(3-74) 서창西倉과 동창東倉 ················· 186

086(3-75) 오시吳市 ······················· 187

087(3-76) 토산土山과 초문楚門, 노구대총路丘大冢 ······ 188

088(3-77) 춘신군春申君 ···················· 189

089(3-78) 부시罘罳 ······················· 191

090(3-79) 수춘壽春의 부릉鳧陵 ················ 192

091(3-80) 진시황秦始皇의 군현설치 ············· 194

092(3-81) 태수부太守府 ···················· 195

093(3-82) 유방劉邦에 의해 형왕荊王에 봉해진 유가劉賈 ······ 197

094(3-83) 신사리信士里와 오왕吳王 비濞 ·········· 200

095(3-84) 우궁牛宮 ······················· 202

096(3-85) 한漢 문제文帝와 회계군會稽郡 ·········· 203

097(3-86) 유종由鍾 ······················· 204

098(3-87) 단양군丹陽郡 ···················· 206

099(3-88) 절강浙江의 산에 있던 돌 ············· 207

100(3-89) 낭야瑯邪로 도읍을 옮긴 뒤 ··········· 208

卷三

〈4〉越絶〈吳內傳〉第四

101(4-1) 필부匹夫의 한풀이 ················· 214

102(4-2) 낭와囊瓦의 무례함 ······················· 216

103(4-3) 범려范蠡의 간언 ·························· 222

104(4-4) 취리就李의 전투 ·························· 228

105(4-5) 진문공晉文公과 제환공齊桓公 ·············· 232

106(4-6) 요堯와 순舜 ···························· 236

107(4-7) 계啓와 익益 ···························· 240

108(4-8) 탕湯과 형荊나라 지백之伯 ················ 242

109(4-9) 구천句踐이 귀환하여 ····················· 244

110(4-10) 순舜과 곤鯀의 치수 ···················· 246

111(4-11) 탕湯과 이윤伊尹 ······················· 249

112(4-12) 문왕文王 ······························ 251

113(4-13) 무왕武王과 주紂 ······················· 253

114(4-14) 주공周公 ······························ 256

卷四

〈5〉越絶〈計倪內經〉第五

115(5-1) 계예計倪의 계책 ························· 264

116(5-2) 불가한 이유 ··························· 267

117(5-3) 패도霸道 ····························· 269

118(5-4) 오행五行과 사물의 변화 ················· 274

119(5-5) 사물의 원리 ·························· 279

120(5-6) 음양에 대한 풀이 ······················ 282

121(5-7)　풍년과 흉년 ……………………………………… 284

122(5-8)　대부 일동佚同과 약성若成 ………………………… 286

123(5-9)　십간十干 ………………………………………… 289

卷五

〈6〉越絶〈請糴內傳〉第六

124(6-1)　대부 문종文種 …………………………………… 294

125(6-2)　신서申胥의 간언 ………………………………… 298

126(6-3)　내 눈을 빼어 …………………………………… 306

127(6-4)　오자서의 죽음 …………………………………… 311

128(6-5)　왕손락王孫駱 …………………………………… 316

129(6-6)　부차의 최후 …………………………………… 319

卷六

〈7〉越絶 外傳〈紀策考〉第七

130(7-1)　합려와 오자서의 만남 …………………………… 326

131(7-2)　어부의 아들 …………………………………… 330

132(7-3)　오나라가 망한 이유 …………………………… 332

133(7-4)　부차의 흉몽凶夢 ………………………………… 334

134(7-5)　변통을 모르는 오자서 ………………………… 337

135(7-6)　진秦나라 공주의 미색 ··· 340

136(7-7)　태재太宰 백비伯嚭 ··· 343

137(7-8)　범려范蠡와 문종文種 ·· 348

卷七

〈8〉越絶 外傳 〈記范伯〉第八

138(8-1)　범백范伯 ··· 356

139(8-2)　대부 석매石買 ··· 359

140(8-3)　석매石買와 자공子貢 ·· 363

〈9〉越絶 內傳 〈陳成恒〉第九

141(9-1)　진성항陳成恒 ·· 366

142(9-2)　자공子貢이 진성항陳成恒을 만나 ································· 370

143(9-3)　오왕을 찾아간 자공 ··· 375

144(9-4)　월왕을 찾아간 자공 ··· 380

145(9-5)　다시 오나라로 찾아온 자공 ·· 389

146(9-6)　진나라를 찾아간 자공 ·· 394

147(9-7)　황지黃池의 회담과 월나라의 반격 ································ 396

越絶書 三

卷八

〈10〉越絶 外傳〈記地傳〉第十

148(10-1) 월나라 선군 무여無餘 ···································· 450

149(10-2) 낭야琅琊로의 천도 ································ 456

150(10-3) 월나라 계보 ····································· 461

151(10-4) 구천소성句踐小城 ······························· 466

152(10-5) 산음대성山陰大城 ······························· 468

153(10-6) 직산稷山과 구산龜山 ·························· 470

154(10-7) 가대駕臺와 이대離臺 ·························· 473

155(10-8) 서시西施와 정단鄭旦 ·························· 475

156(10-9) 월왕의 사냥터 낙야樂野 ···················· 478

157(10-10) 마구馬丘와 빙실冰室 ························· 479

158(10-11) 구천의 유락遊樂 일정 ······················ 480

159(10-12) 포양浦陽과 부산夫山 ························· 482

160(10-13) 절강浙江 전투에서의 석매石買 ··········· 484

161(10-14) 범려와 문종이 살던 곳 ···················· 488

162(10-15) 의성義城 ··································· 489

163(10-16) 고고高庫 ··································· 490

164(10-17) 우禹의 종묘宗廟 ···························· 491

165(10-18) 독산대총獨山大冢 ·························· 492

166(10-19) 마림산麻林山 ······························· 493

167(10-20) 목어지目魚池 ······························· 494

168(10-21) 회계산 북성北城 ···························· 495

169(10-22) 약야대총若耶大冢 ·························· 496

170(10-23) 갈산葛山 ··································· 497

171(10-24) 고중산姑中山 ······························· 499

172(10-25) 부중대당富中大塘 ·························· 500

173(10-26) 견산犬山과 견정犬亭 ·· 501

174(10-27) 백록산白鹿山 ·· 502

175(10-28) 계산雞山과 시산豕山 ·· 503

176(10-29) 연당練塘과 탄취炭聚 ·· 505

177(10-30) 목객대총木客大冢 ·· 507

178(10-31) 관독官瀆 ·· 509

179(10-32) 고죽성苦竹城 ·· 510

180(10-33) 고종궁鼓鍾宮 ·· 512

181(10-34) 주실舟室 ·· 513

182(10-35) 민서대총民西大冢 ·· 514

183(10-36) 사포射浦와 진음산陳音山 ·· 515

184(10-37) 문종의 무덤 종산種山 ·· 517

185(10-38) 무리巫里 ·· 519

186(10-39) 무산巫山 ·· 520

187(10-40) 육산六山 ·· 521

188(10-41) 무당 무두無杜 ·· 522

189(10-42) 석당石塘, 방오防塢, 항오杭塢 ·· 523

190(10-43) 도산塗山 ·· 525

191(10-44) 주여朱餘 ·· 527

192(10-45) 오당吳塘 ·· 528

193(10-46) 독부산獨婦山 ·· 529

194(10-47) 마호馬啤 ·· 531

195(10-48) 고릉固陵 ·· 532

196(10-49) 양춘정陽春亭 ·· 533

197(10-50) 어아향語兒鄕 ·· 534

198(10-51) 여양정女陽亭 ·· 536

199(10-52) 대월大越의 국경 ·· 537

200(10-53) 매리梅里 ·· 539

201(10-54)　진秦나라로부터 한고조漢高祖까지 ································· 540
202(10-55)　진시황秦始皇의 천하통일 ······························· 543

卷九

〈11〉越絶 外傳〈計倪〉第十一

203(11-1)　계예計倪 ·· 554
204(11-2)　계예의 진언進言 ····························· 557
205(11-3)　훌륭한 신하 ································ 560
206(11-4)　감추고 있어야 할 이기利器 ················ 564
207(11-5)　회계산會稽山에 갇힌 구천 ·············· 567
208(11-6)　경성경국傾城傾國의 미색 ················ 571

卷十

〈12〉越絶 外傳〈記吳王占夢〉第十二

209(12-1)　오자서伍子胥의 보필을 받은 합려闔廬 ·········· 578
210(12-2)　공손성公孫聖 ······························ 582
211(12-3)　공손성의 해몽解夢 ···················· 586
212(12-4)　오나라의 처참한 최후 ··············· 591

卷十一

〈13〉越絶 外傳〈記寶劍〉第十三

213(13-1)　구천의 보검과 설촉薛燭 ················· 602

214(13-2) 풍호자風胡子, 간장干將, 구야자歐冶子 ················ 611
215(13-3) 태아검泰阿劍 ··· 614

卷十二

〈14〉越絶 內經〈九術〉第十四

216(14-1) 문종의 구술九術 ······································ 622
217(14-2) 오왕에게 바친 순楯 ··································· 625
218(14-3) 오왕에게 바친 미녀 서시西施와 정단鄭旦 ··········· 629
219(14-4) 부차와 백비의 최후 ·································· 634

〈15〉越絶 外傳〈記軍氣〉第十五

220(15-1) 군기軍氣의 오색五色 ·································· 636
221(15-2) 병기兵氣와 오색 ······································ 638
222(15-3) 기변氣變 ··· 643
223(15-4) 상수象數와 사시四時 ·································· 645
224(15-5) 춘추전국 시대 여러 나라의 강역 ·················· 647

卷十三

〈16〉越絶 外傳〈枕中〉第十六

225(16-1) 현주賢主와 성왕聖王 ································· 658
226(16-2) 성왕들의 치도治道 ··································· 661
227(16-3) 팔곡八穀과 오행五行 ································· 664
228(16-4) 중화中和 ··· 668
229(16-5) 사기死氣가 생기生氣 ································· 670

230(16-6) 혼魂과 백魄의 차이 ···················· 673

231(16-7) 음기陰氣와 양기陽氣 ················· 676

232(16-8) 천문개天門開와 지호폐地戶閉 ·········· 679

233(16-9) 음양陰陽과 진퇴進退 ················· 684

卷十四

〈17〉越絶 外傳〈春申君〉第十七

234(17-1) 춘신군春申君과 이원李園 ·············· 690

235(17-2) 이원의 여동생 여환女環 ·············· 695

236(17-3) 왕에게 바쳐진 여환 ················· 698

237(17-4) 초楚나라의 멸망 ··················· 700

〈18〉越絶〈德序外傳〉第十八

238(18-1) 패자에 오른 구천 ·················· 704

239(18-2) 구천을 떠난 범려 ·················· 709

240(18-3) 분노 속에 죽은 오자서 ·············· 713

241(18-4) 성인의 통찰력 ···················· 716

卷十五

〈19〉越絶〈篇敍外傳記〉第十九

242(19-1) 공자孔子의 예견과 자공子貢 ··········· 724

243(19-2) 《월절서》각 편의 순서 ·············· 729

244(19-3) 오점을 남긴 오자서 ················· 733

245(19-4) 일선일악一善一惡 ·················· 738

246(19-5)   오자서와 범려의 다른 점 ·· 741

247(19-6)   편찬자는 원강袁康과 오평吳平 ··· 751

◉ 부록

Ⅰ.《越絶書》佚文 ··· 758

Ⅱ.《越絶書》目錄 ··· 763

Ⅲ.《越絶書》序, 跋, 題記 ·· 769

Ⅳ.《史記》관련 자료

　　〈1〉吳太伯世家 ·· 780

　　〈2〉越王勾踐世家 ·· 786

　　〈3〉伍子胥列傳 ·· 792

Ⅴ.《國語》관련자료

　　〈1〉吳語 ·· 797

　　〈2〉越語上, 下 ··· 807

卷一

〈1〉 越絶 外傳〈本事〉第一

〈2〉 越絶〈荊平王內傳〉第二

〈1〉越絶 外傳〈本事〉第一

　본편은 책 전체의 서문에 해당하며 문답식으로 '월절越絶'의
명칭의 유래, 작자, 체제 등을 설명한 것이다. 월왕 구천은
이적夷狄의 신분으로 주周나라가 쇠퇴해 갈 때 중원中原을
제패하여 질서를 바로잡았으므로 그의 절륜絶倫한 업적은
높이 평가되어야 함을 은연중에 주장하고 있다.

〈三輪銅盤〉(春秋) 1957 江蘇 武進 출토

001(1-1)
'월절'의 뜻

어떤 이가 물었다.

"무엇을 일러 《월절越絶》이라 합니까?"

"월越이란 그 나라의 씨성氏姓이다."

"무슨 말입니까?"

"《춘추春秋》에 제齊나라와 노魯나라를 서술한 것을 보면 모두가 나라를 씨성으로 삼았으니 이로써 설명할 수 있다. 절絶이란 빼어나다(絶)의 뜻이다. 구천句踐 당시를 두고 한 말이다. 그 당시에는 제나라가 노나라를 치려 하자 공자孔子가 이를 수치로 여겼다. 그 때문에 자공子貢이 제나라에 유세하여 노나라를 안정시켰다. 자공이 한 번 나서자 제나라를 혼란에 빠뜨렸고, 오吳나라를 깨뜨렸으며, 진晉나라를 부흥시켰고, 월나라를 강화시켰다. 그 뒤 현자賢者와 변사辯士들이 공자가 지은 《춘추》에 도리어 오나라와 월나라 역사가 소략하고, 또한 자공과 성인 공자의 관계란 멀지 않아 마치 입술에 이, 겉에 속이 있는 관계처럼 밀접함을 보게 된 것이다. 이에 그 뜻의 요점을 개괄하고 역사 기록을 열람한 다음 그 역사 사실을 기술한 것이다."

問曰: 「何謂《越絶》?」

　　　「越者, 國之氏也.」

　　　「何以言之?」

「按《春秋》序齊魯, 皆以國爲氏姓, 是以明之. 絶者, 絶也. 謂句踐時也. 當是之時, 齊將伐魯, 孔子恥之. 故子貢說齊以安魯. 子貢一出, 亂齊·破吳·興晉· 彊越. 其後賢者辯士, 見夫子作《春秋》而略吳越, 又見子貢與聖人相去不遠, 脣之與齒, 表之與裡. 蓋要其意, 覽史記而述其事也.」

【越絶】《越絶書》를 가리킴. 원래 이름은《越紐錄》으로도 알려져 있으며 東漢 袁康이 짓고 吳平이 집록한 것으로 알려짐. 원래 25편이었으나 지금은 19편이 남아 있으며《吳越春秋》와 더불어 吳越의 흥망을 기술한 대표적인 史書임. 〈解題〉란을 참조할 것.

【越】고대 국명으로 姒姓. 시조는 夏나라 5대 임금 少康의 아들 無余(無餘)이며 會稽(지금의 浙江 紹興)을 봉지로 받았으나 세를 떨치지 못하다가 春秋 말기 句踐(勾踐)에 이르러 吳나라를 멸하고 霸者가 됨. 그 뒤 戰國 후기 楚나라에게 망하였음.《史記》越王句踐世家 및《吳越春秋》,《國語》등을 참조할 것.

【國之氏】나라의 氏姓. 越나라를 가리킴.

【春秋】儒家 經典의 하나. 編年體 史書로 魯 隱公 원년(전 722)부터 魯 哀公 14년 (전 481)까지 242년간의 역사를 孔子가 정리한 것. 그 뒤 이를 풀이한 책으로 《左氏傳》,《穀梁傳》,《公羊傳》이 있으며 이를「春秋三傳」이라 하여 모두 十三經에 列入됨.

【齊】제후국 이름. 周 武王(姬發)이 殷을 멸하고 太公(姜尙, 子牙, 呂尙)을 齊(지금의 山東 淄博市 臨淄)에 봉함. 桓公 때 春秋五霸의 첫 패자가 되기도 하였으며, 春秋 말 田氏(陳氏)가 찬탈하여 戰國시대 제나라는 田氏齊가 되며 戰國七雄에 오름. 뒤에 秦始皇 26년(전 221) 秦나라 天下統一 때 망함.《史記》齊太公世家를 참조할 것.

【魯】제후국 이름. 周 武王이 은을 멸한 뒤 자신의 아우 周公(姬旦)을 魯(지금의 山東 曲阜) 땅에 봉함. 孔子의 고국이기도 하며 전국시대 楚나라에게 망함. 《史記》魯周公世家를 참조할 것.

【絶】絶倫함. 빼어남. 絶對的임. 뛰어남.

【句踐】 '勾踐'으로도 표기하며 春秋 말 越나라 군주. 越王 允常의 아들로 闔廬를 이어 越王이 됨. 吳王 夫差에게 패하여 會稽山에서 고통을 당하여 臥薪嘗膽을 거쳐 范蠡와 大夫 文種의 보필로 결국 吳나라를 멸망시키고 제후들을 모아 霸者에 오름. 본《越絶書》의 주인공에 해당함.《史記》越王句踐世家 및《吳越春秋》등을 참조할 것.

【孔子】 孔丘(B.C.551~B.C.479). 자는 仲尼. 魯나라 曲阜 출신으로 위대한 사상가이며 교육가. 儒家의 至聖先師. 그 선대는 원래 宋나라 귀족이었으며 弗父何의 後孫 孔父嘉의 아들 子木金父가 魯나라로 옮겨와 孔氏로 姓을 삼았으며 이가 孔子의 5代祖임. 叔梁紇과 顔徵在 사이에 태어났으며 춘추 말 禮樂을 붕괴를 우려하여 復禮를 주장함. 魯나라 中都宰와 司寇 등의 벼슬을 하기도 하였으나 당시 집정 대신 季桓子와 뜻이 맞지 않아 周遊天下하며 자신의 사상을 펴고자 하였음. 그러나 뜻이 이루어질 수 없음을 알고 돌아와《春秋》를 수찬하고,《詩》,《書》,《禮》,《樂》을 정리하고《周易》의 十翼을 지음. 그의 어록을 모은《論語》는 후세 절대적 영향을 미쳤으며 3천인의 제자가 있었으며 그 중 뛰어난 이들 72인이 있었다 함.《史記》孔子世家와 仲尼弟子列傳 및《孔子家語》등을 참조할 것.

【子貢】 孔子 제자. 端木賜(B.C.520~?). 姓은 端木, 이름은 賜, 字는 子貢. 衛나라 출신으로 孔子보다 31세 아래였음. 子贛으로도 표기함. 理財와 외교술에 모두 뛰어났었음. 이에 春秋말 각 나라를 다니며 공자의 뜻에 따라 국제 질서를 바로 잡고자 하였음. 그 덕분에 越나라가 霸者가 될 수 있었음.《史記》仲尼弟子列傳 및《孔子家語》등을 참조할 것.

【吳】 姬姓. 周 太王(古公亶父)의 맏이 太伯이 세운 나라. 姬姓. 지금의 江蘇 蘇州市. 춘추 말 越王 句踐에게 망함.《史記》吳太伯世家 참조.

【晉】 춘추시대 나라 이름. 周 成王(姬誦)이 아우 叔虞를 唐에 봉하였으며 뒤에 이름을 晉으로 바꿈. 지금의 山西지역을 중심으로 발전하여 文公(重耳) 때 春秋五霸에 올랐으나 춘추 말 智氏(知氏), 范氏, 韓氏 魏氏, 趙氏, 중항씨(中行氏) 등 六卿의 混戰을 거쳐 韓, 魏, 趙 세 나라로 瓜分되었으며 이 세 나라 모두 戰國七雄에 오름.《史記》晉世家 및《國語》등을 참조할 것.

【賢者辯士】 책을 저술하는 사람.《博物志》文籍考에 "聖人制作曰經, 賢者著述曰傳·曰章句·曰解·曰論·曰讀"이라 함. 여기서는《越絶書》를 지은 자를 암시한 것.

【略吳越】 오나라와 월나라 역사에 대해서는 소략함. 孔子는 吳越을 蠻夷로 여겨《春秋》에서 그 내용을 비교적 간략하게 다루었다고 본 것.

【史記】 역사 기록들.

002(1-2)
'절絶'의 의미

어떤 이가 물었다.

"어찌하여 《월경越經》이나 《서기書記》라 칭하지 않고 《절絶》이라 말합니까?"

이에 이렇게 대답하였다.

"아니다. '절'이란 뛰어남을 뜻한다. 구천 당시에 천자는 미약하였고, 제후들은 모두 배반하자, 이에 구천이 강한 자는 억누르고, 약한 자는 부축하며 악한 것은 끊어, 선善으로 되돌리고 취사取捨의 원칙은 모두 도道로써 하여 패沛 땅을 송宋나라에게 되돌려 주고, 부릉浮陵 땅은 초楚나라에 귀속시켰으며, 임기臨沂, 개양開陽은 노魯나라에게 되돌려 주었다. 중원에서의 침략과 정벌은 이로 인해 점차 그치게 된 것이다. 구천은 안으로 정성을 품고 있었으며, 밖으로는 위엄을 발휘하여 월나라는 그 홀로 그 공을 세우고 있었으니 그 때문에 《월절越絶》이라 한 것이다. 그러므로 이를 지은 자는 안으로는 스스로 자신을 묶을 줄 알고 밖으로는 남보다 뛰어남을 귀중히 여겼던 것이다. 현자가 저술한 바는 그의 '뛰어남'을 끊을 수 없기에 그 때문에 그것을 '기記'라 할 수 없는 것은 분명한 것이다."

問曰:「何不稱《越經》·《書記》, 而言《絶》乎?」

　曰:「不也. 絶者, 絶也. 句踐之時, 天子微弱, 諸侯皆叛,

　　於是句踐抑彊·扶弱·絶惡, 反之於善, 取舍以道,

沛歸於宋, 浮陵以付楚, 臨沂·開陽, 復之於魯. 中國
侵伐, 因斯衰止. 以其誠在於內, 威發於外, 越專
其功, 故曰《越絶》. 故作此者, 貴其內能自約, 外能
絶人也. 賢者所述, 不可斷'絶', 故不爲'記'明矣.」

【越經·書記】 책이름을 《越經》이나 《越庶幾》, 《越記》 등으로 함을 뜻함. 혹은
이 4글자를 모두 하나의 책의 이름으로 보기도 함.
【沛】 지금의 安徽 宿縣 서북. 越나라가 宋나라로부터 빼앗았던 땅.
【宋】 고대 나라 이름. 殷의 後孫. 周 成王(姬誦)이 商紂의 庶兄 微子(啓)를 찾아
商(殷)나라 제사를 잇도록 그 遺民을 맡겨 세후로 봉한 것. 지금의 河南 동부 및
山東, 江蘇, 安徽 일부 지역임. 전국 후기 齊나라에게 망함.
【浮陵】 지금의 安徽 淮河 상류에 있던 옛 지명.
【楚】 고대 남방의 제후국. 周 成王이 顓頊 高陽氏의 후예 熊繹을 荊山에 봉하였
으며 丹陽을 도읍으로 하였으나 뒤에 郢(지금의 湖北 荊州 紀南城)으로 옮김.
長江 유역을 중심으로 발전하여 莊王 때 春秋五霸에 올랐으며 전국시대는
戰國七雄의 하나가 됨. 전국 말 秦始皇에게 망함.
【臨沂】 지금의 山東 臨沂.
【開陽】 지금의 山東 蘭山縣.
【中國】 中原의 다른 표현. 黃河 중류의 문명한 나라들을 일컫던 말.
【衰止】 그러한 풍조가 없어지고 중지됨.
【越專其功】 《史記》 越王句踐世家에 "以淮上地與楚, 歸吳所侵宋地於宋, 與魯
泗東方百里. 當是時, 越兵橫行於江·淮東, 諸侯畢賀, 號稱霸王"이라 함.

003(1-3)
월나라의 업적

어떤 이가 물었다.

"환공桓公은 구합제후九合諸侯하고 일광천하一匡天下하여, 현능한 자를 임용하고 강한 초楚나라를 주벌하여 복종시켰습니다. 그런데 어찌 그것을 두고는 《제절齊絶》이라 하지 않습니까?"

이렇게 대답하였다.

"환공이 중원에서 병력이 강하여 세상에 패권을 이룬 뒤에 위엄이 제후들을 능멸하여 강한 초楚나라를 굴복시켰으니 이는 당연히 해야 할 일이었다. 그런데 무릇 월왕 구천의 경우, 동쪽 바닷가에 치우쳐 있던 이적夷狄으로서 문신文身을 하는 풍습이면서도 몸소 고통을 자처하고 어진 신하를 임용하여 죽음을 돌려 삶으로 바꾸고 패배를 돌려 성공의 계기로 삼았다. 그 월나라는 강한 오吳나라를 정벌하여 주실周室을 존중하여 섬겼으며 낭야琅琊로 진출하여 패권을 장악하였으면서도 스스로는 자신의 욕심을 줄이면서 제후들을 인솔하였다. 그 시작은 미천하였으나 끝은 능히 패도를 이루었음을 귀히 여기는 것이니, 그 때문에 월나라가 홀로 그러한 공을 이루어 그러한 이름을 가질 수 있음을 허여許與하는 것이다."

問曰:「桓公九合諸侯, 一匡天下, 任用賢者, 誅服彊楚.
　　　何不言《齊絶》乎?」

曰:「桓公中國兵彊霸世之後, 威凌諸侯, 服彊楚, 此正宜耳. 夫越王句踐, 東垂海濱, 夷狄文身, 躬而自苦, 任用賢臣, 轉死爲生, 以敗爲成. 越伐彊吳, 尊事周室, 行霸琅琊, 躬自省約, 率道諸侯. 貴其始微, 終能以霸, 故與越專其功而有之也.」

【桓公】齊 桓公. 春秋五霸의 첫 首長. 이름은 小白. 齊나라에 난이 일어나자 鮑叔이 모시고 莒나라로 피신, 管仲은 公子 糾를 모시고 魯나라로 피신함. 뒤에 난이 진압되고 먼저 귀국하는 자가 왕이 될 수 있는 기회에 小白이 오는 길을 管仲 일행이 막고 활을 쏘아 소백의 허리띠 고리에 맞추자 소백은 죽은 척 쓰러져 있다가 지름길로 귀국하여 왕위에 오름. 뒤에 포숙의 추천으로 관중을 등용하여 제나라를 부강하게 하여 九合諸侯, 一匡天下하여 첫 패자가 됨. B.C.685~B.C.643년까지 43년간 재위함.《史記》齊太公世家를 참조할 것.

【九合諸侯, 一匡天下】흔히 齊 桓公의 업적을 칭송하는 말로 널리 쓰임.《論語》憲問篇에 "子貢曰:「管仲非仁者與? 桓公殺公子糾, 不能死, 又相之」子曰:「管仲相桓公, 霸諸侯, 一匡天下, 民到于今受其賜. 微管仲, 吾其被髮左衽矣. 豈若匹夫匹婦之爲諒也, 自經於溝瀆而莫之知也?」"라 하였고,《史記》齊太公世家에도 "兵車之會三, 乘軒之會六, 九合諸侯, 一匡天下"라 함. 아홉 번 제후들을 모아 회맹을 하여 천하를 크게 바로잡음. 패자는 '尊王攘夷'의 기치를 걸고 제후들을 통솔하여 周室을 존경하도록 하는 명분을 내세웠었음.

【垂】'陲'와 같음. 귀퉁이에 치우쳐 있음.

【文身】紋身과 같음. 남방 민족들의 披髮文身의 풍습. 당시 越나라는 그러한 미개한 풍습을 가진 蠻夷였음.《禮記》王制 疏에 "越俗斷髮文身, 以辟蛟龍之害, 故刻其肌, 以丹靑涅之"라 함.

【自苦】스스로 고통을 자초함. 臥薪嘗膽을 가리킴.

【琅琊】지금의 山東 膠南縣 琅琊臺 서북쪽. 원래 春秋시대 齊나라 땅이었음. 월왕 구천이 뒤에 이곳으로 도읍을 옮기고자 하였음.《吳越春秋》(10)에 "越王 旣已誅忠臣, 霸於關東, 徙都瑯邪, 起觀臺, 周七里以望東海"라 함.

【省約】욕심을 줄이고 자신을 團束함.

【與】許諾함. 許與함. 稱許함.

004(1-4)
약했던 월나라

어떤 이가 물었다.

"그렇다면 월나라가 그 공을 오로지 하여 그러한 평가를 받을 수 있는데도 어찌 첫째로 칭해지지 않은 채 도리어 끝내 오태백吳太伯이 칭송을 받고 있습니까?"

이렇게 대답하였다.

"월나라는 약소국이었고 오나라는 대국이었기 때문이다."

"월나라는 작고 오나라는 크다는 것이 어찌 영향을 미칩니까?"

이렇게 대답하였다.

"오나라는 오자서伍子胥의 가르침이 있어 당세에 패권을 누린 기간이 길었다. 그리하여 북쪽으로는 제齊나라, 초楚나라를 능멸하여 제후들이 감히 거부하지 못하였다. 그러한 틈에 설薛, 허許, 주루邾婁, 거莒나라 등은 오나라 수레 곁에서 뛰고 닫고 분주히 복종하였다. 그에 비해 월왕越王 구천句踐은 오나라에 예속된 채 오나라를 위해 말에게 꼴을 먹이며 기르는 일과 같은 치욕을 입었다. 그럼에도 제후들이 그를 따랐으니 이는 마치 과일에 오얏과 같은 존재였다. 그리고 고국으로 돌아온 지 7년 동안 노심초사하며 제 몸을 괴롭히면서 자신을 이겨내고 스스로 책임을 다하면서 어진 이를 임용하였다. 월나라는 마침내 강한 오나라를 정벌하여 제후들에게 패권을 행사하였다. 그러므로 월나라를 첫째로 칭하지 않는 것은 강한 오나라의 패배를 부각시켜 약했던 월나라의 공을 드러내기 위한 것이다."

問曰:「然越專其功而有之, 何不第一, 而卒本吳太伯爲?」

曰:「小越而大吳.」

「小越大吳, 奈何?」

曰:「吳有子胥之教, 霸世甚久. 北陵齊·楚, 諸侯莫敢叛者. 乘薛·許·邾婁·莒, 旁轂趨走. 越王句踐, 屬芻莝養馬. 諸侯從之, 若果中之李. 反邦七年, 焦思苦身, 克己自責, 任用賢人. 越伐彊吳, 行霸諸侯. 故不使越第一者, 欲以貶大吳, 顯弱越之功也.」

【吳太伯】'泰伯'으로도 표기하며 周나라 系譜 중에 太王(古公亶甫, 古公亶父)의 맏아들. 그 아우가 虞仲과 季歷이었으며 계력의 아들 文王(姬昌)을 거쳐 武王(姬發)으로 이어지도록 하기 위하여 남쪽으로 피하여 吳나라 시조가 됨.《史記》周本紀 및 吳太伯世家 참조. 여기서는 본《越絶書》敍篇 外記(19)에 太伯을 시작으로 하고 끝을 陳恒으로 맺고 있음을 지적한 것.

【子胥】伍子胥. 伍員. 伍擧(椒擧)의 손자이며 伍奢의 아들. 伍尙의 아우. 楚 平王과 아버지 伍奢가 太子 建의 혼인 문제에 비열함을 저지른 費無極(費無忌)의 참언으로 인해 멸족을 당하자 陳나라를 거쳐 吳나라로 망명하여 합려를 도와 원수를 갚음. 뒤에 吳楚戰鬪, 吳越鬪爭 등의 주역으로서 많은 일화와 사건을 남겼으며 끝내 오왕 부차에게 죽음을 당함.《國語》吳語에는 '申胥'라 하였으며 申은 땅 이름. 자는 子胥.《國語》韋昭 注에 "員奔吳, 吳與之申地, 故曰申胥"라 하였음. 한편 '員'은 '員音云'이라 하여 '운'으로 읽어야 하나 일반적인 관례에 의해 그대로 '오원'(伍員)으로도 읽음. 그 외 '伍胥', '子胥', '伍員', '伍君' 등 여러 가지로 불리고 있음.《史記》伍子胥列傳 및《吳越春秋》등을 참조할 것.

【薛】黃帝의 후예 奚仲이 받은 封國. 侯爵이며 군주의 성은 任姓. 지금의 山東 滕縣 동남쪽. 전국시대 齊나라에게 망함.

【許】姜姓. 周 武王이 炎帝 苗裔 文叔을 許에 봉함. 지금의 河南 許昌市 동쪽. 전국시대 楚나라에게 망함.

【邾婁】원래 단칭으로 邾나라였음. 周 武王이 祝融 八姓의 하나였던 邾俠 (曹俠)을 封하여 부용국으로 삼았으며 '邾婁'로도 불렸음. 《公羊傳》隱公 元年 注에 "邾人語聲後曰婁, 故曰邾婁"라 함. 지금의 山東 鄒縣. 이 때문에 전국시대에 이름을 '鄒'로 바꾸었음. 曹姓이며 子爵 작위를 받았으나 魯나라에 예속되어 있었음.

【莒】나라 이름. 작위는 子爵. 지금의 山東 莒縣. 曹姓이었음. 원래 介根, 즉 지금의 山東 膠縣 서남에 도읍을 두었다가 뒤에 莒로 옮김. 당시 中原에서는 蠻夷로 여겼음. 春秋 말 楚나라에게 망함.

【旁轂趨走】수레 곁을 따라다니며 부림을 당함. '旁'은 '傍'과 같으며, '轂'은 수레 바퀴통 穿軸. 《公羊傳》哀公 13년 注에 "時吳强而無道, 敗齊臨菑(淄), 乘勝大會 中國, 齊晉前驅, 魯衛驂乘, 滕薛俠轂而趨"라 함.

【屬】越王 句踐이 吳王 夫差에게 入臣하여 예속됨.

【芻茭】꼴, 즉 말 먹이 풀을 썰어 먹이로 만드는 일.

【果中之李】과일 중에 오얏(자두)은 가장 많은 열매를 맺음. 따라서 수가 많음을 뜻하는 말로 쓰인 것임. 《爾雅翼》에 "李, 木之多子者"라 함. 그러나 《千字文》에 "果珍李柰, 菜重芥薑"이라 하여 귀한 과일임을 뜻하는 말로도 볼 수 있음. 한편 兪樾은 〈讀越絶書〉에서 "《宋書》張敷傳: 梨爲百果之宗. 豈古語本謂李, 而後 世訛爲梨乎?"라 함.

【焦思苦身】越王 句踐은 풀려나 돌아온 뒤 오로지 吳나라에 보복할 생각만 하였 으며 이에 대한 내용은 《吳越春秋》에 자세히 실려 있음.

005(1-5)
오나라가 망하고 월나라가 흥한 이유

그가 물었다.

"오나라가 망하고 월나라가 흥한 것은 하늘이 그렇게 해준 것입니까? 사람에게 달린 것이었습니까?"

"모두가 사람에게 달린 것이다. 부차夫差가 도를 잃고 있을 때 월나라는 역시 현능하게 대처하였다. 이는 마치 습하면 쉽게 비가오고 배고프면 수확을 돕겠다고 쉽게 나서는 것과 같다."

그가 물었다.

"어떻게 오로지 사람에게 달렸었다고 아는 것입니까?"

"자공子貢이 선생님 공자와 함께 앉아 있을 때 선생님에게 '오나라 태재太宰 백비伯嚭는 죽습니다'라고 하자 공자는 '죽지 않는다'라고 하였다. 이렇게 두 번이나 주장하였다. 자공이 두 번 절하며 '어찌 죽지 않음을 아십니까?'라고 여쭙자 공자는 '하늘이 태재 백비를 내린 것은 오나라를 망하게 하기 위한 것이다. 지금 오나라가 아직 망하지 않고 있는데 태재가 무슨 방해가 되겠는가?'라고 하였다. 과연 뒤에 사람이 와서 그가 죽지 않고 그대로 살아 있다고 말하였다. 성인은 헛된 말씀을 하지 않으니 이로써 월나라가 패자가 될 것임을 분명히 알 수 있는 것이다!"

"어떻게 그렇게 말할 수 있습니까?"

이렇게 대답하였다.

"대부 문종文種이 범려范蠡를 처음 만났을 때 서로 앞날을 도모하면서 '동남쪽에 패자가 날 징조가 있소. 그곳으로 가서 벼슬하느니만 못하오'

라고 하여 서로 함께 동쪽으로 나섰는데 월나라에 들어서서 더 가지 않고 머물렀다. 현능한 자는 헛된 말을 하지 않으니 이로써 알 수 있는 것이다."

問曰:「吳亡而越興, 在天與? 在人乎?」
　　「皆人也. 夫差失道, 越亦賢矣. 濕易雨, 饑易助.」
曰:「何以知獨在人乎?」
　　「子貢與夫子坐, 告夫子曰:『太宰死.』夫子曰:『不
　　死也.』如是者再. 子貢再拜而問:『何以知之?』
　　夫子曰:『天生宰嚭者, 欲以亡吳, 吳今未亡, 宰何
　　病乎?』後人來言不死. 聖人不妄言, 是以明知越
　　霸矣!」
　　「何以言之?」
曰:「種見蠡之時, 相與謀, 道:『東南有霸兆, 不如往仕.』
　　相要東游, 入越而止. 賢者不妄言, 以是知之焉.」

【天】 天命. 하늘의 도움. 하늘이 그렇게 되도록 유도해줌.
【人】 人道. 사람이 힘써 개척함.
【夫差】 吳나라 波(波秦)太子의 아들. 뒤에 吳나라 군주에 오름. 闔閭의 孫子.
　　그러나 《左傳》과 《史記》에는 闔閭의 아들로 되어 있음. 越王 句踐을 격파하여
　　승리를 만끽하는 등 큰 세력을 떨쳤으나 끝내 越王 句踐에게 망하고 자신도
　　자결하여 생을 마침. B.C.497~B.C.475년까지 25년간 재위하고 춘추시대가
　　마감됨.
【饑易助】 배고플 때는 다른 사람의 수확 작업도 나서서 도와줌. 도를 얻으면
　　도움이 많음을 비유하는 말.
【太宰】 원래 오나라 관직 이름. 구체적으로는 伯嚭를 가리킴. 伯嚭는 '白喜', '帛否',

'太宰伯嚭', '太宰嚭' 등으로도 표기하며 자는 子餘. 春秋時代 楚나라 白州犁의 孫子. 楚나라에서 吳나라로 망명하여 大夫를 거쳐 夫差의 신임을 얻어 太宰에 올랐으며 吳나라가 越나라를 항복시킨 뒤 越王 句踐의 뇌물을 받고 화해를 조성하여 吳나라 멸망의 화근을 키웠으며 伍子胥를 참훼하여 죽임. 吳나라가 망한 뒤 월왕 구천에 의해 살해됨. 越나라 范蠡와 文種, 그리고 吳나라 伍子胥와 더불어 吳越爭鬪의 주연으로 이름을 날린 대표적인 네 사람 중의 하나임. 다른 기록에는 '白'이 모두 '伯'으로 되어 있음.

【種】大夫 文種. 자는 子禽, 혹 少禽, 會. 越나라 대부로 智謀가 있어 范蠡와 함께 句踐을 도와 吳나라에게 복수를 하고 句踐을 霸者로 만든 名臣. 그 뒤에 范蠡가 떠나고 句踐에게 죽음을 당함. 그러나 《吳越春秋》徐天祜 注에는 "大夫種, 姓文氏, 字會. 楚之鄒人"이라 함.

【蠡】范蠡. 越나라 大夫. 字는 少伯. 文種과 함께 越나라를 승리로 이끈 대신. 越나라가 吳나라에 패했을 때 3년을 臣僕으로 고생하다가 돌아와 句踐을 도와 吳나라를 멸하는데 큰 공을 세웠음. 그리고 즉시 句踐을 피해 이름을 鴟夷子皮로 바꾸고 몸을 숨겨 三江口를 거쳐 五湖로 나서 齊나라 陶 땅으로 옮겨가 陶朱公이라 칭하였으며 장사에 뛰어들어 큰 부자가 됨. 그의 많은 일화는 《國語》越語(下), 《左傳》, 《史記》越王句踐世家, 貨殖列傳, 《吳越春秋》등에 자세히 실려 있음. 《吳越春秋》徐天祜 注에 "范蠡, 楚三尸人也. 字少伯"이라 함.

【東南】吳(姑蘇, 蘇州)나라와 越(會稽, 紹興)나라는 모두 중국의 동남쪽에 위치하며 그 두 나라 중 하나가 패자가 될 징조가 있음을 말함. 당시 吳나라가 훨씬 강하였으나 그럼에도 두 사람은 오나라까지 가지 않고 월나라에 이르러 그곳에 머물러 월나라가 패권을 차지하게 되었음을 뜻함.

006(1-6)
《월절서》의 작자

그가 물었다.

"《월절越絶》은 누가 지은 것입니까?"

"오나라나 월나라의 저술가가 지은 것이다. 지을 당시에 그는 공자가 《서書》를 산정하고, 《춘추春秋》를 짓고, 왕제王制를 제정하였음을 보고 그 저술가는 감탄하면서 역사 기록을 열람하여 월나라 일을 기록할 것을 결의한 것이다."

그가 물었다.

"일을 하는 자는 스스로 드러내고자 하는 법인데 지금 단지 저술가라고만 하고 그 성이나 이름을 밝히지 않고 있으니 어찌 된 것입니까?"

이렇게 설명하였다.

"이 사람은 대아大雅의 풍모를 가진 인재로서 곧바로 한 나라의 일을 말하면서 성명을 밝히지 않은 것은 자신의 말을 겸손하게 여긴 것이다. 혹 자공子貢이 지은 것이 아닌가 여기기도 한다. 자공은 사방을 두루 통달하였던 자로서 유독 오나라와 월나라만을 기록할 이유는 없지만, 그러나 오나라, 월나라를 기록했다면 역시 이유가 있다. 그 당시 자공은 노魯나라의 사신이 되어 혹 제齊나라에도 가고, 혹 오나라에도 갔었다. 그 뒤 그 일을 설명하면서 오나라, 월나라를 비유로 들었을 것이고 그 나라 사람들이 이를 받아 기록하여 그 때문에 곧바로 오나라, 월나라 일을 다루게 된 것이다. 그 당시에는 성인 공자가 육예六藝를 가르치고, 오경五經을 산정刪定하고 있었으며, 72명의 제자에 3천 명의 무리를 길러, 노나라 궐문闕門에서

학문을 강습하고 있었다. 그러한 분위기 속에 《월절》이라는 작은 문장은 진실로 사방에 널리 퍼질 수가 없었으니, 어찌 선성先聖의 유훈을 외우고 전술하는 자로써는 자신이 지은 글은 족히 스스로 칭송하거나 그 이름을 드러낼 만하지 못하다고 여겼을 것인데 그럼에도 곧바로 자신이 지척指斥할 일이라 하였겠는가? 일설로는 아마 오자서伍子胥가 지었을 것이라고도 여긴다. 무릇 사람의 감정이란 태평하면 글을 짓지 않으며 궁하게 되면 원한을 갖게 되고 원한을 가지면 글을 짓게 되는 것이니 이는 마치 시인詩人이 자신의 직위를 잃고 원한을 느끼면 우려와 한탄으로 시를 짓게 되는 것과 같다. 오자서는 충성을 품고 임금이 참소의 미혹함에 빠져 사직社稷이 기우는 것을 참을 수 없게 되었다. 목숨이 끊어지고 나라가 위험할 지경에 이르자 그는 길이 살아남겠다는 생각을 저버리고 절절이 간쟁을 하였지만 끝내 채택되지 않았다. 근심과 걱정이 여기에 이르자 원한을 품은 채 글을 지은 것이리라. 그리하여 지나침도 치우침도 없이 사건의 본말을 뽑아내어 자신의 허물이 없음을 밝히고자 한 것이다. 마침내 힘을 남기지 않고 능력을 진실 되게, 지혜를 끝까지 하였으나 자신의 몸으로는 이를 막아내기 어려웠던 것이었으나 그렇다고 명예를 위한 것이라는 혐의를 입을까 하여 그 때문에 이름을 밝히지 않은 채로 곧바로 그 일을 지척함을 자신의 일로 삼은 것이다. 뒷사람이 이를 근거로 전술하고 설명하여 이에 차츰 중편中篇과 외편外篇으로 만들어진 것이다."

問曰:「《越絶》誰所作?」

　　　「吳越賢者所作也. 當此之時, 見夫子刪《書》, 作
　　　《春秋》, 定王制, 賢者嗟嘆, 決意覽史記, 成就其事.」
問曰:「作事欲以自著, 今但言賢者, 不言姓字, 何?」
　　曰:「是人有大雅之才, 直道一國之事, 不見姓名, 小之
　　　辭也. 或以爲子貢所作, 當挾四方, 不當獨在吳越.

其在吳越, 亦有因矣. 此時子貢爲魯使, 或至齊, 或至吳. 其後道事, 以吳越爲喩, 國人承述, 故直在吳越也. 當是之時, 有聖人敎援六藝, 刪定五經; 七十二子, 養徒三千, 講習學問魯之闕門.《越絶》小藝之文, 固不能布於四方, 焉有誦述先聖賢者, 所作未足自稱, 載列姓名, 直斥以身者也? 一說蓋是子胥所作也. 夫人情, 泰而不作; 窮則怨恨, 怨恨則作, 猶詩人失職怨恨, 憂嗟作詩也. 子胥懷忠, 不忍君沉惑於讒, 社稷之傾. 絶命危邦, 不顧長生, 切切爭諫, 終不見聽. 憂至患致, 怨恨作文. 不侵不差, 抽引本末, 明己無過. 終不遺力, 誠能極智, 不足以身當之; 嫌於求譽, 是以不著姓名, 直斥以爲身者也. 後人述而說之, 乃稍成中外篇焉.」

【賢者士】 책을 저술한 사람. 저술가. 사물의 이치를 미리 터득한 사람.《博物志》文籍考에 "聖人制作曰經, 賢者著述曰傳·曰章句·曰解·曰論·曰讀"이라 함. 여기서는《越絶書》를 지은 자를 가리킴.

【刪書】 공자의 六經에 대한 정리를 가리킴.

【王制】 왕도를 실현하기 위한 제도. 그러나《周禮》는 일반적으로 周公(姬旦)이 제정한 것으로 알려져 孔子가 정리한 것은 아님.

【小之辭也】 별 것 아닌 것으로 여김. 겸양을 뜻함.

【挾】 '浹'과 같음. 통달함. 널리 알고 있음.

【直在吳越】 吳越에만 집중하거나 편중됨.

【六藝】 여섯 가지 교과목. 周나라 때 교육 과정인 禮, 樂, 射, 御(馭), 書, 數의 여섯 가지 技藝.《周禮》地官 保氏篇에 "保氏掌諫王惡, 而養國子以道. 乃敎之六藝: 一曰五禮, 二曰六樂, 三曰五射, 四曰五馭, 五曰六書, 六曰九數"라 함.

【五經】儒家의 다섯 가지 經典. 六經 중에 樂을 제외한 《易》, 《詩》, 《書》, 《禮》, 《春秋》를 가리킴.

【七十二人】공자의 제자 중에 뛰어난 제자가 72명이었음. 《史記》孔子世家에 "孔子以詩書禮樂教, 弟子蓋三千焉, 身通六藝者七十有二人"이라 함.

【闕門】祭門 밖의 두 夾門. 兩觀. 《穀梁傳》桓公 3년의 "禮, 送女, 父不下堂, 母不出祭門, 諸母兄弟不出闕門"의 注에 "祭門, 廟門也; 闕, 兩觀也, 在祭門外"라 함.

【詩人】《詩經》 여러 시의 작자.

【失職】자신의 직위나 임무를 잃고 폄직을 당하거나 유배를 당함.

【社稷】土地神과 穀神. 國家를 상징함.

【不侵不差】치우치지도 않고 편중되지도 않음. 공정함. 不偏不黨과 같음.

007(1-7)

경經, 전傳, 내경內經, 외전外傳

그가 물었다.

"혹 경經, 전傳, 내경內經, 외전外傳으로 나눈 것은 어찌 그렇습니까?"

이렇게 설명하였다.

"경이란 그 일을 논하는 것이며, 전은 그 뜻을 설명한 것이며, 외편은 한 사람이 지은 바가 아니어서 자못 서로 널리 많은 자료가 있으며, 그 중 혹은 그 일을 바르게 설명하지 못하고 있어 이에 같은 유별을 끌어들여 본의에 기탁한 것이다. 이를 설명하는 자는 공자가 《시詩》, 《서書》를 산정하고, 경經과 《역易》을 기준으로 한 것을 보고 역시 별것 아닌 작품이지만 겹치는 것을 알게 되었다. 또한 각 변사辯士들이 기술한 바를 끊어없앨 수도 없었다. 작은 도리이지만 통하지 않으면 기대하던 바가 치우치게된다. 해설하는 자가 자신 마음대로 하지 않았음을 밝힌 것이니 그 때문에 중복된 것은 산정하여 중편과 외편으로 삼은 것이다."

問曰:「或經, 或傳, 或內, 或外, 何謂?」

曰:「經者, 論其事; 傳者, 道其意; 外者, 非一人所作,
頗相覆載, 或非其事, 引類以託意. 說之者見夫子刪
《詩》·《書》, 就經·《易》, 亦知小藝之復重. 又各

辯士所述, 不可斷絶. 小道不通, 偏有所期, 明說
者不專, 故刪定復重, 以爲中外篇.」

【經】불변의 원리. 그 때문에 편의 제목을 經으로 삼은 것임. 19편의 제목을
참조할 것.
【傳】經의 본 뜻을 풀어서 설명한 것. 역시 19편의 제목을 참조할 것.
【內外】內는 內經, 外는 外傳.
【覆載】두루 널리 있음. 다양함. '覆'은 하늘이 덮어주는 것, '載'는 땅이 싣고 있는 것.
【詩書】《詩》는 《詩經》. 지금의 《毛詩》. 원래 3천편이었다 하나 공자가 이를
刪定하여 3백편으로 줄였다 하며 이를 刪詩說이라 함. 《書》는 《尙書》, 역시
공자가 이를 정리하여 교재로 사용하였다 함. 《史記》 참조.
【辯士】기록을 변별하여 정리한 사람. 賢者의 다음 단계 작업을 한 사람.
【中外篇】錢培名 《越絶書札記》에 "'篇'字原注'一作焉', 按上節云: '乃稱成中外
篇焉', 疑此文'篇'下亦當有'焉'字"라 하였고, 張宗祥은 《越絶書校注》에서 "以
《吳越春秋》便之, 闔閭·夫差幷稱內傳, 無餘·句踐皆稱外傳, 是內吳外越, 以國
分內外, 義至明白. 今此書如內越外諸國, 則〈荊平王內傳〉·〈吳內傳〉·〈內傳陳
成恒〉, 不應有此稱謂. 如以爲內外非一人之作, 證以外傳記: 〈記吳地傳〉·〈外傳
記地傳〉二篇, 此例甚明, 然其他〈記范伯〉·〈記吳王占夢〉·〈記寶劍〉等篇, 卽以
爲出一人之手, 亦無不可. 故此書經傳內外之稱, 實非確定之辭"라 함.

〈2〉越絶〈荊平王內傳〉第二

'荊平王'은 楚平王을 가리킨다. 본편은 오자서의 철저한 복수 고사를 다룬 것으로, 오자서는 초나라 사람으로 아버지 伍奢 (伍子奢), 형 伍尚(伍子尚)이 평왕에게 억울한 죽음을 당하자, 국외로 망명하여 끝내 오나라 합려의 힘을 빌려 이미 죽은 평왕에게 조차 무덤을 파내어 채찍질을 가하는 등 철저한 복수극을 벌인다.

한편 망명 중 강상江上 어부와 뇌수瀨水의 처녀 등 소설적 구성도 가미되어 있다. 역대 복수극 중에 가장 널리 알려진 고사로 淸代 고사기高士奇는 "子胥復仇, 其事最烈, 亦最奇"《左傳 紀事本末》50)이라 평하고 있다. 오자서의 복수 고사는 《史記》 (伍子胥列傳)와《吳越春秋》(王僚使公子光傳)에도 자세히 실려 있다.

〈鴨尊〉(西周) 遼寧省 출토

008(2-1)
오자서 집안의 재앙

지난 날, 형荊 평왕平王의 신하로 오자사伍子奢가 있었는데 왕에게 죄를
지어 장차 왕이 그를 죽이려 하였다.

그의 두 아들은 도망하여 그 중 오자상伍子尙은 오吳나라로, 오자서
伍子胥는 정鄭나라로 달아났다.

왕이 오사를 불러 이렇게 물었다.

"만약 그대의 아들을 부른다면 누가 오겠는가?"

오사가 대답하였다.

"왕이 저에게 물으시니 대답을 하면 죽음을 당할까 두렵소. 그러나 대답을
하지 않으면 아들의 마음을 모르는 것이 되오. 맏이 상尙은 사람됨이 인자
하고 지혜로워 오라하면 틀림없이 들어올 것
이지만 자서는 사람됨이 용맹하면서도 지혜가
있어 불러도 틀림없이 오지 않을 것이오.
자서는 장차 오나라로 달아날 것이니 임금께
서는 모름지기 일찍 국경 문을 닫으시고 늦게
문을 열어야 할 것이오. 그는 장차 이 초나라
변경을 크게 걱정을 끼쳐드리게 될 것이오."

〈伍子胥〉《三才圖會》

이에 평왕은 즉시 사자로 하여금 자상으로 오나라로부터 불러오도록
하였다.

"그대 아버지가 죄를 지었으니 그대가 들어오면 아버지를 사면하게 될
것이지만 들어오지 않으면 죽이게 될 것이오."

오자서가 이를 듣고 사람을 시켜 오나라에 있는 형 오상에게 이렇게 고하도록 하였다.

"내 들으니 형 평왕이 형을 부른다 하더이다. 형은 결코 들어가서는 안 됩니다. 제가 듣기로 '들어가는 자는 궁액을 당하지만 빠져나온 자는 원수를 갚을 수 있다'하더이다. 들어갔다가 모두 함께 죽는 것은 지혜롭지 못한 일이요, 죽어서 아버지의 원수를 갚지 못한다면 이는 용기가 없는 것입니다."

오상이 대답하였다.

"들어가면 아버지가 죽음에서 면할 수 있다는데 들어가지 않는다면 이는 어질지 못한 짓이다. 내 몸 죽는 것이 아까워 아버지의 희망을 끊는다는 것은 현사賢士로서 해서는 안 될 짓이다. 뜻이 다르고 도모하는 바가 다르니 너는 그대로 있거나 나는 들어가련다."

초나라 평왕은 다시 사자를 시켜 정나라로 가서 자서를 부르도록 하였다.

"그대가 들어오면 아버지가 죽음을 면하려니와 들어오지 않으면 아버지는 죽게 될 것이다."

자서는 갑옷을 입고 투구를 쓴 채 활을 겨누면서 사자를 만나 이렇게 사양하였다.

"투구를 쓴 병사는 진실로 절을 하지 못하는 법. 사자를 통해 왕에게 이렇게 말을 전해주기를 청하노라. '왕께서 우리 아버지 오사가 아무런 죄가 없음을 인정하고 그를 풀어주어 우리로 하여금 봉양하도록 한다면 아들 된 우리가 어디로 가겠는가?'라고."

사자가 돌아가 초 평왕에게 보고하자 왕은 자서가 들어오지 않을 것임을 알고 오사를 죽이고 아울러 오상까지 죽여버렸다.

昔者, 荊平王有臣伍子奢, 奢得罪於王, 且殺之.

其二子出走, 伍子尚奔吳, 伍子胥奔鄭.

王召奢而問之, 曰:「若召子, 孰來也?」

子奢對曰:「王問臣, 對而畏死. 不對不知子之心者. 尚爲人也, 仁且智, 來之必入; 胥爲人也, 勇且智, 來必不入.
胥且奔吳邦, 君王必早閉而晏開, 胥將使邊境有大憂.」

於是王卽使使者召子尙於吳, 曰:「子父有罪, 子入則
免之; 不入, 則殺之.」

子胥聞之, 使人告子尙於吳:「吾聞荊平王召子, 子必
毋入. 胥聞之:『入者窮, 出者報仇.』入者皆死, 是不智也;
死而不報父之仇, 是非勇也.」

子尙對曰:「入則免父之死, 不入則不仁. 愛身之死, 絕父
之望, 賢士不爲也. 意不同, 謀不合, 子其居, 尙請入.」

荊平王復使使者召子胥於鄭, 曰:「子入, 則免父死;
不入, 則殺之.」

子胥介胄彀弓, 出見使者, 謝曰:「介胄之士, 固不拜矣.
請有道於使者:『王以奢爲無罪, 赦而蓄之, 其子又何適乎?』」

使者還報荊平王, 王知子胥不入也, 殺子奢而並殺子尙.

【荊】楚나라의 별칭. 秦始皇의 부친 莊襄王 子楚의 이름을 피하여 秦나라 이후
에는 楚나라를 荊으로 불렀음.《史記》周本紀〈正義〉에 "太伯奔吳, 所居城在
蘇州北五十里, 常州無錫縣界梅里村, 其城及冢見存. 而云亡荊蠻者, 楚滅越, 其地
屬楚; 秦滅楚, 其地屬秦, 秦諱楚改曰荊, 故通號吳越之地爲荊. 及北人書史,
加云蠻, 勢之然也"라 함. 그러나 원래 荊山 일대에 건국하여 일찍부터 荊이라
불렀음.《國語》晉語(6) 注에 "荊, 楚也"라 함.
【平王】楚나라 군주. 姓은 羋, 氏는 熊. 이름은 棄疾. 뒤에 이름을 熊居로 바꿈.
靈王의 아우로써 영왕이 사냥을 나갔을 때 棄疾이 난을 일으키자 靈王은 돌아
오던 길에 스스로 목매어 자결하여 棄疾이 왕위에 오른 것임. B.C.528~B.C.516년
까지 13년간 재위함. 費無忌의 讒言에 빠져 太子 建을 내쫓고 伍奢와 伍尙을

죽임. 이에 분을 품은 伍子胥가 吳나라로 달아나 吳王 闔廬를 부추겨 楚나라를 공격함. 오자서는 이미 죽은 平王의 무덤을 파헤치고 시신을 꺼내어 삼백 번 채찍질을 하는 등 보복을 함.

【伍子奢】伍奢. 伍子胥의 아버지. 楚 平王 때 太子 建의 太傅가 되었으나 費無忌의 讒訴로 큰 아들 伍尙과 함께 平王에게 죽음을 당함. 한편 伍子胥 집안은 伍參 →伍擧(椒擧)→伍奢→伍尙·伍子胥로 이어지며 대대로 楚나라 세족집안이었음.

【得罪】《左傳》昭公 19년에 "楚子之在蔡也, 郹陽封人之女奔之, 生太子建. 及卽位, 使伍奢爲之師, 費無極爲少師, 無寵焉, 欲譖諸王, 曰:「建可室矣.」王爲之聘於秦, 無極與逆, 勸王取之"라 함. 이 사건을 두고 伍奢가 極諫을 하자 費無極이 오사를 참소하여 오사는 平王의 미움을 사게 된 것임. 한편《史記》伍子胥列傳에는 매우 자세하게 이를 기술하고 있음.

【伍子尙】五尙. 伍奢의 맏아들. 伍子胥의 형. 楚 平王이 아버지 伍奢를 인질로 잡고 두 형제를 부르자 子胥는 달아나도록 하고 홀로 아버지께 달려가 父子가 함께 죽음을 당함. 당시 伍尙은 棠邑大夫를 지내고 있었으며 그 때문에 棠君尙 (棠尹尙)으로도 불렸음.

【子胥】伍子胥. 伍員. 伍擧(椒擧)의 손자이며 伍奢의 아들. 伍尙의 아우. 楚 平王과 아버지 伍奢가 太子 建의 혼인 문제에 비열함을 저지른 費無極(費無忌)의 참언으로 인해 멸족을 당하자 陳나라를 거쳐 吳나라로 망명하여 합려를 도와 원수를 갚음. 뒤에 吳楚戰鬪, 吳越鬪爭 등의 주역으로서 많은 일화와 사건을 남겼으며 끝내 오왕 부차에게 죽음을 당함.《國語》吳語에는 '申胥'라 하였으며 申은 오나라 땅 이름. 자는 子胥.《國語》吳語 注에 "員奔吳, 吳與之申地, 故曰 新書"라 하였음. 한편 '員'은 '員音云'이라 하여 '운'으로 읽어야 하나 일반적인 관례에 의해 그대로 '오원'(伍員)으로도 읽음. 그 외 '伍胥', '子胥', '伍員', '伍君' 등 여러 가지로 불리고 있음.《史記》伍子胥列傳 및《吳越春秋》등을 참조할 것.

【奔鄭】《史記》伍子胥列傳과《左傳》등에 의하면 당시 太子 建이 宋나라에 있어 오자서는 먼저 그를 찾아 송나라로 갔으나 마침 송나라에 華氏之亂이 발생하여 태자 건과 함께 鄭나라로 달아난 것임.

【鄭】周 宣王이 막내아우 友(姬友, 鄭桓公)를 鄭에 봉하였음. 鄭은 원래 지금의 陝西 華縣 畿內에 있었으나 西周가 망하고 東周의 첫 임금 平王(姬宜臼)이 洛邑으로 遷都할 때 공을 세우고 봉지도 지금의 河南 新鄭으로 옮겼음.

【召子】두 아들을 불러들여 후환을 막고자 한 것임.《左傳》昭公 20년에 "費無極曰:「奢之子材, 若在吳, 必憂楚國, 盍以免其父召之? 彼仁, 必來. 不然, 將爲患.」

王使召之, 曰:「來, 吾免而父.」라 함.

【早閉而晏開】 저녁 일찍 관문을 걸어 잠그고 아침 늦게 관문을 엶. 국경 수비를 철저히 할 것을 권유한 것.

【入者皆死】《史記》伍子胥列傳에 "楚之召我兄弟, 非欲以生我父也, 恐有脫者後生患, 故以父爲質, 詐召二子. 二子到, 則父子俱死, 何益父之死? 往而令仇不得報耳"라 함.

【子尙對曰】《左傳》昭公 20년에 "棠君尙謂其弟員曰:「爾適吳, 我將歸死. 吾知不逮, 我能死, 爾能報. 聞免父之命, 不可以莫之奔也; 親戚爲戮, 不可以莫之報也. 奔死免父, 孝也; 度功而行, 仁也; 擇任而往, 知也; 知死不辟, 勇也. 父不可奔, 名不可廢, 爾其勉之, 相從爲愈.」伍尙歸"라 함.

【介冑】 무장을 함. 갑옷을 입고 투구를 씀. '介'는 甲과 같음. '冑'는 투구(頭盔).

【彀弓】 활을 겨눔. 활의 시위를 당김.

009(2-2)
강 가의 어부와 빨래하는 처녀

오자서는 이를 듣고 곧바로 횡령橫嶺을 거쳐 대산大山에 올라 북쪽으로 제齊나라와 진晉나라를 바라보며 그 사인舍人에게 이렇게 말하였다.

"떠나리라. 이 나라는 당당하고 산이 둘러싸여 있으며 큰 물이 막아주고 있어 편안한 땅에 살고 있어, 이들을 격동시키기에는 너무 무겁다."

이에 남쪽 오吳나라로 향하였다.

장강長江 가에 이르러 어부를 보게 되자 이렇게 말하였다.

"오시오. 나를 건네주시오."

어부는 그가 보통 사람이 아님을 눈치 채고 다가가 건네주려다가 남이 알까 두려워 이렇게 노래를 부르며 지나갔다.

"이렇게 밝던 해도 점점 서쪽으로 기울고 있네. 그대와 갈대 우거진 저 물 가에서 만나기를 약속하세."

오자서는 즉시 어부를 따라 갈대 우거진 물가로 갔다.

날이 어두워지자 어부는 다시 이렇게 노래를 부르며 다가갔다.

"마음에 두려움을 품어 눈에 보이지 않는가, 그대는 이제 건너도 된다네. 어찌 나오지 않고 있나?"

배가 다가오자 오자서는 곧바로 배에 올라 배 안으로 들어가자 엎드렸다.

강의 반쯤에 이르렀을 때에야 고개를 들고 어부에게 이렇게 물어보았다.

"그대는 무슨 성이며 누구시오? 돌아오면 내 그대의 후한 덕에 보답을 하리이다."

어부가 말하였다.

"형荊나라 도적을 풀어주고 있는 자는 나요, 형나라에 원한을 갚고자 하는 자는 그대요. 둘 모두 어질지 못한 짓을 하고 있는데 서로 성명을 물어 무엇하겠다는 것이오?"

오자서는 즉시 차고 있던 칼을 풀어 어부에게 주면서 말하였다.

"이는 내 선조가 차던 검으로 백 금의 가치는 되오. 청컨대 그대에게 드리리다."

그러자 어부가 말하였다.

"내 듣기로 형나라 평왕은 '오자서를 잡아주는 자에게 천 금을 주겠다'로 영을 내렸다 하오. 지금 내 평왕이 준다는 천 금은 마다하고 어찌 그대의 백 금 정도밖에 되지 않는 검을 받으려 하겠소?"

어부는 오자서를 우부于斧의 나루에 내려주면서 싸 온 단반簞飯을 풀어 그 호장壺漿을 따라 부어 먹여주었다.

"먹고 어서 떠나시오. 추격하는 자가 따라오지 못하도록 서두르시오."

오자서가 말하였다.

"그렇게 하리이다."

오자서는 밥을 먹고 길을 떠나면서 어부를 돌아보며 당부하였다.

"그대의 호장 국그릇을 잘 감추어 흔적이 드러나지 않도록 하시오."

어부가 말하였다.

"그렇게 하리이다."

오자서가 떠나자 곧바로 배가 뒤집히더니 어부는 끼고 있던 비수匕首로 스스로 목을 베어 강물 속으로 죽은 채 가라 앉아 절대로 누설될 수 없음을 밝히는 것이었다.

오자서는 드디어 길을 재촉, 율양溧陽의 경계에 이르러 그곳에서 한 여인이 뇌수瀨水에서 솜 빨래를 하고 있는 모습을 보게 되었다.

자서가 말하였다.

"밥을 좀 얻어먹을 수 있겠소?"

여인이 말하였다.

"그렇게 하지요."

그러더니 즉시 단반을 풀어 그 호장을 따라 그에게 먹여주었다.

오자서는 먹기를 마치고 떠나면 여인에게 말하였다.

"그대의 호장 그릇을 잘 감추어 드러나지 않도록 하시오."

여인이 말하였다.

"알겠소."

자서가 다섯 걸음쯤 옮겼을 때 여인을 돌아보았더니 그 여인은 스스로 뇌수에 몸을 던져 빠져 죽고 마는 것이었다.

子胥聞之, 卽從橫嶺上大山, 北望齊·晉, 謂其舍人曰: 「去, 此邦堂堂, 被山大河, 其民重移.」

於是乃南奔吳.

至江上, 見漁者, 曰:「來. 渡我.」

漁者知其非常人也, 欲往渡之, 恐人知之, 歌而王過之, 曰:「日昭昭, 侵以施, 與子期甫蘆之碕.」

子胥卽從漁者之蘆碕.

日入, 漁者復歌往, 曰:「心中目施, 子可渡河, 何爲不出?」

船到卽載, 入船而伏.

半江, 而仰謂漁者曰:「子之姓爲誰? 還, 得報子之厚德.」

漁者曰:「縱荊邦之賊者, 我也; 報荊邦之仇者, 子也. 兩而不仁, 何相問姓名爲?」

子胥卽解其劍, 以與漁者, 曰:「吾先人之劍, 直百金, 請以與子也.」

漁者曰:「吾聞荊平王有令曰:『得伍子胥者, 購之千金』 今吾不欲得荊平王之千金, 何以百金之劍爲?」

漁者渡於于斧之津, 乃發其簞飯, 清其壺漿而食.

曰:「亟食而去, 毋令追者及者也.」

子胥曰:「諾.」

子胥食已而去, 顧謂漁者曰:「掩爾壺漿, 毋令之露.」

漁者曰:「諾.」

子胥行, 卽覆船, 挾匕首自刎而死江水之中, 明無洩也.

子胥遂行, 至溧陽界中, 見一女子擊絮於瀨水之中.

子胥曰:「豈可得託食乎?」

女子曰:「諾.」

卽發簞飯, 清其壺漿而食之.

子胥食已而去, 謂女子曰:「掩爾壺漿, 毋令之露.」

女子曰:「諾.」

子胥行五步, 還顧, 女子自縱於瀨水之中而死.

〈漁父圖〉

【橫嶺】原文은 일부 판본에 '橫領'으로 되어 있음. '領'은 '嶺'과 같음. 고개 이름. 張宗祥의 〈校注〉에 "是時子胥當在鄭, 所謂橫領·大山, 當是今河南東部之山"이라 함.

【舍人】侍從人. 隨從하는 사람. 從者.

【去】齊나라나 晉나라로는 가지 않을 것임을 말한 것.

【被山大河】큰 산과 큰 물이 둘러싸여 있어 천연적인 방어가 됨.

【其民重移】'移'는 '動'와 같음. '重'은 '難'과 같음. 張宗祥의 〈校注〉에 "原注作侈. 《考工記》輿人: 「飾車欲侈.」 杜注: 「通移.」 然此處當作動解. 移, 動也. 見《國語》晉語「不能移也」注. 蓋言齊晉大國, 其民難動, 不能借以報仇之"라 함. '重'은 '그처럼 편안히 살고 있는 이들을 동원하여 자신의 개인적인 복수에 이용하기에는 너무 무거운(어려운) 나라'라는 뜻.

【南奔吳】《左傳紀事本末》(50) 〈補逸〉에 《呂氏春秋》를 인용하여 "伍員亡, 荊急求之. 登太行而望鄭, 曰: 「蓋是國也, 地險而民多知, 其主俗也, 不足與擧」去鄭而之許, 見許公, 而問所之, 許公不應, 東南向而唾. 伍員再拜受賜, 曰: 「知所之矣.」因如吳, 過于荊"이라 하였고, 《史記》伍子胥列傳에는 伍子胥가 太子 建과 宋, 鄭, 晉 등을 유랑하였다가 태자 건이 鄭나라에서 살해되자 태자 건의 아들 勝(白公)과 함께 吳나라로 간 것으로 되어 있음.

【日昭昭, 侵以施】'日昭昭'는 밝은 대낮을 뜻하며, '侵'은 '漸'의 뜻. '施'는 '이'로 읽으며 '迤'와 같음. 해가 점점 서쪽으로 기울어 곧 어두워질 것임을 말함. 張宗祥의 〈校注〉에는 "施, 讀曰移. 見《荀子》儒效篇注. 甫, 爲男子美稱, 此處作語助. 此歌若曰: 「日太明, 待其沒, 相期於蘆之曲岸也.」"라 함.

【甫蘆之碕】'甫'는 '夫', '於'와 같으며 語助辭. '蘆'는 갈대. '碕'는 '埼', '滴'로도 표기하며 물이 굽어들어 온 물가. 배를 몰래 댈 수 있는 곳을 뜻함. 《吳越春秋》에는 '乎蘆之滴'로 되어 있음.

【心中目施】마음 속에 의심을 품어 눈동자가 고정되지 않음. 그러나 錢培名 〈札記〉에는 "首句有脫誤. '爲'字疑當在句末, 與'施'·'河'韻"이라 함.

【百金之劍】《左傳紀事本末》(50) 〈補逸〉에는 《呂氏春秋》를 인용하여 "伍子胥, 因如吳, 過于荊. 至江上, 欲涉, 見一丈人刺小船, 方將漁, 從而請焉, 丈人渡之, 絶江. 問其名族, 則不肯告. 解其劍以與丈人, 曰: 「此千金之劍也, 願獻之丈人.」丈人不肯受, 曰: 「荊國之法, 得伍員者, 爵執圭, 祿萬擔, 金千鎰. 昔者, 子胥過吾猶不取, 今我何以與之千金劍乎?」伍員過於吳, 使人求之江上, 則不能得也. 每食必祭之, 祝曰: 「江上之丈人!」"이라 함.

【于斧】나루 이름. 131에는 斧掩으로 되어 있음. 그러나 《吳越春秋》에는 '千潯 (千尋)'으로 되어 있어 각기 표기가 다름.

【簞飯】대나무 그릇에 담은 밥.

【淸】필요한 그릇이나 수저 등을 씻고 국물을 따름.

【壺漿】주전자 등에 담아온 음료나 국물류의 음식.

【溧陽】지금의 江蘇 溧陽縣. 秦나라 때 처음 縣을 설치하였음. 따라서 春秋시대 당시에는 이 지명이 없었으며 저자가 追述한 것임.

【擊絮】솜을 두드려 세탁함. 빨래. 浣紗와 같음. 搗絲 방망이로 두드려 세탁을 함. 《吳越春秋》에는 '擊錦'으로 되어 있음.

【瀨水】溧水. 지금의 江蘇 溧陽縣 중부를 흐르며 '南河'라 부르고 있음.

【託食】'托食'. 밥을 구걸함. 《史記》伍子胥列傳에 "伍員未至吳而疾, 止中道, 乞食"이라 하였고, 〈集解〉에 "張勃曰: 「子胥乞食處在丹陽溧陽縣.」"이라 함.

> 참고 및 관련 자료

1. 《吳越春秋》(3) 「王僚使公子光傳」

至江, 江中有漁父乘船, 從下方泝水而上. 子胥呼之, 謂曰:「漁父渡我!」如是者再, 漁父欲渡之, 適會旁有人窺之, 因而歌曰:『日月昭昭乎侵已馳, 與子期乎蘆之漪!』子胥卽止蘆之漪. 漁父又歌曰:『日已夕兮予心憂悲, 月已馳兮何不渡也? 事浸急兮當奈何?』子胥入船, 漁父知其意也, 乃渡之千潯之津. 子胥旣渡, 漁父乃視之, 有其饑色. 乃謂曰:「子俟我此樹下, 爲子取餉.」漁父去後, 子胥疑之, 乃潛身於深葦之中. 有頃, 父來, 持麥飯·鮑魚羹·盎漿. 求之樹下, 不見, 因歌而呼之曰:『蘆中人, 蘆中人! 豈非窮士乎?』如是至再, 子胥乃出蘆中而應. 漁父曰:「吾見子有饑色, 爲子取餉, 子何嫌哉?」子胥曰:「性命屬天, 今屬丈人, 豈敢有嫌哉?」二人飮食畢, 欲去, 胥乃解百金之劍以與漁者:「此吾前君之劍, 中有七星北斗, 價直百金, 以此相答.」漁父曰:「吾聞楚王之命; 得伍胥者, 賜粟五萬石, 爵執圭. 豈圖取百金之劍乎?」遂辭不死, 謂子胥曰:「子急去, 勿留, 且爲楚所得.」子胥曰:「請丈人姓字.」漁父曰:「今日凶凶, 兩賊相逢, 吾所謂渡楚賊也. 兩賊相得, 得形於黙, 何用姓字爲? 子爲蘆中人, 吾爲漁丈人, 富貴莫相忘也.」子胥曰:「諾.」旣去, 誡漁者曰:「掩子之盎漿, 無令其露.」漁父諾. 子胥行數步, 顧視漁者, 已覆船自沈於江水之中矣. 子胥黙然, 遂行至吳, 疾於中道, 乞食溧陽. 適會女子擊綿於瀨水之上, 筥中有飯. 子胥遇之, 謂曰:「夫人, 可得一餐乎?」女子曰:「妾獨與母居, 三十未嫁, 飯不可得.」子胥曰:「夫人賑窮途少飯, 亦何嫌哉?」女子知非恆人, 言曰:「妾豈可逆人情乎?」遂許之. 發其簞筥, 飯其盎漿, 長跪而與之. 子胥再餐而止. 女子曰:「君有遠逝之行, 何不飽而餐之?」子胥已餐而去, 又謂女子曰:「掩夫人之壺漿, 無令其露.」女子歎曰:「嗟乎! 妾獨與母居三十年, 自守貞明, 不顧從適, 何宜饋飯而與丈夫, 越虧禮儀, 妾不忍也. 子行矣!」子胥行五步, 反顧女子, 已自投於瀨水矣. 於乎! 貞明執操, 其丈父女哉!

2.《史記》伍子胥列傳

至江, 江上有一漁父乘船, 知伍胥之急, 乃渡伍胥. 伍胥既渡, 解其劍曰:「此劍直百金, 以與父.」父曰:「楚國之法, 得伍胥者賜粟五萬石, 爵執珪, 豈徒百金劍邪!」不受.

3.《太平御覽》(343)

伍子胥過江, 解劍與漁父曰:「此劍中有七星北斗文, 其直千金.」

4.《藝文類聚》(60)

伍子胥過江, 解其劍與漁父曰:「此劍中有七星北斗, 其直百金.」

5. 기타 참고 자료

《北堂書鈔》(122)

010(2-3)
합려를 만난 오자서

오자서는 드디어 길을 재촉하여 오吳나라에 이르렀다.

맨발에 머리를 풀어헤치고 오나라 시장에서 구걸을 하고 있있다.

사흘 째 되던 날, 시정市正이 의아하게 여기고 합려閣廬에게 이렇게 말하였다.

"시중에 이상한 사람이 맨발로 머리를 풀어헤친 채 시장에서 사흘 째 구걸을 하고 있습니다."

합려가 말하였다.

"내 듣기로 초 평왕平王이 그 신하 오자사伍子奢가 죄가 없는데도 죽였다하오. 그 아들 자서가 용감하고 지혜가 있어 그 자는 틀림없이 아버지의 원수를 갚을 만한 제후의 나라를 경유하고 있다하더이다."

오왕은 즉시 사람으로 하여금 오자서를 불러오도록 하였다.

오자서가 들어오자 오왕은 계단 아래까지 내려가 위로하며 한편으로는 이렇게 나무랐다.

"나는 그대가 보통 사람이 아님을 알고 있소. 그런데 어찌 이와 같이 궁한 모습이오?"

오자서는 무릎을 꿇고 눈물을 흘리며 이렇게 말하였다.

"저의 아버지는 아무런 죄가 없는데도 평왕이 자상까지 아울러 죽였습니다. 오직 대왕만이 내 해골을 기탁할 만합니다. 대왕께서는 불쌍히 여기소서."

오왕이 말하였다.

"좋소."

그리고 궁궐에 올라 그와 말을 나누었는데 사흘 밤낮을 계속해도 중복되는 화제가 없을 정도였다.

오왕은 이에 이렇게 명령을 내렸다.

"귀천이나 소장을 막론하고 오자서의 가르침을 듣지 않는 자가 있다면 이는 과인의 말을 듣지 않는 것과 같이 여긴다. 그 죄는 죽음에 이를 것이며 용서함이 없을 것이다!"

子胥遂行, 至吳.

徒跣被髮, 乞於吳市.

三日, 市正疑之, 而道於闔廬曰:「市中有非常人徒跣被髮, 乞於吳市三日矣.」

闔廬曰:「吾聞荊平王殺其臣伍子奢而非其罪, 其子子胥, 勇且智, 彼必經諸侯之邦可以報其父仇者.」

王卽使召子胥.

入, 吳王下階迎而唁數之, 曰:「吾知子非恆人也. 何素窮如此?」

子胥跪而垂泣曰:「胥父無罪而平王殺之, 而幷其子尚. 子胥遯逃出走, 唯大王可以歸骸骨者, 惟大王哀之.」

吳王曰:「諾.」

上殿與語, 三日三夜, 語無復者.

王乃號令邦中:「無貴賤長少, 有不聽子胥之教者, 猶不聽寡人也. 罪至死, 不赦!」

【徒跣被髮】 '徒'는 步道, '跣'은 맨발. '被髮'은 머리를 풀어헤침. 아주 초라한
행색을 뜻함.

【吳市】 吳나라 도읍(지금의 蘇州) 거리.

【市正】 시장을 관리하는 관원.

【闔廬】 闔閭로도 표기하며 원래 吳나라 公子 光이 吳나라 王이 된 뒤의 稱號.
B.C.514~B.C.496까지 19년간 재위하고 夫差로 이어짐. 公子 光은 諸樊의 아들.
《世本》에는 "夷昧生光"이라 하여 夷昧(餘昧, 夷末)의 아들로 되어 있음. 《左傳》
昭公 27년 "我, 王嗣也, 吾欲求之. 事若克, 季子雖至, 不吾廢也"의 杜預 注에
"光, 吳王諸樊子也. 故曰「我王嗣.」"라 하였으나 孔穎達 疏에는 "《世本》云:「夷昧
及僚, 夷昧生光.」 服虔云:「夷昧生光而廢之. 僚者, 而昧之庶兄. 而昧卒, 僚代立,
故光曰: 我王嗣也.」 是用《公羊》爲說也. 杜言:「光, 吳王諸樊子.」 用《史記》爲
說也. 班固云:「司馬遷采《世本》爲《史記》.」 而今之《世本》與遷言不同. 《世本》
多誤. 不足依憑, 故杜以《史記》爲正也. 光言「我王嗣」者, 言己是世適之長孫也"라
함. 뒤에 光은 專諸를 시켜 吳王 僚를 시해하고 왕이 됨. 이를 闔閭(闔廬)라 부름.
따라서 闔廬(闔閭)는 公子 光이 왕이 된 뒤의 王號였음. 張宗祥의 〈校注〉에
"是時主吳者爲僚, 公子光尙未立, 不得稱闔廬. 蓋闔廬乃公子光王吳後之稱, 當云
「道於公子光曰」"이라 함. 한편 《左傳》昭公 20년에는 "員如吳, 言:「我楚之利
於州于(僚).」 公子光曰:「是宗爲戮而欲反其仇, 不可從也.」 員曰:「彼將有他志.
余姑爲之求士, 而鄙以待之」 乃見鱄設諸焉, 而耕於鄙"라 하였고, 《左傳紀事本末》
(50) 〈補逸〉에는 《呂氏春秋》를 인용하여 "伍子胥欲見吳王而不得, 客有言之於
王子光者, 見之而惡其貌, 不聽其說, 而辭之. 客請之王子光, 王子光曰:「其貌適
吾所甚惡也.」 客以聞伍子胥, 伍子胥曰:「此易故也, 願令王子居於堂上, 重帷而
見其衣若手, 請因說之.」 王子許, 伍子胥說之半, 王子光擧帷, 搏其手而與之坐.
說畢, 王子光大悅. 伍子胥以爲有吳國者, 必王子光也, 退而耕於野"라 함.

【經】 유랑하며 대상을 찾음.

【唁】 위문. 흔히 喪事를 당한 이를 위로하는 말.

【數】 따짐. 질책함. 짐짓 책임을 물음.

【素窮】 아무것도 가진 것이 없이 궁벽함을 일컫는 말.

【骸骨】 마지막을 맡길 대상을 말할 때 자신을 일컫는 말. 구걸하는 말.

011(2-4)
평왕에 대한 복수

오자서가 오나라에 3년을 있으면서 오나라 사람들의 크게 인정을 받자 합려는 장차 그를 위해 원수를 갚아주고자 하였다.

오자서가 말하였다.

"안됩니다. 제가 들으니 제후는 필부匹夫를 위해 군사를 일으키지는 않는다고 하더이다."

이에 그만 두었다.

그 뒤 초나라가 채蔡나라를 정벌하려 하자 오자서가 합려에게 말하여 곧바로 오자서로 하여금 나서서 채나라를 구원하고 그 참에 초나라를 치도록 하였다.

이 싸움에서 15번 싸워 15번을 모두 이겼다.

초 평왕平王이 이미 죽고 나자 오자서는 군졸 6천 명을 거느리고 채찍을 들고 평왕의 무덤을 파내어 시신에 채찍질을 하면서 이렇게 나무랐다.

"지난 날, 우리 아버지께서 아무런 죄도 없었건만 너는 죽였다. 지금 이로써 너에게 보복하노라!"

그 뒤, 평왕의 아들 소왕昭王과 신하 사마자기司馬子其, 그리고 영윤令尹 자서子西가 궁궐로 돌아와 서로 이렇게 계획과 모책을 짰다.

"오자서가 죽지도 않고 또한 우리 초나라로 귀국하지도 않고 있소. 우리 나라는 아직도 평안을 얻을 수 없으니 어찌하면 좋겠소? 그를 오도록 하여 나라를 함께 다스리자고 제의하느니만 못할 것이오!"

소왕은 이에 사신으로 하여금 오나라에 가서 오자서에게 이렇게 제의하도록 하였다.

"지난날 우리 선군께서 그대 부친이 아무런 죄도 없는데 죽이고 말았소. 과인은 그 당시 아직 어린 나이여서 제대로 알지도 못하였소. 지금 그대 대부께서 과인에 대한 보복이 특히 심하십니다. 그러나 과인은 역시 감히 그대를 원망하지 않습니다. 지금 그대 대부께서는 어찌 그대의 고향 조상 분묘가 있는 곳으로 돌아오지 않습니까? 나의 나라는 비록 작지만 그대와 함께 갖고 싶소. 내가 거느린 백성은 비록 적지만 그대와 함께 부리고 싶소."

이러한 제의에 오자서는 이렇게 답하였다.

"이로써 명예를 삼는다면 그 명예는 빛이 날 것이요, 이로써 이익을 삼는다면 그 이익 역시 아주 대단한 것이지요. 그러나 앞으로는 아버지를 위해 원수를 갚는다면서 뒤로는 이익을 요구하는 일이라면 어진 자는 하지 않는 것이요. 그리고 아버지가 이미 죽고 없는데 그 자식 된 자가 그 녹祿을 먹는다면 이는 아버지를 위한 의義가 아니지요."

사자가 드디어 돌아가 초 소왕에게 이렇게 보고하였다.

"오자서가 초나라로 되돌아오지 않을 것임은 분명합니다."

子胥居吳三年, 大得吳衆, 闔廬將爲之報仇.

子胥曰:「不可, 臣聞諸侯不爲匹夫興師.」

於是止.

其後荊將伐蔡, 子胥言之闔廬, 卽使子胥救蔡而伐荊.

十五戰十五勝.

荊平王已死, 子胥將卒六千, 操鞭捶笞平王之墓而數之曰:「昔者, 吾先人無罪而子殺之, 今此報子也!」

後, 子昭王·臣司馬子其·令尹子西歸, 相與計謀:「子胥不死, 又不入荊, 邦猶未得安, 爲之奈何? 莫若求之而與之同邦乎!」

昭王乃使使者報子胥於吳, 曰:「昔者, 吾先人殺子之父, 而非其罪也. 寡人尙少, 未有所識也. 今子大夫報寡人也特甚, 然寡人亦不敢怨子. 今子大夫何不來歸子故墳墓丘冢爲? 我邦雖小, 與子同有之; 民雖少, 與子同使之.」

子胥曰:「以此爲名, 名卽章; 以此爲利, 利卽重矣. 前爲父報仇, 後求其利, 賢者不爲也. 父已死, 子食其祿, 非父之義也.」

使者遂還, 乃報荊昭王曰:「子胥不入荊邦, 明矣.」

【匹夫】 일개의 서인, 평민. 제후는 일개 서민의 원한을 갚아주기 위해 군사를 일으키지는 않음.

【於是止】 《左傳》昭公 30년에 吳王 闔廬가 伍子胥에게 楚나라를 칠 계획을 상의하자 伍子胥는 "楚執政衆而乖, 莫適任患. 若爲三師以肄焉, 一師至, 彼必皆出. 彼出則歸, 彼歸則出, 楚必道敝. 亟肄以罷之, 多方而誤之, 旣罷而後以三軍繼之, 必大克之."라 하자 합려가 이를 허락하였으며 이로부터 초나라가 고통을 당하기 시작한 것으로 되어 있음.

【蔡】 周나라 때의 제후국. 원래 武王(姬發)이 그 아우 姬度를 蔡에 봉하였으나 이가 武庚을 도와 난을 일으키자 이를 방축하여 죽였으며 成王(姬誦) 때 다시 度의 아들 胡를 蔡에 봉하여 제후국을 이어가도록 하였음. 봉지는 지금의 河南 上蔡, 新蔡 일대였으며 전국 초 楚나라에게 망함.

【十五戰十五勝】 이는 과장된 것이며 《左傳》定公 4년에 "五戰及郢"이라 하였고 《史記》吳太伯世家에도 "比至郢, 五戰, 楚五敗"라 함.

【捶笞】 시신에 채찍질을 함. 《淮南子》에는 "鞭荊平王之墓"라 하였고, 《史記》伍子胥列傳에는 "乃掘楚平王墓, 出其尸, 鞭之三百, 然後已"라 함.

【數之】 '數'는 '꾸짖다, 나무라다, 책임을 묻다, 따지다'의 뜻.

【昭王】춘추 말 楚나라 군주. 이름은 熊珍. 平王과 孟嬴 사이에 난 아들. 혹 이름을
'任'이라고도 함. B.C.515~B.C.489년까지 27년간 재위함.

【司馬子其】'司馬'는 관직 이름. 군사 관할의 최고 책임자. '子其'는《左傳》과
《史記》에는 모두 子期로 되어 있음. 公子 結. 楚 平王의 아들이며 昭王의 兄.
大司馬. 뒤에 白公 勝이 난 때에 죽임을 당하였음.《國語》楚語(上) 注에 "子期,
楚平王之子, 子西之弟公子結也. 爲大司馬"라 함. 白公의 난 때 피살됨.《左傳》
哀公 16년 참조. 혹 楚 平王의 庶弟라고도 함.

【令尹子西】'令尹'은 楚나라 고유의 관직. 다른 나라의 相國과 같음. 子西는 楚나라
大夫. 이름은 申. 楚 平王의 庶子. 혹 庶弟라고도 함. 平王이 죽은 뒤 모두가
子西를 왕으로 삼고자 하였으나 조카에게 양보하여 昭王을 옹립하고 費無忌를
축출함. 그는 昭王이 죽은 후 令尹이 되었으나 白公의 亂에 죽음을 당하고 말았음.

【歸】모두 楚나라 내란과 뭇나라와의 전투 등으로 도읍을 떠나 있다가 平王이
죽자 함께 도읍 郢으로 귀환하여 나라를 다스릴 준비를 함.

【子大夫】伍子胥를 높이 부른 칭호.

【章】'彰'과 같음. 顯彰됨.

◖ 참고 및 관련 자료 ◗

1.《藝文類聚》(33) 報讐

《越絶書》曰: 子胥入吳, 闔廬將爲之報讐. 其後荊將軍伐蔡, 使子胥伐荊, 子胥
操捶, 笞平王之墓而數之曰:「吾先人無罪, 而子殺之, 今以此報子.」

卷二

〈3〉越絕 外傳〈記吳地傳〉第三

〈3〉越絶 外傳〈記吳地傳〉第三

본편은 오나라(지금의 江蘇 蘇州 일대)의 지리, 유적, 산천, 도로, 궁궐, 고성 등 역사 관련을 기록한 것이다. 합려가 축조한 대성大城의 규모와 위치, 성문, 외부와의 수륙 교통로 등을 포함하고 있으며, 진한秦漢을 거치면서 행적 구역의 귀속 변화 까지 상세히 다루고 있어 중국 최고最古의 방지方志로 널리 인정받고 있다.

〈鴞尊〉(商) 1976 河南·安陽 婦好墓 출토

012(3-1)
오나라의 역사

옛날 오吳나라의 선군 태백太伯은 주周나라 때 무왕武王이 그 태백을 오나라에 봉하여 부차夫差에 이르기까지 모두 26세世였으며 천년의 시간이 흘렀다.

합려闔廬 때에 크게 패권을 쥐어 오월吳越 지역에 성을 쌓았다.

성에는 작은 성이 2개 있었다.

뒤에 서산胥山으로 옮겨 나라를 다스렸다.

다시 2세대가 지나 부차에 이르렀으며 부차는 23년간 재위하였고 월왕越王 구천句踐이 오나라를 멸망시켰다.

昔者, 吳之先君太伯, 周之世, 武王封太伯於吳, 到夫差, 計二十六世, 且千歲.

闔廬之時, 大霸, 築吳越城.

城中有小城二.

徙治胥山.

後二世而至夫差, 立二十三年, 越王句踐滅之.

【太伯】 '泰伯'으로도 표기하며 周나라 系譜 중에 太王(古公亶甫, 古公亶父)의 맏아들. 그 아우가 虞仲과 季歷이었으며 계력의 아들 文王(姬昌)을 거쳐 武王(姬發)으로 이어지도록 하기 위하여 남쪽으로 피하여 吳나라 시조가 됨. 처음 無錫에 도읍을 정하였으나 諸樊 때 지금의 蘇州로 옮김. 《史記》周本紀 및 吳太伯世家 참조. 여기서는 본 《越絶書》敍篇 外記(19)에 太伯을 시작으로 하고 끝을 陳恒으로 맺고 있음을 지적한 것.

【武王】 姬發. 文王(姬昌)의 아들이며 周公(姬旦), 召公(姬奭) 등의 형. 成王(姬誦)의 아버지. 武王이 죽자 아버지의 뜻을 이어받아 殷의 마지막왕 紂를 멸하고 周나라를 건국하였으며 鎬(지금의 陝西 西安 서남, 灃水 東岸)에 도읍을 정함. 儒家에서 武王과 함께 성인으로 추앙을 받음.

【二十六世】 俞樾의 〈讀越絶書〉에는 "以《史記》吳世家計之, 太伯一, 仲雍二, 季簡三, 叔達四, 周章五, 熊遂六, 柯相七, 强鳩夷八, 余橋疑吾九, 柯盧十, 周繇十一, 屈羽十二, 夷吾十三, 禽處十四, 轉十五, 頗高十六, 句卑十七, 去齊十八, 壽夢十九, 故史公曰: 「大凡從太伯至壽夢十九世」 自壽夢之後, 諸樊也, 余祭也, 余昧也, 王僚也, 闔廬也, 其後卽夫差矣, 則自太伯至夫差止二十五世, 而此云二十六世者. 按《吳越春秋》分熊與遂爲二世, 作《越絶》者蓋亦同之, 故比《史記》迥異, 未知所據何書"라 함.

【且千歲】 거의 千年에 이름. 그러나 실제 6백년이 되지 않음.

【吳越城】 錢培名〈札記〉에는 "吳下原衍越字, 不可通. 今刪"이라 하여 '越'자를 제거하였으며, 張宗祥의 〈校注〉에는 "《吳越春秋》云: 「闔廬元年, 造大城」 無 '吳越'之名. '吳越城'之名, 僅見於此. 考吳故無城, 太伯始作之, 故《吳越春秋》曰: 「遭殷之末, 世衰, 中國侯王數用兵, 恐及於荊蠻, 故太伯起城, 周三里二百步, 外郭三百餘里, 在西北隅, 名曰故吳, 人民皆耕田其中」 可證吳地本無城, 太伯爲使民安居, 始築城; 至闔閭, 又築此規模較大之城, 「周迴四十七里」 可證自太伯之後, 至闔閭又築大城. 又按樂史《寰宇記》曰: 「太伯築城在平門外, 今無錫縣東南四十里太伯城是也」 平門卽吳城北水門. 是知太伯故城, 亦距闔閭大城甚遠, 距今所謂無錫較遠. 《通典》以謂太伯始居無錫者, 蓋從梁劉昭《補後漢郡國志》之說, 以無錫爲勾吳, 以姑蘇爲吳, 以太伯爲居無錫, 以諸樊爲徙姑蘇故也. 實則太伯故城, 接近平門, 惟北界亦兼無錫耳. 若以下文「吳小城」之名例之, 此或當作「吳大城」 '吳越'之名, 他書未見, 亦費解"라 함.

【胥山】 지금의 江蘇 蘇州의 姑蘇山. 張宗祥의 〈校注〉에 "胥, 卽蘇, 姑蘇山一名姑胥, 一名姑蘇. 此卽後來姑蘇‧蘇州之名所由起"라 함.

013(3-2)
합려궁闔廬宮

합려궁闔廬宮은 고평리高平里에 있다.

사대射臺는 두 곳으로 하나는 화지창리華池昌里에 있고, 하나는 안양리安陽里에 있다.

남월궁南越宮은 장락리長樂里에 있으며 동쪽으로는 춘신군春申君의 부府에 이른다.

闔廬宮在高平里.

射臺二: 一在華池昌里, 一在安陽里.

南越宮, 在長樂里, 東到春申君府.

【射臺】射禮를 행하는 곳. 고대 귀족들의 행사로 大射禮, 賓射禮, 宴射禮, 鄕射禮 등이 있었음.

【華池昌里】지금의 江蘇 蘇州 서쪽 長洲의 大雲鄕.

【南越宮】南城宮, 혹은 南宮城의 오류가 아닌가 함. 錢培名 〈札記〉에 "城, 原誤越, 依《吳越春秋》改. 徐天祜《吳越春秋》注引《越絶書》無城字,《吳地記》作南宮城" 이라 함.

【春申君】戰國四公子의 하나. 黃歇. 楚나라 考烈王의 大臣. 본《越絶書》에 널리 인용되고 있으며《史記》春申君列傳 및《戰國策》등을 참조할 것.

【府】 府第. 邸宅. 官府. 官邸. 즉 吳나라 小城. 城內 동쪽은 원래 春申君의 別邸가 있던 곳이었으며, 漢, 唐, 宋, 元代의 郡治(郡廳)가 있었음. 元末 朱元璋이 일어 섰을 때 張士誠이 그곳에서 항거한 적이 있어 朱元璋이 明을 세운 다음 허물어 평지로 만들었음.

014(3-3)
합려의 유락 장소

가을과 겨울에는 성중에서 정치를 하고 봄과 여름에는 고서대姑胥臺에서 나라를 다스렸다.

아침 식사는 유산紐山에서 하고, 낮에는 서모胥母에서 놀이를 하였다.

구피軀陂에서 활쏘기를 하고 유대遊臺에서 말달리기를 하며, 석성石城에서 음악을 즐기며 장주長洲에서 개 경기를 하였다.

오왕吳王이 이토록 패자의 모습을 즐긴 시기는 초楚 소왕昭王, 공자孔子와 같은 시기였다.

秋冬治城中, 春夏治姑胥之臺.

旦食於紐山, 晝遊於胥母.

射於軀陂, 馳於遊臺, 興樂越, 走犬長洲.

吳王大霸, 楚昭王·孔子時也.

【姑胥】 姑蘇臺. 張宗祥의 〈校注〉에 "姑胥, 卽姑蘇. 見《文選》吳都賦注"라 함.

【紐山】 錢培名 〈札記〉에 "組, 原誤紐, 依徐天祜引改, 《吳越春秋》作組"라 하여 組山, 鉏山으로 보아야 함.

【胥母】 胥母山, 洞庭山. 張宗祥 〈校注〉에 "《江南通志》引《盧志》雲: 洞庭山一名 胥母, 卽今莫釐山.《洞庭記》雲: 本胥母山"이라 함.

【甌陂】張宗祥〈校注〉에는 "今沙溢潭與虎丘山塘水合處曰沙陂, 相傳吳王嘗射
於此"라 하여 '沙陂'라 하였음.《吳越春秋》에는 '甌陂'로 되어 있음. 지금 지명은
射陂임.

【興樂越】錢培名〈札記〉에는 "興樂石城"이라 하였고, 張宗祥〈校注〉에는 "越,
疑衍文, 或越下脫一宿字. 又按《吳越春秋》此節作: 「旦食鮎山, 晝遊蘇臺; 射於
甌陂, 馳於遊臺; 興樂石城, 走犬長洲」字有不同, 文較此書爲順"이라 함.

【走犬長洲】長洲는 지금의 蘇州 서쪽. 지금 그곳에 走狗塘이 있음.

【大霸】張宗祥의〈校注〉에 "此言闔閭九年入郢, 昭王奔隨; 十一年伐楚, 楚徙郡;
十五年孔子相魯也. 事見《史記》吳世家"라 함.

【楚昭王】춘추 말 楚나라 군주. 이름은 珍. 平王과 孟嬴 사이에 난 아들. 혹 이름을
'任'이라고도 함. B.C.515~B.C.489년까지 27년간 재위함.

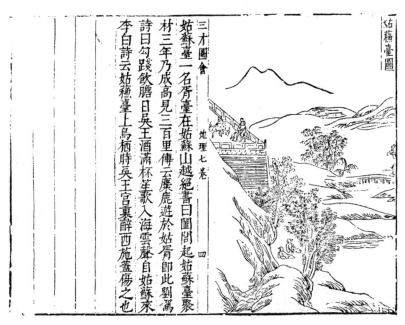

〈姑蘇臺〉《三才圖會》

오나라 성과 성문

오吳나라 대성大城은 둘레가 47리 210보 2척이다.

육문陸門은 8개가 있으며 그 중 2 문에는 문루門樓가 있다.

수문水門은 8개이다.

성의 남쪽은 10리 42보 5척이며, 서쪽은 7리 112보 3척이고, 북쪽은 8리 226보 3척이며, 동쪽은 11리 79보 1척이다.

이는 모두 합려가 세운 것이다.

오성의 외성外城은 둘레가 68리 60보이다.

吳大城, 周四十七里二百一十步二尺.

陸門八, 其二有樓.

水門八.

南面十里四十二步五尺, 西面七里百一十二步三尺, 北面八里二百二十六步三尺, 東面十一里七十九步一尺.

闔廬所造也.

吳郭周六十八里六十步.

【吳大城】蘇州城의 전신. 2천 5백년이 흐르는 동안 개축과 증축을 거쳤으나 지금도
閶門, 胥門, 盤門 등 명칭이 그대로 전해오고 있으며 六朝 이전까지 江南의 가장
큰 규모였음.

【陸門八】張宗祥의 〈校注〉에는 閶門, 胥門, 盤門, 蛇門, 婁門, 匠門, 齊門, 平門을
들고 있음. 閶門과 胥門은 서쪽에 있으며 〈校注〉에 「閶門, 一名破楚門,《圖經
續記》曰:「吳屬楚後, 復曰閶門.」」이라 하였고, 胥門에 대해서는 "卽本書所云
「胥門有九曲路」者"라 함. 盤門과 蛇門은 남쪽에 있으며《吳地記》曰:「舊作磻,
改字爲盤」又云:「嘗有龍潛伏於此, 以欲杖擊逐之, 卽今五樓門是也.」《圖經續記》
曰:「嘗刻磻龍之狀. 或曰: 水陸相半, 沿洄屈曲, 故謂之盤.」이라 함. 蛇門에 대해
서는 "按《吳越春秋》曰:「立閶門者, 以象天門, 通閶闔風也; 立蛇門者, 以象地
戶也. 闔閭欲西破楚, 楚在西北, 故立閶門以通天氣, 因復名之破楚門; 欲東兵
大越, 越在東南, 故立蛇門以制敵國. 吳在辰, 其位龍也, 故小城南門上反羽爲兩
鯢鱙, 以象龍角; 越在巳地, 其位蛇也, 故南大門上有木蛇, 北向首內, 示越屬於
吳也.」此說可以參考"라 함. 婁門과 匠門은 동쪽에 있으며 婁門에 대해 "《吳
地記》曰:「松江東北入海爲婁江.」《圖經續記》曰:「婁縣名蓋因其所道也. 秦謂
之醠, 漢謂之婁.」"라 하였으며 匠門에 대해서는 "亦曰將門, 今久廢.《吳地記》曰:
「水陸兩路, 今陸門廢, 出海道通大萊城, 沿松江下瀘瀆, 闔閭使干將於此置冶鑄劍.」
《圖經續記》曰:「今謂之匠, 聲之變也.」《盧志》:「南門有封門·赤門, 門東南又
有鱘鮮門, 今外濠薱婁之間, 猶有匠門塘, 其旁有歐冶墓·干將墓."라 함. 齊門과
平門은 북쪽에 있으며, 齊門은 "《吳越春秋》曰:「闔閭十年, 旣破齊, 齊女爲質
於吳, 吳爲太子波聘之. 齊女少, 日夜號泣成病, 闔閭乃造北門, 名曰望齊門, 令女
往遊其上.」"이라 하였고, 平門은 "亦曰巫門, 今有平門塘, 門久廢.《吳地記》曰:
「水陸幷通, 出毗陵等道. 吳伐齊, 軍從此出, 因號平門. 又云巫門, 巫咸所葬.」"이라 함.

【水門八】물길이 드나드는 여덟 개의 문. 張宗祥 〈校注〉에 "盤門, 婁門, 匠門,
平門, 均兼水陸, 卽以爲四水門. 然水亦八門, 其他四門, 無從考矣"라 함.

【東面十一里】錢培名 〈札記〉에는《太平御覽》(193)을 인용하여 10리는 14사리가
되어야 총 길이가 맞는다고 하였음.

【郭】外城. 外郭.

016(3-5)
오나라 소성小城

오나라 소성小城은 둘레가 12리이다.

그 아래는 너비가 2장 7척이며 높이는 4장 7척이고 문이 셋이며 모두가 문루가 있다.

그 중 2개의 성문은 2개의 수문을 증설하였고, 하나는 문구가 있으며 다른 하나는 목재로 길을 깔았다.

吳小城周十二里.

其下廣二丈七尺, 高四丈七尺, 門三, 皆有樓.

其二增水門二, 其一有樓, 一增柴路.

【吳小城】春申君 府를 가리킴.
【柴路】목재로 길을 만듦. 혹 목재로 둘레의 防柵을 침.

017(3-6)
동궁과 서궁

둥궁東宮은 둘레가 1리 270보이다.

서궁西宮은 장추長秋에 있으며 둘레가 1리 26보이다.

진시황秦始皇 11년 궁을 지키던 자가 잔치를 위해 불을 밝히다가 실화
하여 소실되고 말았다.

東宮, 周一里二百七十步.

路西宮, 在長秋, 周一里二十六步.

秦始皇帝十一年, 守宮者照燕, 失火燒之.

【東宮】흔히 太子(王子)가 거처하던 궁궐.

【路西宮在長秋】'路'는 衍文이거나 '路'자 앞에 글자가 누락된 것으로 보임. 長秋는
長秋門. 錢培名〈札記〉에 "路字疑衍, 西宮, 似當另起. 然《御覽》亦作'路西', 恐路
上有脫文, 姑仍其舊. '在長秋'《御覽》作長秋門"이라 함.

【秦始皇帝十一年】B.C.236년에 해당함. 秦始皇은 이름은 嬴政, 13살에 秦王에
올라 20살에 親政體制를 확립, 10여년의 전투를 거쳐 六國을 병합하여 통일
국가를 세우고(B.C.221) 첫 황제에 등극함. 중앙집권체제를 세우고 천하를 36군
으로 나누었으며 法令, 度量衡, 文字, 貨幣, 馳道를 통일하고 阿房宮, 驪山陵墓,
萬里長城을 구축하는 등 대대적인 토목공사를 벌였으며 동남쪽 巡狩에 나섰
다가 沙丘平臺에서 죽음. 그 뒤 민심이 이반하여 왕조가 무너지고 말았음.

【燕】'宴'과 같음.

018(3-7)
오자서성伍子胥城

오자서성伍子胥城은 둘레가 9리 270보이다.

소성小城 동서東西는 무리武里로부터이며, 남쪽은 소성으로부터이며 북쪽은 ······이다.

伍子胥城, 周九里二百七十步.

小城東西從武里, 面從小城, 北.

【伍子胥城】胥門 근처의 성. 張宗祥의 〈校注〉에 "上文云「城中有二小城」, 伍子胥城卽二城之一"이라 함.

【小城東西】이 구절은 뜻이 명확하지 않음. 張宗祥 〈校注〉에 "小城東西云云, 本有缺文. 面疑南字之訛; 小城東, 下當說「小城南北」也"라 함.

【武里】平門 밖에 있으며 麋湖西城임.

【北】"북쪽은 ······이다"의 뜻이 되어야 하며 그 뒤에 문자가 누락된 것으로 보임.

019(3-8)
여러 성문들

성 안의 주된 길은 창문閶門으로부터 누문婁門까지로서, 9리 72보이며, 육도陸道의 폭이 23보이다.

평문平門에서 사문蛇門까지는 10리 75보이며 육도의 폭은 33보, 수도修道의 폭은 28보이다.

邑中徑從閶門到婁門, 九里七十二步, 陸道廣二十三步. 平門到蛇門十里七十五步, 陸道廣三十三步, 水道廣二十八步.

【邑中徑】 성읍 안에서 가장 곧고 큰 중심 도로.
【閶門】 성 서쪽의 정문.《吳越春秋》에 "立閶門者, 以象天門通閶闔風也"라 하였고 다시 "閶闔欲西破楚, 楚在西北, 故立閶門以通天氣, 因復名之破楚門"이라 함.
【平門】 성 북쪽의 정문. 巫咸의 묘가 있어 巫門이라고도 부름.
【蛇門】 성 남쪽 정문. 월나라와 통하는 문이어서 월나라 방향인 '巳'를 상징하여 뱀이 북쪽을 향해 복종하는 모습을 나무로 조각하여 세움.

020(3-9)
도읍 밖으로 통하는 길

　오나라 도읍은 고대에는 원래 육로였으며, 서쪽으로 서문을 나서면 토산土山을 향하고 있고, 관읍灌邑을 지나면 고경산高頸山을 마주하게 되고 유산猶山을 넘어서면 태호太湖를 향하게 된다.

　서북쪽 길을 따라 돌아 서쪽을 보면 양하계陽下溪를 건너게 되며 역산歷山의 남쪽과 용미 서쪽 큰 물갈래를 경과하면 곧바로 안호安湖와 통하게 된다.

　　吳古故陸道, 出胥門, 奏出土山, 度灌邑, 奏高頸, 過猶山, 奏太湖.

　　隨北顧以西, 度陽下溪, 過歷山陽‧龍尾西大決, 通安湖.

【陸道】陸路와 같음.

【胥門】西南쪽의 대문. 원문에는 '胥明'으로 되어 있으나 張宗祥의 〈校注〉에 "此爲吳西出之道, '明', 當是'門'字之訛"라 하여 수정함.

【奏出土山】錢培名 〈札記〉에 "出字疑衍"이라 하였으며, '奏'는 張宗祥의 〈校注〉에 "向也, 見《漢書》金日磾傳集註"라 함.

【灌邑】구체적으로 알 수 없음.

【高頸】산 이름. 지금은 高景山이라 부르며 성 서쪽 20리에 있음. 張宗祥의 〈校注〉에 "卽今高景山, 爲太平山支隴, 在城西二十里"라 함.

【猶山】 알 수 없음.

【太湖】 고대 震澤이라 불렸으며 江蘇와 浙江 두 성에 걸쳐 있는 큰 호수. 둘레에
蘇州, 無錫, 吳江, 宜興, 烏程, 武進, 長興 등 큰 현이 있으며 물산이 풍부한
지역임. 中國 五大湖의 하나. 《幼學瓊林》에 "饒州之鄱陽, 岳州之靑草, 潤州之
丹陽, 鄂州之洞庭, 蘇州之太湖, 此爲天下之五湖"라 함.

【歷山】 일명 舜山. 無錫 남쪽에 있음.

【龍尾】 일명 華利口라 하며 無錫 남쪽에 있음.

【大決】 지명이면서 큰 물줄기가 갈리는 곳으로 여겨짐. 구체적 위치는 알 수
없음.

【安湖】 지금의 太湖에서 洮湖를 흘러드는 곳. 張宗祥 〈校注〉에 "此爲由太湖入
洮湖, 趨鎭江北固之西, 經山陽縣, 卽與《文獻通考》所云吳將伐齊, 自廣陵掘江
通淮之路相聯屬也"라 함.

021(3-10)
오나라의 물길

　오나라 도읍의 옛 물길은 평문平門에서 흘러나와 성곽을 둘러 못을 이루고, 물길로 들어간다.

　호소巢湖에서 나온 물은 역지歷地를 흘러 매정梅亭을 통과하여 양호楊湖로 들어간다.

　어포漁浦에서 나온 물은 대강大江으로 흘러들어 광릉廣陵을 향한다.

　吳古故水道, 出平門, 上郭池, 入瀆.

　出巢湖, 上歷地, 過梅亭, 入楊湖.

　出漁浦, 入大江, 奏廣陵.

【郭池】城郭을 둘러싸서 垓字 역할을 함.
【瀆】큰 도랑.
【巢湖】지금은 曹湖라 부르며 蘇州와 無錫의 경계를 이루는 호수.
【歷地】구체적으로 알 수 없음.
【梅亭】지금의 無錫 梅村鎭.
【楊湖】지금은 陽湖라 부르며 無錫과 常州의 경계를 이룸, 고대 運河로 통하였음.
【漁浦】구체적으로 알 수 없음.
【廣陵】지금의 揚州. 長江 북안에 있으며 長江과 運河의 교차점으로 고대 상업이 번창하고 물산이 풍부하였던 곳. 張宗祥의 〈校注〉에 "此言吳故修道由北面平門以出也. 廣陵當指今揚州,《左傳》云:「吳城邗溝以通江淮」, 可證"이라 함.

022(3-11)
산음으로 통하는 길

오나라 도읍은 옛날에는 원래 유권由拳의 벽새辟塞로부터 괴이會夷를 지나 산음山陰으로 향하였다.

벽새란 오나라 국경 척후의 관새關塞이다.

吳古故從由拳辟塞, 度會夷, 奏山陰.

辟塞者, 吳備候塞也.

【吳古故從由拳辟塞】'由拳'은 秦漢 시대의 縣 이름. 지금의 嘉興縣 남쪽. 당시
　越나라 땅. 三國시대 嘉興縣으로 고쳤음. '辟塞'는 關塞. 국경 관문. 오나라 남쪽
　으로 향한 斥候所. 張宗祥〈校注〉에 "故, 下有脫文, 疑爲障字. 由拳, 今嘉興. 辟塞,
　《秀水縣志》云: 「在拱辰門外一里.」"라 함.
【會夷】'괴이'로 읽으며 會稽山을 가리킴. 俞樾의〈讀越絶書〉에 "會夷, 卽會稽之
　異文也"라 함.
【山陰】춘추시대 越나라 도읍. 秦나라 때 山陰縣. 지금의 浙江 紹興市.
【備候塞】변방 척후를 위한 要塞. 邊塞.

023(3-12)
전투 장소 취리就李

거동성居東城은 합려가 놀이를 하던 성이며 현으로부터 20리 떨어져
있다.

시쇄정柴碎亭에서 어아語兒와 취리就李까지는 오나라가 이웃 월나라를
침략해 나가기 시작한 전투 장소였다.

居東城者, 闔廬所遊城也, 去縣二十里.

柴碎亭到語兒·就李, 吳侵以爲戰地.

【居東城】 성 이름으로 여겨지나 구체적 위치는 알 수 없음.

【柴碎亭】 柴辟亭. 지금의 嘉興 서남.

【語兒】 지명. 역시 嘉興 서남.

【就李】 '槜里', '槜李', '醉李" 등 여러 표기가 있으며 越나라 地名. 지금의 浙江
嘉興市 서남 本覺寺 일대. 《左傳》 定公 14年(B.C.496)년 經에 "五月, 於越敗吳
于槜李. 吳子光卒"이라 하였고, 傳에는 "吳伐越, 越子句踐禦之, 陳于槜李. 句踐
患吳之整也, 使死士再禽焉, 不動. 使罪人三行, 屬劍於頸, 而辭曰:「二君有治,
臣奸旗鼓. 不敏於君之行前, 不敢逃刑, 敢歸死」遂自剄也. 師屬之目, 越子因而
伐之, 大敗之. 靈姑浮以戈擊闔廬, 闔廬傷將指, 取其一屨. 還, 卒於陘, 去槜李七里.
夫差使人立於庭, 苟出入, 必謂己曰:「夫差! 而忘越王之殺而父乎?」則對曰:
「唯. 不敢忘!」三年乃報越"이라 함.

024(3-13)
간장검을 만들던 곳

백척독百尺瀆은 장강을 향해 있으며 오나라가 식량을 도달하던 통로이다.

천리려허千里廬虛는 합려가 간장干將으로 하여금 검을 주조하도록 하여 동녀 3백인을 동원했던 곳이다.

현으로부터 2리 지점이며 남쪽으로 장강과 통한다.

百尺瀆, 奏江, 吳以達糧.

千里廬虛者, 闔廬以鑄干將劍, 歐冶僮女三百人.

去縣二里, 南達江.

【百尺瀆】 물길 이름. 運河로 사용하던 곳으로 보임.

【千里廬虛】 匠門 근처. 합려가 간장으로 하여금 칼을 주조하도록 했던 곳.

【干將】 춘추시대 吳나라의 유명한 劍匠. 그 아내 莫耶(莫邪)와 함께 만든 칼을 흔히 이름을 취하여 干將, 鎮鋣라 함. 張宗祥〈校注〉에《吳越春秋》曰:「干將者, 吳人也, 與歐冶子同師, 俱能爲劍.」 又曰:「莫耶, 干將之妻子.」 又曰:「三月不成.」 「干將妻乃斷髮剪爪, 投於爐中, 使童女童男三百人鼓橐裝炭, 金鐵乃濡, 遂以成劍, 陽曰干將, 陰曰莫耶.」라 함.

【歐冶童女三百人】 張宗祥〈校注〉에 "此處歐冶二字衍"이라 함. 한편 歐冶子는 간장과 함께 같은 스승에게 명검 제조법을 배웠던 동료이며 區冶, 區冶子로도

표기함. 춘추시대 越나라 劍匠. 越王 句踐을 위해 湛盧, 巨闕, 純鈞, 魚腸, 勝邪 등 명검을 만들기도 하였으며 다시 楚王을 위해 龍淵, 太阿, 工布 등 명검을 만들기도 하였음.《淮南子》覽冥訓 "區冶生而淳鈞之劍成" 注에 "區, 越人, 善冶劍工冶"라 함. 한편 越나라에는 '光步劍', '屈盧之矛' 등 이름난 창검이 있는 것으로 보아 당시 吳越은 양질의 鐵이 생산되었으며 製鐵冶金 기술이 발달했던 것으로 보임.

025(3-14)
합려의 빙실冰室

창문閶門 밖 고경산高頸山 동쪽에 큰 석상은, 옛날에는 이를 석공石公이라 불렀으며 현으로부터 20리 지점에 있다.

창문 외각 중간에 있는 큰 봉분은 합려가 빙실冰室로 사용하던 곳이다.

閶門外高頸山東桓石人, 古者名石公, 去縣二十里.

閶門外郭中冢者, 闔廬冰室也.

【高頸山】 산 이름. 지금은 高景山이라 부르며 성 서쪽 20리에 있음. 張宗祥의 〈校注〉에 "卽今高景山, 爲太平山支隴, 在城西二十里"라 함.

【桓】 '大'와 같음.

【冢】 무덤처럼 큰 봉분. 虛冢.

【冰室】 冰庫. 얼음을 저장하던 곳. 030에는 "巫門外冢者, 闔廬冰室也"라 함.

합려의 무덤

합려총闔廬冢은 창문闔門 밖에 있으며 이름을 호구虎丘라 한다.

그 아래 못은 너비가 60보, 수심은 1장 5척이다.

구리로 만든 외곽外槨이 3겹이며 분지墳池는 6척, 옥으로 만든 오리가 그 물위에 떠 있다.

편저검扁諸劍 3천 개와, 방원方圓의 입을 가진 사람 3천 명이 무덤에 순장되어 있고, 시모時耗, 어장魚腸의 유명한 검이 무덤 속에 들어있다.

천만 명이 이 무덤을 축조할 때 흙은 임호臨湖의 입구에서 날라 왔으며 축조한 다음 사흘 뒤 흰 호랑이가 그 위에 머물러 그 때문에 그 무덤을 호구라 부르게 되었다.

闔廬冢, 在閶門外, 名虎丘.

下池廣六十步, 水深丈五尺.

銅槨三重, 墳池六尺, 玉鳧之流.

扁諸之劍三千, 方圓之口三千, 時耗·魚腸之劍在焉.

千萬人築治之, 取土臨湖口, 築三日而白虎居上, 故號爲虎丘.

【闔廬冢】 합려가 죽은 뒤 조성한 무덤.

【虎丘】 지금의 蘇州 吳縣 서북 7리에 있으며 산이 높지는 않으나 풍경이 수려하고 그 안에 劍池, 千人石 등이 있음. 전설에 吳王 闔廬가 그 못 속에 명검을 감추어두었는데 秦始皇이 그곳에 올라 합려 무덤을 파헤쳐 칼을 찾고자 하자 갑자기 백호가 나타나 중지하였다 함.

【墳池】 '湏池'여야 함. '湏'은 '汞'과 같으며 水銀을 뜻함. 《史記》 吳太伯世家〈集解〉에 《越絶書》를 인용하여 "闔廬冢在吳縣閶門外, 名曰虎丘. 下池廣六十步, 水深一丈五尺, 銅槨三重, 湏池六尺, 玉鳧之流. 扁諸之劍三千, 方員之口三千, 槃郢·魚腸之劍在焉. 卒十餘萬人治之, 取土臨湖. 葬之三日, 白虎居其上, 故號曰虎丘"라 함.

【玉鳧】 옥으로 조각한 오리.

【扁諸】 劍名.《吳越春秋》徐天祜 注에 "闔廬既鑄成干將·莫耶二劍, 餘鑄得三千, 并號扁諸之劍"이라 함. 干將과 莫耶를 완성한 다음 그 남은 철로 만든 일반 검.

【三千之口】 殉葬된 사람을 뜻함. 사람의 머리는 둥글고 얼굴은 네모진 모습을 표현한 것.

【時耗·魚腸】 둘 모두 劍名. '時耗'는 다른 기록에는 槃郢, 盤郢, 磐郢이라 하였음. 《吳越春秋》에 "臣聞吳王得越所獻寶劍三枚, 一曰魚腸, 二曰盤郢, 三曰湛盧"라 함.

【臨湖】 湖水 이름. 구체적으로는 알 수 없음.

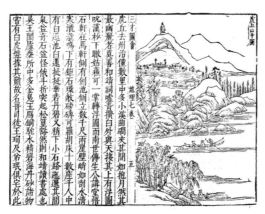

〈虎丘〉 《三才圖會》

027(3-16)
공주를 위한 장례식

호구虎丘 북쪽에 막격총莫格冢이 있는데 옛 현자賢者가 세상을 피하여 은거하던 자의 무덤으로 현으로부터 20리 지점에 있다.

피주총被奏冢은 등대총鄧大冢이 이것이며 현으로부터 40리 지점에 있다.

합려의 딸 무덤은 창문 밖 길 북쪽에 있다.

그 아래 방형의 못은 너비가 48보, 수심은 2장 5척이다.

못의 너비는 60보, 수심은 1장 5촌이며 묘도墓道는 사당 앞 길을 나서서 남쪽으로 고서문姑胥門과 통하며 무덤의 둘레는 6리이다.

공주의 장례에 오나라 거리에 춤추는 학이 나타나 이를 구경하러 나온 백성을 죽여 공주의 저승길에 함께 하도록 하였다.

虎丘北莫格冢, 古賢者避世冢, 去縣二十里.

被奏冢, 鄧大冢是也, 去縣四十里.

闔廬子女冢在閶門外道北.

下方池廣四十八步, 水深二丈五尺.

池廣六十步, 水深丈五寸, 墜出廟路以南, 通姑胥門, 幷周六里.

舞鶴吳市, 殺生以送死.

【莫格冢】俞樾의 〈讀越絶書〉에 "此吳下名賢之祖也, 好事者宜表章之"라 함.

【被奏冢】 구체적으로 알 수 없음.

【子女冢】 闔廬의 딸 滕玉의 무덤을 가리킴.

【壄】 '隧'와 같음. 墓道. 羨道.

【姑胥門】 胥門.

【舞鶴吳市】 참고란을 볼 것.

<hr />

참고 및 관련 자료

1.《吳越春秋》闔閭內傳

吳王有女滕玉. 因謀伐楚, 與夫人及女會蒸魚, 王前嘗半而與女, 女怨曰:「王食我殘魚, 辱我, 不忍久生.」乃自殺. 闔閭痛之甚, 葬於國西閶門外. 鑿地爲池, 積土爲山, 文石爲槨, 題湊爲中, 金鼎·玉杯·銀樽·珠襦之寶, 皆以送女. 乃舞白鶴於吳市中, 令萬民隨而觀之, 遂使男女與鶴俱入羨門, 因發機以掩之. 殺生以送死, 國人非之.

2.《太平御覽》(556)

吳王闔閭有子女, 怨王乃自殺. 闔閭痛之, 甚葬於閶門外, 鑿地爲池, 積土爲山, 文石爲槨, 金鼎銀鐏珠玉之寶, 皆以送女, 乃舞白鵠於吳市中, 令萬民隨觀還, 使男女與鵠, 俱入門, 因塞之.

3.《藝文類聚》(73)

吳王闔閭, 葬女於郭西昌門外, 鑿地爲池, 積土爲山, 文石爲槨, 金鼎玉杯, 銀樽珠襦之寶, 皆以送之.

4.《藝文類聚》(90)

吳王闔廬有女, 王伐楚, 與夫人及女會食蒸魚. 王嘗半, 女怨曰:「王食我殘魚, 辱我. 不忍久生.」乃自殺. 闔廬痛之, 葬於郡西昌門外. 鑿地爲女墳, 積土爲山, 文石爲槨, 金鼎玉盃, 銀樽珠襦之寶, 皆以送女. 乃舞白鶴於吳市, 令萬民隨觀之, 遂使與鵠俱入墓門, 因塞之以送死.

5.《文選》舞鶴賦 注

吳王闔閭有小女, 王與夫人女會蒸魚, 王嘗半, 女怨曰:「王食魚辱我, 不忍久生.」乃自殺. 闔閭痛之, 葬於邦西閶門外. 鑿池積土爲山, 石爲槨, 金鼎·玉杯·銀樽·珠襦之寶以送女. 乃舞白鶴於吳市中, 萬民隨觀, 遂使男女與鶴俱入墓門, 因塞之以送死.

6. 기타 참고 자료

《北堂書鈔》(145),《事類賦注》(18)

〈朱雀燈〉

028(3-17)
신녀神女의 무덤

여항성餘杭城은 양왕襄王 때 신녀神女를 묻은 곳으로 그 신은 아주 영험
하였다.

餘杭城者, 襄王時神女所葬也, 神多靈.

【餘杭城】 餘杭은 지금의 浙江 餘杭縣 餘杭鎭. 그곳의 성.
【襄王】 楚나라 왕. 頃襄王. 이름은 芈橫. B.C.299∼B.C.263년까지 36년간 재위.
懷王(芈槐)의 아들로 아버지가 秦나라에게 죽음을 당하고 그 뒤를 이었음.
그 뒤를 考烈王이 이음.
【神女】 巫山의 神女. 楚 頃襄王이 雲夢에서 만나 雲雨之情의 고사를 남긴 여신.
宋玉 〈神女賦序〉에 "楚襄王與宋玉遊於雲夢之浦, 使玉賦高堂之事, 其夜王寢,
初與神女通"이라 함.

029(3-18)
미왕麋王의 무덤

무문巫門 밖의 미호麋湖 서성은西城은 월나라 미왕麋王의 성이다.

당시 요월왕搖越王왕이 미왕과 어초語招에서 전투를 벌여 미왕을 죽였다. 그러나 미왕이 머리가 없어진 채 말을 타고 무리武里에 이르러 죽어 그를 무리 남성에 장례를 치른 것이다.

그는 오일午日에 죽었던 것이다.

巫門外麋湖西城, 越宋王城也.

時與搖城王周宋君戰於語招, 殺周宋君.

毋頭騎歸, 至武里死亡, 葬武里南城.

午日死也.

【巫門】平門. 吳城의 북문. 巫咸을 기려 이름을 붙인 문.

【麋湖】麋湖로도 표기하며 闔閭가 麋鹿을 놓아기르던 곳.

【越宋王】越麋王의 오류. 이하 宋君은 모두 오류임. 錢培名〈札記〉에 "宋王, 當作 麋王"이라 함.

【搖城王周宋君】'搖城王'은 '搖越王'의 오류이며, '周宋君'은 '麋君', '麋王'의 오류임. 錢培名〈札記〉에 '搖城'의 '城'자는 '越'자의 오류라 하면서 "按《御覽》五百 五十六引《吳越春秋》云:「昇平門外麋湖西城者, 麋王城也. 與越王遙職, 越王

殺麋王, 麋王無頭, 騎馬還武里, 乃死, 葬武里城中. 以午日死, 至今武里午日不
擧火.」所言越王遙, 卽此文搖越王, 此文宋王當作麋王, 周宋君, 當作麋君, ʻ與ʼ字
當在搖越王下, ……今本《吳越春秋》亦已殘闕, 若非《御覽》徵引, 則此文不復可
讀矣ʺ라 함.
【語招】다음 문장의 語昭. 지명. 지금의 江蘇 無錫 동북부.
【武里】麋湖 西城.

1. 《吳越春秋》逸文(《太平御覽》(556))

舁(昇)平門外麋湖西城者, 麋王城也. 與越王遙戰, 越王殺麋王. 麋王無頭, 騎馬
還武里, 乃死, 因留葬武里城中. 以午日死, 至今武里午日不擧火.

030(3-19)
손무孫武의 무덤

무문巫門 밖의 무덤은 합려가 얼음창고로 쓰던 곳이다.

무문 밖 대총大冢은 오왕吳王의 객으로 제齊나라에서 왔던 손무孫武의 무덤이며 현으로부터 10리 지점에 있다.

그는 병법에 뛰어났던 자이다.

巫門外冢者, 闔廬冰室也.

巫門外大冢, 吳王客齊孫武冢也, 去縣十里.

善爲兵法.

【冰室】025에는 "閶門外郭中冢者, 闔廬冰室也"라 함.

【孫武】孫子. 자는 長卿. 춘추시대 유명한 병법가.《史記》孫子吳起傳에는 '齊人'이라 하였으며, 闔閭를 위해 兵法으로 만나 將軍이 됨. 그 뒤 吳나라를 위해 楚나라를 깨뜨리고 齊나라, 晉나라를 위협함.《漢書》〈藝文志〉에《孫子兵法》82편이 저록 되어 있으나 지금 전하는 것은 計篇, 作戰篇, 謀攻篇, 形篇, 勢篇, 虛實篇, 軍爭篇, 九變篇, 行軍篇, 地形篇, 九地篇, 火攻篇, 用間篇 등 13편만이 전함. 한편 1972년 山東 臨沂縣 漢墓에서《孫子兵法》竹簡 2백 餘枚, 2천 3백 餘字가 出土되었음.《史記》孫子吳起列傳을 참조할 것.

031(3-20)
세자당世子塘

　지문地門 밖의 당파양중塘波洋中의 세자당世子塘은 옛날 세자가 못을 농토로 만든 것으로 그 당은 현에서 25리 지점에 있다.
　양중당洋中塘은 현으로부터 26리 지점에 있다.

　地門外塘波洋中世子塘者, 故曰世子造以爲田, 塘去縣 二十五里.
　洋中塘, 去縣二十六里.

【地門】蛇門의 오류. 錢培名〈札記〉에 "地門系蛇門之訛"라 하였고, 張宗祥의 〈校注〉에는 "地門, 不見他書, 無考, 疑爲八水門之一"이라 함.
【塘波洋中世子塘】'塘波洋中' 4자는 衍文으로 봄. 錢培名〈札記〉에 "塘波洋中 四字疑衍"이라 함.
【故曰世子】'故越世子'이거나 혹은 궐문이 있는 것으로 보임. 錢培名〈札記〉에 "曰, 疑當作越"이라 하였고, 張宗祥의〈校注〉에는 "故字上當有闕文"이라 함.

032(3-21)
이름 없는 오왕의 무덤들

사문蛇門 밖의 큰 구릉은 오왕 중에 이름을 알 수 없는 왕의 무덤이며 현으로부터 15리 지점에 있다.

축당북산築塘北山은 오왕 중에 이름을 알 수 없는 왕의 무덤으로 현으로부터 20리 지점에 있다.

蛇門外大丘, 吳王不審名冢也, 去縣十五里.

築塘北山者, 吳王不審名冢也, 去縣二十里.

【大丘】 큰 구릉, 언덕. 실제로는 무덤.
【不審名】 구체적으로 이름을 알 수 없음.
【築塘北山】 구체적으로 알 수 없음.

033(3-22)
신무神巫의 무덤

근문近門 밖의 여계독檿溪櫝 안의 연향대구連鄉大丘는 오나라 옛 신무神巫가 묻힌 곳으로 현으로부터 15리 지점에 있다.

近門外檿溪櫝中連鄉大丘者, 吳故神巫所葬也, 去縣十五里.

【近門】 匠門의 오기. 干將과 莫耶가 寶劍을 鑄造하던 곳에 가까워 명칭이 생겼음.
【檿溪櫝】 오왕 합려가 배를 만들어 띄워놓았던 곳.
【連鄉大丘】 連鄉大墓. 連鄉大墳.
【神巫】 신통한 巫醫.

034(3-23)
마정계馬亭溪의 복성復城

누문婁門 밖 마정계馬亭溪 위의 복성復城은 옛날 월왕越王 여복군餘復君이 만든 것으로 현으로부터 80리 지점에 있다.

그 당시 초나라 고열왕考烈王이 월나라를 귀속시켰을 때이며 양왕襄王 이후의 일은 일일이 다 계속하여 기술할 수가 없다.

그 사실은 마정계에 씌어있다.

婁門外馬亭溪上復城者, 故越王餘復君所治也, 去縣八十里.

是時烈王歸於越, 所載襄王之後, 不可繼述.

其事書之馬亭溪.

【馬亭溪】 구체적으로 알 수 없음.

【復城】 역시 알 수 없음.

【餘復君】 越王의 하나이겠으나 구체적으로 알 수 없음. 다만 楚 考烈王과 같은 시기라 한 것으로 보아, 考烈王은 戰國 후기 楚나라 왕으로 그 때는 이미 越나라가 망한 뒤 백여 년이나 지났으며 당시 월나라 후손들은 江南 일대에서 爭立하여 초나라에게 복종할 때임. 따라서 그 때의 어떤 임금 중 하나로 보임.

【烈王】 楚나라 考烈王. 戰國 말 楚나라 군주로 이름은 熊完. 頃襄王의 아들.
B.C.262~B.C.238년까지 25년간 재위함.

【歸於越】 楚나라 考烈王은 秦나라 위협을 피해 도읍을 郢에서 壽春(지금의 安徽
壽縣)으로 옮겼으며 壽縣은 원래 越나라 땅이었음. 아울러 越나라 땅은 모두
瑯琊에 귀속시킴. 錢培名 〈札記〉에는 "句上下似有脫文, 按後有「考烈王幷越於
瑯琊」之文. 歸猶幷也, 或字當作幷, 時字疑當在於越下"라 함.

〈銅馬〉

035(3-24)
홍성鴻城

누문婁門 밖 홍성鴻城은 옛 월왕성越王城이며, 현으로부터 1백 5십리 지점에 있다.

婁門外鴻城者, 故越王城也, 去縣百五十里.

【鴻城】 구체적으로 알 수 없음. 아마 지금의 嘉定縣 부근으로 추정됨.
【越王城】 楚 威王이 越王 無疆을 멸하고 越나라 땅과 吳나라 옛 땅까지 모두 차지하자 越王의 諸族들은 각지로 흩어져 君이나 王을 칭하였음. 그 때의 어떤 君王이 차지하고 있던 성이 아닌가 함.

036(3-25)
계피허雞陂墟

누문婁門 밖의 계피허雞陂墟는 옛날 오왕이 닭을 기르던 곳으로 이보 李保로 하여금 기르도록 하였었다. 현으로부터 20리 지점에 있다.

婁門外雞陂墟, 故吳王所畜雞, 使李保養之, 去縣二十里.

【雞陂墟】지금 蘇州 婁門 밖에 金雞湖가 있으며 그곳이 아닌가 함.
【李保】吳王 闔閭의 신하. 구체적으로는 알 수 없음.

037(3-26)
태호太湖를 관람하던 고서대姑胥臺

서문胥門 밖의 구곡로九曲路는 합려가 고서대姑胥臺에 올라 태호太湖를 바라보며 그 도중에 백성들의 사정을 살펴보기 위해 만든 길로 현으로부터 30리 거리이다.

胥門外有九曲路, 闔廬造以游姑胥之臺, 以望太湖, 中闚百姓, 去縣三十里.

【九曲路】姑蘇山에 이르는 길. 車馬의 주행을 위해 傾斜度를 낮추어 굽은 길로 만들었다 함.
【姑胥臺】姑蘇臺. 姑蘇山 위의 누대. 太湖를 조망할 수 있음.
【太湖】고대 震澤이라 불렸으며 江蘇와 浙江 두 성에 걸쳐 있는 큰 호수. 둘레에 蘇州, 無錫, 吳江, 宜興, 烏程, 武進, 長興 등 큰 현이 있으며 물산이 풍부한 지역임. 中國 五大湖의 하나. 《幼學瓊林》에 "饒州之鄱陽, 岳州之靑草, 潤州之丹陽, 鄂州之洞庭, 蘇州之太湖, 此爲天下之五湖"라 함.
【闚】'窺'와 같음. 살펴봄.

038(3-27)
제왕 딸을 위해 지은 제문齊門

　제문齊門은 합려가 제齊나라를 쳐서 크게 이기고 제왕齊王의 딸을 인질로 데리고 와서 그를 위해 제문을 수해허水海虛에 지었다.

　그 누대는 수레 길의 왼쪽, 물이 바다로 드는 곳의 오른 쪽이며 현에서 70리 지점에 있다.

　제나라 공주는 고국을 그리워하다가 죽어 우서산虞西山에 장례를 치렀다.

　齊門, 闔廬伐齊, 大克, 取齊王女爲質子, 爲造齊門, 置於水海虛.

　其臺在車道左, 水海右, 去縣七十里.

　齊女思其國死, 葬虞西山.

【齊門】望齊門. 성 북쪽의 북동쪽 제나라 방향으로 세웠음.

【水海虛】위치는 자세히 알 수 없음.

【虞西山】虞山. 常熟縣 서쪽 6리. 張宗祥의 〈校注〉에 "《吳越春秋》云:「女曰: 令死者有知, 必葬我於虞山之巓, 以望齊車.」《寰宇記》:「常熟虞山有齊女冢.」" 이라 함. 참고란을 볼 것.

1.《吳越春秋》闔閭內傳

諸將旣從還楚, 因更名閭門曰「破楚門」. 復謀伐齊, 齊子使女爲質於吳. 吳王因爲太子波聘齊女. 女少思齊, 日夜號泣, 因乃爲病. 闔閭乃起北門, 名曰「望齊門」, 令女往遊其上. 女思不止, 病日益甚, 乃至殂落. 女曰:「令死者有知, 必葬我於虞山之巓, 以望齊國」闔閭傷之甚, 正如其言, 乃葬虞山之巓.

2.《太平御覽》(556)

吳謀伐齊, 齊景公使子女爲質於吳, 吳王因爲太子聘齊女. 齊女少思齊, 日夜哭泣, 發病. 闔閭乃起北門, 名曰齊門, 令女往遊其上, 女思不止, 病日益甚, 至且死. 女曰:「令死有知, 必葬海虞山之巓, 以望齊國.」闔閭傷之甚, 用其言葬於虞山之嶺, 以瞻望齊國, 時太子亦病而死.

039(3-28)
오왕이 농사짓던 땅

　오나라 도읍 북쪽 들 우력(嵎櫟)의 동쪽에 속하는 큰 농토는 오왕의 전지이며, 현으로부터 80리 지점이다.

吳北野嵎櫟東所舍大畛者, 吳王田也, 去縣八十里.

【嵎櫟】 구체적으로 알 수 없음.
【所舍】 '舍'는 '屬'과 같음. 所屬된 바.
【大畛】 넓은 면적의 논. 관개가 되어 있는 논을 '畛'라 함.

040(3-29)

녹피鹿陂

오나라 서쪽 들 녹피鹿陂는 오왕의 농토이다.

지금은 우독耦瀆과 서비허胥卑虛로 나뉘어 있으며 현으로부터 20리 지점이다.

吳西野鹿陂者, 吳王田也.

今分爲耦瀆·胥卑虛, 去縣二十里.

【鹿陂】 오왕 합려가 사슴을 기르던 언덕. 西洞庭山에 있음.

【耦瀆·胥卑虛】 구체적으로 알 수 없음.

〈銅獸〉

041(3-30)
서주류胥主疁

오나라 북쪽 들 서주류胥主疁는 오왕의 사위가 주관하던 농토로서
현으로부터 80리 지점에 있다.

吳北野胥主疁者, 吳王女胥主田也, 去縣八十里.

【胥主疁】胥主는 '사위가 관장하다'의 뜻. 위치로 보아 常熟縣에 있었을 것으로
추정함.

042(3-31)
미호성麋湖城과 여계성欐溪城

미호성麋湖城은 합려가 미록麋鹿을 놓아기르던 곳으로 현으로부터 50리 지점에 있다.

여계성欐溪城은 합려가 선궁船宮을 띄워놓았던 곳이며 합려를 위해 만들었던 것이다.

麋湖城者, 闔廬所置麋也, 去縣五十里.

欐溪城者, 闔廬所置船宮也, 闔廬所造.

【麋湖城】 平門 밖에 있었음.
【欐溪城】 합려가 船宮을 띄워놓았던 곳.
【船宮】 배로 만들어 즐길 수 있도록 한 시설. 혹 造船廠으로 보기도 함.
【闔廬所造】 張宗祥의 〈校注〉에는 "「闔廬所造」四字, 疑當作「去縣若干里.」"라 함.

043(3-32)
역사성力士城

누문婁門 밖의 역사力士는 합려가 지은 것으로 외월外越을 방어하기 위한 것이다.

婁門外力士者, 闔廬所造, 以備外越.

【力士】뒤에 '城' 등 글자가 누락되었음. 力士들로 하여금 지키고 있도록 한 요새나 수비하던 성. 張宗祥〈校注〉에 "力士, 下當有脫文"이라 함.
【外越】越나라. 혹 '밖으로부터 국경을 넘어 침범하는 자'를 뜻하는 것으로도 봄. 張宗祥〈校注〉에는 外傳記地傳의 "因徙天下有罪適吏民"의 아래의 注 "所謂外越者, 卽今南粵"을 들어 '南粵'을 가리키는 것이 아닌가 하였음.

044(3-33)
무려성巫欐城

무려성巫欐城은 합려가 다른 먼 제후나라로부터 온 빈객을 위해 지은 이성離城으로, 현으로부터 15리에 있다.

巫欐城者, 闔廬所置諸侯遠客離城也, 去縣十五里.

【諸侯遠客】 다른 제후국에서 온 사신이나 빈객.
【離城】 교외 밖에 마련한 賓館.

045(3-34)
적송자赤松子의 유적

유종由鍾의 궁륭산窮隆山은 옛날 적송자赤松子가 적석지赤石脂를 채집하던 곳으로 현으로부터 20리 지점에 있다.

오자서伍子胥가 죽자 백성들이 그를 그리워하여 제사를 지냈다.

由鍾窮隆山者, 古赤松子所取赤石脂也, 去縣二十里.
子胥死, 民思祭之.

【由鍾】 지명.

【窮隆山】 穹隆山. 錢培名〈札記〉에는 "窮,〈郡國志〉注作穹"이라 함. 吳縣 서남쪽에 있으며 꼭대기는 넓은 평지가 있고, 옛날 朱買臣의 書堂, 穹隆寺, 扗杖泉 등의 유적이 있음.

【赤松子】 고대 仙人. 神農 때의 雨師. 중국 道家(道敎)에서 가장 널리 지칭되는 신선의 이름. 붉은 소나무 열매라는 뜻으로 본래의 이름은 아님. 참고란을 볼 것.

【赤石脂】 風化石의 일종. 道家에서 煉丹에 사용하는 원료. 大溫無毒하며 五石散을 만들 때의 사용함.

【子胥死, 民思祭之】 이 구절은 잘못 삽입된 것으로 봄. 張宗祥〈校注〉에 "此二句不應在此, 當是錯簡, 或者在胥山條下"라 하여 〈胥山〉條에 있어야 함.

1. 《列仙傳》(上)

赤松子者, 神農時雨師也. 服水玉以教神農, 能入火自燒. 往往至崑崙山上, 常止
西王母石室中, 隨風雨上下. 炎帝少女追之, 亦得仙, 俱去. 至高辛時, 復爲雨師.
今之雨師本是焉. 眇眇赤松, 飄飄少女. 接手飜飛, 冷然雙擧. 縱身長風, 俄翼
玄圃. 妙達巽坎, 作範司雨.

2. 《雲笈七籤》(108)《列仙傳》

赤松子者, 神農時雨師, 服水玉以教神農. 能入火自燒. 至崑崙山上, 常止西王母
石室中, 隨風雨上下. 炎帝少女追之, 亦得仙俱去. 至高辛時, 復爲雨師, 今之雨
師本是焉.

3. 《列仙全傳》(1) 赤松子

赤松子, 神農時雨師. 服水玉教神農, 能入火不燒. 至崑崙山, 常止西王母石室中.
隨風雨上下, 炎帝少女追之, 亦得仙, 俱去. 至高辛時, 爲雨師. 間遊人間.

4. 《搜神記》(1)

赤松子者, 神農時雨師也. 服水玉散, 以教神農. 能入火不燒. 至崑崙山, 常入
西王母石室中, 隨風雨上下. 炎帝少女追之, 亦得仙, 俱去. 至高辛時, 復爲雨師,
遊人間. 今之雨師本是焉.

5. 《抱朴子》(晉, 葛洪 撰) 內篇 仙藥

赤松子以玄蟲血漬玉爲水而服之, 故能乘煙而上下也. 玉, 屑服之, 與水餌之,
俱能令人不死, 所以爲不及金者, 令人數數發熱, 似寒食散狀也.

6. 《文選》(21)〈遊仙詩〉(郭景純) 注

赤松子, 神農時雨師也. 服水玉. 教神農. 能入火不燒, 至崑崙山上, 常止西王母
石室, 隨風雨上下.

7. 《文選》(12)〈海賦〉注

《列仙傳》曰: 赤松子, 服水玉. 履阜鄉之留舃, 被羽翮之襂所今纚所宜反.

8. 《藝文類聚》(2)

《列仙傳》曰: 赤松子者, 神農時雨師也.

9. 《藝文類聚》(78) 靈異(下) 仙道

《列仙傳》曰: 赤松子, 神農時雨師. 服水玉, 教神農. 能入火自燒, 至崑崙山西王
母石室, 隨風雨上下. 炎帝少女追之, 亦得仙俱去, 高辛時爲雨師.

10.《藝文類聚》(83) 草部

《列仙傳》曰: 赤松子. 神農時雨師. 服水玉.

11.《藝文類聚》(88)

《列仙傳》曰: 赤松子好, 食柏實, 齒落更生.

12.《初學記》(23) 赤松

劉向《列仙傳》曰: 赤松子, 神農時雨師. 服水玉散, 教神農服, 入火自燒. 至崑崙山上, 常止西王母石室, 隨風上下. 炎帝少女追之, 亦得仙俱去.

13.《法苑珠林》(79) 祈雨篇

赤松子者, 神農時雨師也. 服水玉以教神農. 能入火不燒, 至崑崙山, 常入西王母室, 隨風上下. 炎帝少女追之, 亦得仙去. 至高辛時, 復爲雨師. 今之雨師本之焉.

14.《文選》(1) 〈西都賦〉注

《列仙傳》曰: 赤松子者, 神農時雨師也, 服水玉以教神農.

15.《文選》(5) 〈吳都賦〉注

《列仙傳》曰: 赤松子, 常止西王母石室中.

16.《文選》(11) 〈遊天台山賦〉注

《列仙傳》曰: 赤松子, 好食松實, 絕穀.

17.《文選》(21) 〈遊仙詩〉注

《列仙傳》曰: 赤松子者, 神農時雨師也. 服水玉, 教神農, 能入火不燒. 至崑崙山上, 常止西王母石室中, 隨風雨上下.

18.《文選》(22) 〈芙蓉池作〉注

《列仙傳》曰: 赤松子者, 神農時雨師也.

19.《文選》(31) 〈雜體詩〉注

《列仙傳》曰: 赤松子, 常止西王母石室中也.

20.《文選》(35) 〈七命〉注

《列仙傳》曰: 赤松子, 常止西王母石室中.

21.《文選》(42) 〈與從弟君苗君冑書〉注

《列仙傳》曰: 赤松子, 爲雨師.

22.《仙佛奇蹤》(1) 赤松子

赤松子, 神農時雨師. 煉神服氣, 能入水佛濡, 入火不焚. 至崑崙山, 常止西王母石室中. 隨風雨上下, 炎帝少女追之, 亦得仙, 俱去. 高辛時, 爲雨師. 間遊人間.

23.《三才圖會》(인물 10) 赤松子

赤松子, 神農時雨師. 煉神服氣, 能入水佛濡, 入火不焚. 至崑崙山, 常止西王母石室中. 隨風雨上下, 炎帝少女追之, 亦得仙, 俱去. 高辛時, 爲雨師. 間遊人間.

24.《太平御覽》(38)

《列仙傳》: 赤松子者, 神農時雨師也. 服水石以教神農, 能入火不燒. 至崑崙山, 止常上西王母石室中. 隨風雨上下, 炎帝少女追之, 亦得仙, 俱去. 至高辛時, 復爲雨師. 今之雨師, 是也.

25.《太平御覽》(663)

劉向《列仙傳》曰: 赤松子, 神農時雨師. 服水玉, 至崑崙山上, 常止西王母石室, 隨風雨上下, 仙去.

26.《太平御覽》(805)

《列仙傳》曰: 赤松子者, 神農時雨師也. 服水玉, 教神農, 能入火不燒.

27.《太平御覽》(808)

《列仙傳》曰: 赤松子服水玉.

28. 기타 참고 자료

○《三洞群仙錄》(1) ○《歷世眞仙體道通鑑》(3) ○《仙苑編珠》(上)

046(3-35)
작대산 柞碓山

작대산柞碓山은 원래 학부산鶴阜山이었다.

우禹가 천하를 주유하면서 호수 안의 가산柯山을 끌어다가 학부로
옮기고 이름을 작대로 바꾸었다.

柞碓山, 故爲鶴阜山.

禹遊天下, 引湖中柯山置之鶴阜, 更名柞碓.

【柞碓山】 獅子山, 何山, 岸崿山이라고도 하며 吳縣 남쪽 15리에 있음. 王僚의
葬地이기도 함. 張宗祥의 〈校注〉에 "卽岸崿山,《圖經》云:「形如獅子, 故亦名
獅子山也. 梁隱士何求·何點葬此, 後改名何山.」"이라 함.
【禹】 中國 최초의 왕조 夏나라의 시조. 夏后氏 부락의 領袖였으며 姒姓. 大禹,
夏禹 등으로도 불리며 이름은 文命. 鯀의 아들. 鯀이 물을 막는 방법으로 治水에
실패하여 죽음을 당한 뒤 禹는 물을 소통
시키는 방법으로 성공을 거둔 다음 舜임금
으로부터 천하를 물려받아 夏王朝를 세움.
뒤에 천하를 순시하다가 會稽에서 생을
마침. 그는 益에게 천하를 물려주려 하였
으나 아들 啓의 무리가 난을 일으켜 益을
죽이고 世襲王朝를 시작함. 이로부터 禪讓

〈禹王治水圖〉

(公天下)의 제도가 마감되고 世襲(家天下)의 역사가 시작됨. 이를 "傳子而不傳賢"이라 함.《史記》에서는 五帝本紀 다음 첫 왕조로 夏本紀가 시작됨.《十八史略》(1)에 "夏后氏禹: 姒姓, 或曰名文命, 鯀之子, 顓頊孫也. 鯀湮洪水, 舜擧禹代鯀, 勞身焦思, 居外十三年, 過家門不入"이라 함.

【引】 끌어냄. 禹의 治水事業을 상징함.

〈禹〉

047(3-36)
방산放山

방산放山은 작대산의 남쪽에 있다.

그런데 작대산 아래에 키가 큰 사람이 있다 하여 그 때문에 그 고을
이름을 작읍柞邑이라 하였다.

오왕이 그 동네 이름을 싫어하여 그 마을을 외곽 안으로 넣고 이름을
통릉향通陵鄉이라 하였다.

放山者, 在柞碓山南.

以取長之柞碓山下, 故有鄉名柞邑.

吳王惡其名, 內郭中, 名通陵鄉.

【放山】구체적으로 알 수 없음.

【以取長之柞碓山下】錢培名〈札記〉에 "之, 原注「一作人」. 按疑卽後「十里坑」節
所謂'長人'也. 俟考"라 하여 長人, 즉 키가 큰 사람이 아닌가 하였음. 그러나
전체 문장이 역시 순통하지 않음.

【柞邑】柞城.

048(3-37)
추성墜星

작대산 남쪽에 큰 돌이 있어, 옛날에는 이를 추성墜星이라 불렀으며 현으로 부터 20리 지점에 있다.

柞碓山南有大石, 古者名爲墜星, 去縣二十里.

【墜星】 하늘에서 떨어진 별. 隕石.

049(3-38)
무후산撫侯山

무후산撫侯山은 옛날 합려가 제후들의 무덤을 만들었던 곳이며 현으로
부터 20리 거리에 있다.

撫侯山者, 故闔廬治以諸侯冢次, 去縣二十里.

【撫侯山】 '제후들을 위무하다'의 뜻을 담고 있음. 구체적 위치는 알 수 없음.
【冢次】 무덤. 墳墓. 冢墳. '次'는 '處'와 같음.

〈史墻盤〉 서주 1976 陝西 扶風 출토

050(3-39)
동서정東徐亭

오나라 동서정東徐亭은 동서남북 모두 시냇물과 통하는 곳으로 월형왕越荊王이 세운 곳이며 미호麋湖와도 상통한다.

吳東徐亭東西南北通溪者, 越荊王所置, 與麋湖相通也.

【徐亭】未徐亭이라고도 함. 혹 동쪽 徐亭으로 띄워 읽어야 할 듯함.
【越荊王】戰國 시대 越나라가 망하고 그 餘族이 명맥을 이어갈 때의 왕이 아닌가 함.

051(3-40)
마안계馬安溪

마안계馬安溪 가의 간성干城은 월간왕越干王이 세운 성으로, 현에서 70리 지점에 있다.

馬安溪上干城者, 越干王之城也, 去縣七十里.

【馬安溪】 蘇州 근처의 냇물 이름.
【越干王】 역시 戰國 시대 越나라가 망하고 그 餘族이 명맥을 이어갈 때의 왕이 아닌가 함.

052(3-41)
원산대총寃山大冢

무문巫門 밖의 원산대총寃山大冢은 옛날 월왕의 왕사王史 무덤으로, 현에서 20리 거리에 있다.

巫門外寃山大冢, 故越王王史冢也, 去縣二十里.

【王史】 역시 戰國시대 越나라가 이미 망한 뒤 그 餘族이 江南 각지에 세웠던 월나라의 어떤 王史, 왕의 역사를 기록하던 사관이 아닌가 함.

053(3-42)
요성搖城

요성搖城은 오吳나라 왕자가 살던 곳이었는데 뒤에 월요왕越搖王이 살았다.

벼논 3백 경頃이 그 읍 동남쪽에 있으며, 아주 기름진 곳으로 물길 또한 아주 좋은 곳이다.

현으로부터 50리 지점이다.

搖城者, 吳王子居焉, 後越搖王居之.

稻田三百頃, 在邑東南, 肥饒, 水絶.

去縣五十里.

【搖城】지명. 지금은 大姚로 부름.
【越搖王】越王 無疆의 後裔. 자칭 閩君이라 하였으며 秦末 反秦 세력에 가담하여 秦나라가 망한 뒤 劉邦이 그를 越王에 봉하여 옛 월나라 제사를 잇도록 하였음.
【水絶】灌漑 시설이 아주 훌륭함.

054(3-43)
서녀대총胥女大冢과 포고대총蒲姑大冢

서녀대총胥女大冢은 오왕 중에 이름을 알 수 없는 이의 무덤으로 현으로 부터 45리 지점에 있다.

포고대총蒲姑大冢은 오왕 중에 이름을 알 수 없는 이의 무덤으로 현으로 부터 30리 지점에 있다.

胥女大冢, 吳王不審名冢也, 去縣四十五里.
蒲姑大冢, 吳王不審名冢也, 去縣三十里.

【不審名】이름을 구체적으로 알 수 없음.

055(3-44)
고성古城

고성古城은 오왕 합려가 미인을 안치하였던 이성離城이며, 현으로부터 70리 거리에 있다.

古城者, 吳王闔廬所置美人離城也, 去縣七十里.

【古城】지금의 常熟縣 북쪽 5리에 있는 石城里. 錢培名 〈札記〉에 "此卽上所云 「興樂石城」者也"라 하였고, 張宗祥 〈校注〉에는 "吳越春秋:「闔閭城西有山號 硯石, 上有館娃宮, 又名石城山」 卽今靈巖山也. 諸地志均作石城, 此名古城, 疑誤"라 함.

【離城】별궁.

【美人】西施를 가리킴.《吳地志》에 "越獻西施於吳王, 王擇虞山北麓以石㻮城 爲游樂之所"라 함.

056(3-45)
통강남릉通江南陵

통강남릉通江南陵은 요월搖越이 판 것으로 상사군上舍君을 정벌하기 위한 것이었다. 현으로부터 50리 거리에 있다.

通江南陵, 搖越所鑿, 以伐上舍君, 去縣五十里.

【搖越】 역시 월나라가 망한 뒤 유민들이 각기 세웠던 어떤 지파의 우두머리.
【上舍君】 역시 월나라 후예의 어떤 지파 우두머리.

057(3-46)
십리갱十里坑

누동婁東의 십리갱十里坑은 옛날 장인갱長人坑이라 불렀으며, 그 장인들은
모두 바다로부터 건너온 자들이었다. 현으로부터 10리 지점에 있다.

婁東十里坑者, 古名長人坑, 從海上來, 去縣十里.

【婁東】婁門의 동쪽.
【海上來】멀리서 이주해온 사람들이었음을 말함.

해염현海鹽縣

해염현海鹽縣은 처음에는 무원향武原鄕이었다.

海鹽縣, 始爲武原鄕.

【海鹽縣】 한나라 때 설치했던 현. 지금의 浙江省에 있음.

059(3-48)
무성武城

누북婁北의 무성武城은 합려가 외월外越을 경비하기 위해 세운 곳으로
현으로부터 30리 거리이다.

지금은 향鄕이 되었다.

婁北武城, 闔廬所以候外越也, 去縣三十里.
今爲鄕也.

【武城】 지금 崑山 서북에 武城鄕이 있음.
【候】 경비함. 방비함. 斥候.
【外越】 越나라. 혹 '밖으로부터 국경을 넘어
   침범하는 자'를 뜻하는 것으로도 봄. 張
   宗祥 〈校注〉에는 外傳記地傳의 "因徙天
   下有罪適吏民"의 아래의 注 "所謂外越者,
   卽今南粤"을 들어 '南粤'을 가리키는 것이
   아닌가 하였음.

〈鑄鎘〉

060(3-49)
숙갑宿甲과 요왕총搖王冢

숙갑宿甲은 오나라 숙병宿兵이 외월外越을 경비하던 곳으로 현으로부터 1백리 지점이다.

그 동쪽으로 큰 무덤은 요왕총搖王冢이다.

宿甲者, 吳宿兵候外越也, 去縣百里.

其東大冢, 搖王冢也.

【宿甲】 지명. 주둔병이 있었던 곳이어서 명칭이 생김.

【搖王冢】 搖王은 월나라가 망한 뒤 그 후예가 명맥을 이어간 어떤 왕.

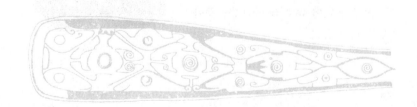

061(3-50)
진시황제秦始皇帝가 이주시킨 대월大越의 백성들

오정烏程, 여항餘杭, 유黝, 흡歙, 무호無湖, 석성현石城縣 이남은 모두가 옛 대월大越 백성들이 옮겨와 살던 곳이다.

진시황제秦始皇帝가 돌에 내용을 새겨 이주하도록 하였던 것이다.

烏程·餘杭·黝·歙·無湖·石城縣以南, 皆故大越徙民也. 秦始皇帝刻石徙之.

【烏程】秦나라 때 설치했던 현. 지금의 浙江 吳興縣.

【餘杭】지금의 浙江 餘杭市.

【黝】'黟'와 같음. 秦나라 때 설치했던 현. 지금의 安徽 黟縣. 張宗祥〈校注〉에 "黝縣見 《漢書》地理志, 顏師古曰:「黝音伊, 字本作 黟, 其音同.」《漢書》外, 他書均作黟"라 함.

【歙】역시 秦나라 때 설치했던 현으로 지금의 安徽省에 있음.

【無湖】蕪湖의 오기. 지금의 蕪湖市. 張宗祥 〈校注〉에 "《左傳》: 吳子壽夢十六年, 楚子重 伐吳, 克鳩玆. 杜預注:「鳩玆, 吳邑, 在丹陽蕪

〈秦始皇〉

湖縣東」此無字當作蕪"라 함.

【石城縣】秦나라 때 설치했던 현으로 隋나라 때 秋浦로 고침. 지금의 安徽
貴池縣 서남. 張宗祥〈校注〉에 "石城, 卽今貴池縣, 漢名石城"이라 함.

【大越徙民】秦始皇은 郡縣制를 실시하면서 통치의 편의를 위해 대대적인 사민
정책을 폈음.

062(3-51)
상산常山

오상현烏傷縣의 상산常山은 옛 사람들이 약을 캐던 곳이다.
산은 높고 또한 신령하다.

烏傷縣常山, 古人所採藥也.
高且神.

【烏傷縣】秦나라 때 두었던 縣이며 唐나라 때 義烏로 고침. 지금의 浙江 義烏市.
【常山】義烏와 浦江 사이에 있는 산. 지금은 百藥尖이라 부름.

063(3-52)
제향齊鄉

　　제향齊鄉은 둘레가 10리, 2백 11보이며, 그 성은 6리 36보, 담장 높이는 1장 2척, 1백 70보이며, 죽명문竹格門이 셋, 그 중 2개는 그 위를 집으로 지어놓았다.

　　齊鄉, 周十里二百一十步, 其城六里三十步, 牆高丈二尺, 百七十步, 竹格門三, 其二有屋.

【齊鄉】 구체적으로 알 수 없음. 다만 吳나라는 수차례 齊나라를 정벌한 적이 있어 그 포로를 안치한 곳이 아닌가 함.
【竹格門】 '竹格門'이어야 함. 대나무를 格字로 만들어 설치한 陷穽이 아닌가 함. 錢培名 〈札記〉에 "格字乃格字之訛"라 함.

064(3-53)
무함巫咸이 태어난 우산虞山

우산虞山은 무함巫咸이 태어난 곳이다.

이 때문에 우산에는 가끔 신출기괴한 일이 나타나기도 한다. 현에서 1백
5십리 거리이다.

虞山者, 巫咸所出也.

虞故神出奇怪, 去縣百五里.

【虞山】 常熟市 서북에 있으며 巫咸이 태어난 곳으로 吳나라 사람들이 신령스러운
산으로 여겼음.

【巫咸】 고대의 神巫. 殷나라 中宗의 재상을 지내기도 하였으며 巫醫로 널리
알려진 巫의 鼻祖. 혹 黃帝 때, 또는 堯舜 때의 神巫라고도 함. 錢培名 〈札記〉에
《寰宇記》九一作「巫咸所居, 山東西十八里, 有數十石室, 又有石壇. 周圍六十丈,
又山有仲雍·齊女冢, 東是仲雍, 西是齊女.」雖未必盡《越絶》原文, 然可知今本
必有脫逸"이라 함.

065(3-54)
모릉도母陵道

모릉도母陵道는 양삭陽朔 3년 태수 주군周君이 어머니의 능을 가기 위해 어소語昭에 만든 길이다.

능묘의 외곽은 둘레가 10리 1백 11보이며 담장 높이는 1장 2척이다.

능의 문은 넷이며 모두가 그 위에 집을 설치하였고, 수문水門은 둘이다.

母陵道, 陽朔三年太守周君造陵道語昭.

郭周十里百一十步, 牆高丈二尺.

陵門四, 皆有屋, 水門二.

【母陵道】 어머니의 무덤에 가기 위한 길.

【陽朔】 西漢 成帝의 연호. 3년은 A.D.22년에 해당함.

【太守】 吳郡太守.

【周君】 성이 周氏인 어떤 인물. 당시 태수.

【語昭】 지금의 江蘇 無錫 동북부. 029에는 '語招'로 표기되어 있음.

066(3-55)
무석성無錫城

　무석성無錫城은 둘레가 2리 19보이며 높이는 2장 7척, 성문은 하나이며
성루는 4개가 있다.
　그 외곽의 둘레는 11리 1백 28보이며 담장의 높이는 1장 7척에, 문에는
모두 누옥이 있다.

　無錫城, 周二里十九步, 高二丈七尺, 門一樓四.
　其郭周十一里百二十八步, 牆一丈七尺, 門皆有屋.

【無錫城】지금의 江蘇 無錫市에 있었을 것으로 추정되는 성.

춘신군春申君과 무석당無錫塘

무석의 역산歷山은 춘신군春申君 때에 소를 제물로 하여 제사를 지내던 일이 성행하였던 곳으로 거기에는 무석당無錫塘이 세워져 있으며 오나라 도읍으로부터 1백 20리 지점이다.

無錫歷山, 春申君時盛祠以牛, 立無錫塘, 去吳百二十里.

青銅器

【歷山】舜山의 龍尾에 해당하는 곳으로 지금은 華利口라 부름. 한편 그곳의 惠山 역시 歷山으로 부르기도 함.
【春申君】戰國四公子의 하나. 黃歇. 楚나라 考烈王의 大臣. 본《越絶書》에 널리 인용되고 있으며 《史記》春申君列傳 및《戰國策》등을 참조할 것.
【無錫塘】인공으로 조성한 池塘.

068(3-57)
무석호無錫湖

　무석호無錫湖는 춘신군春申君이 정리하여 둑을 쌓은 못으로 만든 것이며 어소독語昭瀆을 파서 동쪽으로 대전大田에 통하도록 하였다.

　대전은 서비胥卑라고도 부르며, 서비를 파서 남쪽으로 대호大湖로 흘러들어 서쪽 교외의 들로 나가도록 한 곳이다. 도읍에서 35리이다.

　無錫湖者, 春申君治以爲陂, 鑿語昭瀆以東到大田.

　田名胥卑, 鑿胥卑下以南注大湖, 以寫西野, 去縣三十五里.

【無錫湖】射貴湖, 芙蓉湖라고도 하며 元明이래로 그 주위를 개간하여 농토가 된 곳. 錢培名 〈札記〉에 《寰宇記》九十二引:「無錫湖通長洲, 多魚而甚淸.」 今本脫去"라 함.

【陂】제방을 쌓은 池塘. 陂池.

【寫】'瀉'와 같음. 물을 쏟아내어 관개시설로 이용함.

069(3-58)
용미릉도龍尾陵道

무석의 서쪽 용미릉도龍尾陵道는 춘신군이 처음 오吳 땅에 봉해졌을 때 만든 것이다.
무석현無錫縣에 속하며 오나라 북쪽 교외 서주류胥主畷를 향하여 통하는 길이다.

無錫西龍尾陵道者, 春申君初封吳所造也.
屬於無錫縣, 以奏吳北野胥主畷.

【龍尾陵道】지금의 無錫 九龍山 火鴉塢의 서북쪽 산길.
【胥主畷】지명. 지금의 吳縣 북쪽.

070(3-59)
곡아曲阿

곡아曲阿는 옛날 운양현雲陽縣이었던 곳이다.

曲阿, 故爲雲陽縣.

【雲陽縣】張宗祥〈校注〉에 "《通典》: 丹陽縣, 古雲陽也, 秦始皇改曰曲阿.《三國志》
吳志: 嘉禾三年, 詔復曲阿爲雲陽, 唐時改丹陽"이라 함. 曲阿는 전국시대 楚나라
雲陽邑이며 秦始皇이 통일한 뒤 그곳에 王氣가 있다하여 그 도로를 굽고 언덕
지게 하여 이름을 曲阿로 바꿈.

071(3-60)
비릉毗陵과 연릉계자延陵季子

비릉毗陵은 옛 연릉延陵이며 오吳나라 계찰季札이 살던 곳이다.

毗陵, 故爲延陵, 吳季子所居.

【毗陵】漢나라 때 설치했던 현 이름. 지금의 江蘇 武進縣.《讀史方輿紀要》에
"武進縣附郭本吳之延陵邑, 季札所居"라 함.
【吳季子】춘추시대 吳나라 季札. 吳나라 왕족으로 壽夢의 막내아들이며 諸樊의
아우. 왕위의 차례가 되자 이를 사양하고 북쪽 中原 대국을 유람하여 魯나라

〈延陵季子〉(季札)《三才圖會》

에서 음악을 처음 듣고 각국의 성쇠를 논하는
등 다녀옴. 다시 왕위를 잇는 문제가 닥치자
延陵으로 피하여 그를 延陵季子라 부름.《史
記》吳太伯世家 및《左傳》등을 참조할 것.
張宗祥〈校注〉에 "《史記》吳世家:「季札封於
延陵, 故號曰延陵季子.」晉太康《地理志》曰:
「故延陵邑, 季札所居, 栗頭有季札祠.」《公羊傳》
曰:「季子居之延陵, 是因其所避居之地, 從而封之, 以爲采邑.」例若封太伯之後,
周章爲吳子也"라 함.

072(3-61)
남성南城과 엄군淹君

비릉현毗陵縣 남성南城은 옛 엄군淹君의 땅이었다.
그 성의 동남쪽에 큰 무덤은 엄군 자녀의 무덤이다.
오나라 도읍으로부터 18리에 있으며 오나라 사람들이 안장해준 것이다.

毗陵縣南城, 故古淹君地也.

東南大冢, 淹君子女冢也.

去縣十八里, 吳所葬.

【淹君】 고대 淹(奄)나라 군주. 淹나라는 지금의 武進縣 일대에 있던 작은 나라로
지금도 무진현 남쪽에 淹城이 있음. 張宗祥〈校注〉에 "淹, 當作奄. 奄古東諸侯.
《書》多方:「公來自奄.」"이라 함.

073(3-62)
연릉계자延陵季子의 무덤

비릉毗陵의 상호上湖에 있는 무덤은 연릉계자延陵季子의 무덤으로 도읍으로부터 70리 거리에 있다.

상호는 상주上洲와 통하며 연릉계자의 무덤은 옛날에는 연릉허延陵墟라 불렀다.

毗陵上湖中冢者, 延陵季子冢也, 去縣七十里.

上湖通上洲, 季子冢古名延陵墟.

【上湖】錢培名〈札記〉에 "〈郡國志〉注作「縣南城在荒地上湖中冢者, 季子冢也.」 疑毗陵下有脫文"이라 함. 上湖는 無錫湖의 북쪽 일대를 가리킴.

【延陵季子冢】지금의 江陰縣 서쪽 申港에 있으며 墓碑는 孔子가 篆書로 썼다 하며 「嗚乎有吳延陵季子之墓」의 10글자로 되어 있으며 사람들은 이를 '十字碑'라 부름.

〈孔子題季札墓〉《孔子聖迹圖》

074(3-63)
하가대총夏駕大冢

증산蒸山의 남쪽에 있는 하가대총夏駕大冢은 월왕越王 중에 이름을 알 수
없는 자의 무덤으로 도읍에서 35리 지점에 있다.

蒸山南面夏駕大冢者, 越王不審名冢也, 去縣三十五里.

【蒸山】 일명 貞山이라 함.
【越王】 망한 越나라 유민 중 爭立을 벌였던 어떤 인물.

075(3-64)
진여항산秦餘杭山

진여항산秦餘杭山은 월왕越王 구천이 오왕 부차夫差를 연금하여 머물게 했던 산으로 도읍으로부터 50리에 있다.
산에는 호수가 있으며 태호太湖에 가깝다.

秦餘杭山者, 越王棲吳夫差山也, 去縣五十里.
山有湖水, 近太湖.

【秦餘杭山】 지금의 陽山. 일명 萬安山이라고도 하며 吳縣 서북쪽에 있음. 夫差가 잡혀 軟禁을 당했던 곳. 張宗祥 〈校注〉에 "卽今陽山, 亦名萬安山"이라 함.
【越王】 句踐(勾踐)을 가리킴. 句踐이 會稽의 치욕을 씻고자 吳나라를 공격하여 夫差를 몰아 秦餘杭山에서 곤액을 치르게 한 다음 마침내 이 산에서 사로잡음. 《國語》 越語(下)에 夫差가 잡히자 王孫雒을 和解의 使臣으로 보내면서 "昔者, 上天降禍於吳, 得罪於會稽"라 함. 張宗祥 〈校注〉에 "〈郡國志〉云: 萬安山下卽干隧, 擒夫差處. 《史記》正義: 干隧在萬安山西南一里"라 함.
【棲】 연금 상태로 갇혀 지냄. 그러나 내용으로 보아 혹 '擒'자의 오기가 아닌가 함.

076(3-65)
부차총夫差冢

부차총夫差冢은 유고猶高 서쪽 비유위卑猶位에 있다.

월왕越王 구천이 사병들로 하여금 한 소쿠리씩 흙을 담아 묻어주도록 하였다.

태호太湖에 가까우며 오나라 도읍으로부터 17리 지점에 있다.

夫差冢, 在猶高西卑猶位.

越王候干戈人一累土以葬之.

近太湖, 去縣十七里.

【夫差冢】 吳나라 마지막 왕 夫差가 越王 句踐에게 망하여 자결하자 그를 묻어
  준 葬地. 《史記》 吳太伯世家 〈集解〉에 《越絶書》를 인용하여 "夫差冢在猶亭
  西卑猶位, 越王使干戈人一壞土以葬之. 近太湖, 去縣五十七里"라 하였고, 〈索隱〉
  에는 "猶高, 亭名. '卑猶位'三字共爲地名.《吳地記》曰:「徐枕山, 一名卑猶山, 是.
  壞音路禾反, 小竹籠, 以盛土"라 함. 張宗祥 〈校注〉에는 "徐枕山, 卽徐侯山, 在秦
  餘杭山西北十里"라 함.
【猶高】 지명. 猶亭의 오기.
【候】 錢培名 〈札記〉에 "此候字, 疑誤"라 함.
【干戈人】 방패와 창을 든 사람. 즉 越나라 병사들을 뜻함.《吳越春秋》에 "越王
  以禮葬之秦餘杭山卑猶"라 함.

【一累土】'累'는 壘와 같음. 소쿠리, 삼태기. 흙을 담는 竹器.

【太湖】 고대 震澤이라 불렀으며 江蘇와 浙江 두 성에 걸쳐 있는 큰 호수. 둘레에 蘇州, 無錫, 吳江, 宜興, 烏程, 武進, 長興 등 큰 현이 있으며 물산이 풍부한 지역임. 中國 五大湖의 하나.《幼學瓊林》에 "饒州之鄱陽, 岳州之靑草, 潤州之丹陽, 鄂州 之洞庭, 蘇州之太湖, 此爲天下之五湖"라 함.

077(3-66)
삼대三臺

삼대三臺는 태재비太宰嚭와 봉동逢同의 처와 자녀들이 죽임을 당한 곳으로 현으로부터 17리 지점이다.

三臺者, 太宰嚭·逢同妻子死所在也, 去縣十七里.

【三臺】卑猶 곁에 있으며 夫差墓와 멀지 않음.

【太宰嚭】 '太宰伯嚭', '白喜', '伯嚭', '帛否', '太宰嚭' 등으로도 표기하며 太宰는 관직 이름. 자는 子餘. 春秋時代 楚나라 白州犁의 孫子. 楚나라에서 吳나라로 망명하여 大夫를 거쳐 夫差의 신임을 얻어 太宰에 올랐으며 吳나라가 越나라를 항복시킨 뒤 越王 句踐의 뇌물을 받고 화해를 조성하여 吳나라 멸망의 화근을 키웠으며 伍子胥를 참훼하여 죽임. 吳나라가 망한 뒤 월왕 구천에 의해 살해됨. 越나라 范蠡와 文種, 그리고 吳나라 伍子胥와 더불어 吳越爭鬪의 주연으로 이름을 날린 대표적인 네 사람 중의 하나임. 다른 기록에는 '白'이 모두 '伯'으로 되어 있음. 《吳越春秋》徐天祜 注에는 "《左傳》·《史記》, 白俱作伯"이라 함.

【逢同】《史記》에도 '逢同'으로 되어 있음. 그러나 《吳越春秋》에는 '扶同'으로 되어 있음. 徐天祜는 "《史記》作逢同"이라 함. 그러나 이 둘은 같은 인물로 보이지 않음. 俞樾의 〈讀越絕書〉에 "逢同事見〈請糴內傳〉, 乃太宰嚭之友譖殺 伍子胥者, 及越滅吳, 殺太宰嚭·逢同及其妻子, 事迹甚明. 〈外傳記范伯〉篇又作 馮同, 馮與逢一聲之轉耳. 而《史記》勾踐世家乃以逢同爲越大夫, 敎勾踐結齊

親楚附晉者, 何歟? 據《吳越春秋》, 越大夫爲扶同, 意者扶同·逢同本二人, 史公 誤以扶同爲逢同乎?"라 하였고, 張宗祥〈校注〉에는 "此書及《史記》, 均作越滅吳, 誅伯嚭.《史記》云:「越王滅吳, 誅太宰嚭, 以爲不忠, 而歸.」此書則言誅伯嚭者五: 曰「擒夫差, 殺太宰嚭」; 曰「殺太宰嚭·逢同與其妻子」, 曰「殺夫差而戮其相」, 曰 「殺太宰嚭, 戮其妻子」, 曰「擒夫差而戮太宰嚭, 與其妻子」. 考越滅吳爲魯哀公 二十二年,《左傳》哀二十四年, 哀公如越,「季孫懼, 使因太宰嚭而納賂焉.」是吳 亡二年, 伯嚭猶在, 此越亦信任之. 卽使終以罪誅, 亦在滅吳之後. 何所記不同如 此也? 尋司馬遷記此, 皆不從《左氏》而與此書爲近"이라 함.

078(3-67)
태호太湖

태호太湖는 둘레가 3만 6천 경頃이다.
그 중 1천 경은 오정烏程이며 현으로부터 50리 지점이다.

太湖, 周三萬六千頃.
其千頃, 烏程也, 去縣五十里.

【太湖】 고대 震澤이라 불렀으며 江蘇와 浙江 두 성에 걸쳐 있는 큰 호수. 둘레에
蘇州, 無錫, 吳江, 宜興, 烏程, 武進, 長興 등 큰 현이 있으며 물산이 풍부한 지역임.
中國 五大湖의 하나.《幼學瓊林》에 "饒州之鄱陽, 岳州之靑草, 潤州之丹陽, 鄂州
之洞庭, 蘇州之太湖, 此爲天下之五湖"라 함.
【烏程】 秦나라 때 설치했던 현. 지금의 浙江 吳興縣.

079(3-68)
무석호無錫湖

무석호無錫湖는 둘레가 5천 경頃이다.
그 중 1천 3경은 비릉毗陵의 상호上湖이다.
현으로부터 50리 지점이며 일명 사귀호射貴湖라고도 한다.

無錫湖, 周萬五千頃.
其一千三頃, 毗陵上湖也.
去縣五十里, 一名射貴湖.

【無錫湖】射貴湖, 芙蓉湖라고도 하며 元明이래로 그 주위를 개간하여 농토가
된 곳. 錢培名〈札記〉에 "《寰宇記》九十二引:「無錫湖通長洲, 多魚而甚淸.」今本
脫去"라 함.
【射貴湖】張宗祥〈校注〉에 "後改芙蓉湖, 自宋以來, 居民屢增堤堰, 塞而爲田"이라
하였고, 錢培名〈札記〉에는 "《咸淳毗陵志》引《越絶》及《吳地記》云:「無錫湖
周萬五千三百頃, 其千三百頃爲晉陵上湖, 又云射貴湖.」疑此有脫字. 彼文'晉'
字乃'毗'之誤"라 함.

080(3-69)
여러 호수들

시호尸湖는 둘레가 2천 2백 경이며 현으로부터 1백 7십리 지점이다.

소호小湖는 둘레가 1천 3백 2십 경이며 현으로부터 1백리 지점이다.

기호耆湖는 둘레가 6만 5천 경이며 현으로부터 1백 2십리 지점이다.

승호乘湖는 둘레가 5백 경, 현으로부터 5리 지점이다.

유호猶湖는 둘레가 3백 2십 경이며 현으로부터 17리 지점이다.

어소호語昭湖는 둘레가 2백 8십 경이며 현으로부터 5십리 지점이다.

작호作湖는 둘레가 8십 경이며 생선 등 물자가 모여드는 곳으로 현으로부터 55리 지점이다.

곤호昆湖는 둘레가 76경 1무畝이며 현으로부터 1백 75리 지점이며 일명 은호隱湖라 한다.

호왕호湖王湖는 물어보아야 한다.

단호丹湖도 물어보아야 한다.

尸湖, 周二千二百頃, 去縣百七十里.

小湖, 周千三百二十頃, 去縣百里.

耆湖, 周六萬五千頃, 去縣百二十里.

乘湖, 周五百頃, 去縣五里.

猶湖, 周三百二十頃, 去縣十七里.

語昭湖, 周二百八十頃, 去縣五十里.

作湖, 周百八十頃, 聚魚多物, 去縣五十五里.

昆湖, 周七十六頃一畝, 去縣一百七十五里, 一名隱湖.

湖王湖, 當問之.

丹湖, 當問之.

【耆湖】張宗祥〈校注〉에 "尸湖·小湖·乘湖·猶湖·語昭湖·作湖·昆湖·湖王湖, 疑皆一湖而各地分名, 如今洞庭·靑草之類, 古今異稱, 無從證實. 獨耆湖較太湖大且及倍, 何地能容此湖? 殆古時震澤, 包太湖·耆湖而言, 如江南北·雲夢也"라 하여 같은 호수이며 각지에서 서로 달리 불리는 이름을 나열한 것이라 함.

081(3-70)
당포棠浦 동쪽의 사당

오나라는 고대 당포棠浦 동쪽에 사당을 세워 강수江水와 한수漢水에 제사를 지냈다.

강남 지역의 제방은 네모진 벽돌로 쌓아 조석潮汐이 드나들기 편하도록 하였다.

이런 설치 방법은 고대 태백太伯이 오나라 군주가 되면서 시작되었으나 합려闔閭 때 이르러 끊어지고 말았다.

吳古故祠江漢於棠浦東.

江南爲方牆, 以利朝夕水.

古太伯君吳, 到闔閭時絶.

【江漢】江水와 漢水. 그러나 吳나라의 위치로 보아 江海의 오류가 아닌가 함.
張宗祥〈校注〉에는 "當作江海.《史記》: 闔閭九年, 吳伐楚至於江水.《吳越春秋》:
與楚夾漢水而陣. 吳國侵及漢水矣, 然自昭王復國之後, 吳地不及漢, 何以祀漢?
海則吳所應祀也, 故下有「以利朝夕水」語"라 하였음.

【棠浦】위치는 알 수 없음.

【方牆】네모진 벽돌. 그 사이로 조수가 드나들 수 있도록 함.

【朝夕】潮汐과 같음. 밀물과 썰물.

082(3-71)
서녀산胥女山 남쪽의 소촉산小蜀山

서녀산胥女山 남쪽의 소촉산小蜀山은 춘신군春申君의 문객 위공자衛公子의 무덤이며 현으로부터 35리 지점이다.

백석산白石山은 원래 서녀산이었으나 춘신군이 처음 오나라에 봉해져 이곳을 지나면서 이름을 백석산으로 바꾼 것이며 현으로부터 40리 지점에 있다.

胥女南小蜀山, 春申君客衛公子冢也, 去縣三十五里.

白石山故爲胥女山, 春申君初封吳, 過, 更名爲白石, 去縣四十里.

【胥女山】 본문처럼 뒤에 白石山으로 이름이 바뀌었으며 오늘날은 白豸山으로 부름. 吳縣 북쪽에 있음. 張宗祥의 〈校注〉에 "今名白豸山, 在蘇州府北三十二里, 澔墅之北"이라 함.

【春申君】 戰國四公子의 하나. 黃歇. 楚나라 考烈王의 大臣. 본《越絶書》에 널리 인용되고 있으며《史記》春申君列傳 및《戰國策》등을 참조할 것.

【衛公子】 구체적으로는 알 수 없음.

【過】 錢培名 〈札記〉에 "過, 下疑脫之字"라 함.

083(3-72)
도하궁桃夏宮

지금의 태수 관저는 춘신군春申君 당시 지은 것이다.
그 중 뒷벽 쪽의 가옥은 도하궁桃夏宮이다.

今太守舍者, 春申君所造.
後壁屋以爲桃夏宮.

【春申君所造】錢培名〈札記〉에《太平御覽》을 인용하여 "造下有殿字"라 함.
【桃夏宮】錢培名〈札記〉에《初學記》와《太平御覽》을 인용하여 '壁'자는 '殿'자의
오류라 함.

┌──────────────────┐
│ 참고 및 관련 자료 │
└──────────────────┘

1.《太平御覽》(988)
《吳越春秋》曰: 太官舍, 春申君所造. 殿後殿名逃夏宮. 春申子假君宮也. 數失火,
因塗雌黃, 故曰黃堂, 臨海水.
2. 기타 참고 자료
《初學記》(24)

084(3-73)
춘신군 아들 가군假君의 궁전

지금의 태수 저택은 춘신군 아들 가군假君의 궁전이었다.

앞 전각 가옥은 동서가 10장 5척이며, 남북은 15장 7척이다.

전당의 높이는 4장이며 낙숫물받이 높이는 1장 8척이다.

(뒤) 전각 가옥은 동서가 15장이며 남북은 10장 2척 7촌으로 처마의 높이는 1장 2척이다.

창고의 동향을 향한 건물은 남북이 40장 8척이며 상하의 문은 각 2개씩으로 남향의 건물은 동서가 64장 4척이며 상문上門 넷이며 하문下門은 셋이다. 그리고 서향 건물은 남북이 12장 9척이며 상문이 셋, 하문이 둘이다.

창고 건물의 전체 길이는 1백 49장 1척이며, 처마의 높이는 5장 2척, 낙숫물받이 높이는 2장 9척이다.

둘레는 1리 241보이다.

이상은 춘신군이 지은 것이다.

今宮者, 春申君子假君宮也.

前殿屋蓋地東西十七丈五尺, 南北十五丈七尺.

堂高四丈, 十霤高丈八尺.

殿屋蓋地東西十五丈, 南北十丈二尺七寸, 戶霤高丈二尺.

庫東鄕屋南北四十丈八尺, 上下戶各二; 南鄕屋東西六十四丈四尺, 上戶四, 下戶三; 西鄕屋南北四十二丈九尺, 上戶三, 下戶二.

凡百四十九丈一尺, 檐高五丈二尺, 霤高二丈九尺.

周一里二百四十一步.

春申君所造.

【假君】春申君의 아들이 춘신군의 일을 대신하였음을 뜻함. 088에 "幽王徵春申君爲楚令尹, 春申君自使其子爲假君於吳"라 함. 春申君은 考烈王의 재상으로 吳縣의 봉지는 모두 그 아들이 관리하고 있었으므로 그를 假君으로 부른 것. 錢培名〈札記〉에《御覽》引, 與上節連, 下有「數失火引塗雌黃, 故曰黃堂」十字"라 함.

【前殿】正殿. 남쪽으로 배치된 主殿.

【殿屋蓋地】'後殿屋蓋地'여야 함. '後'자가 누락되었음.

【霤】낙숫물받이. 承霤.

참고 및 관련 자료

1.《太平御覽》(988)

《吳越春秋》曰: 太官舍, 春申君所造. 殿後殿名逃夏宮. 春申子假君宮也. 數失火, 因塗雌黃, 故曰黃堂, 臨海水.

085(3-74)
서창西倉과 동창東倉

오나라에는 두 개의 창고가 있었으며 춘신군이 지은 것이다.

서창西倉은 균수均輸라 불렀으며, 동창東倉은 둘레가 1리 8보였으나 뒤에 불에 소실되고 말았다.

갱시更始 5년 태수 이군李君이 동창을 수리하여 현의 관사로 쓰고자 하였으나 완성을 보지 모하였다.

吳兩倉, 春申君所造.

西倉名曰均輸, 東倉周一里八步, 後燒.

更始五年, 太守李君治東倉爲屬縣屋, 不成.

【更始】兩漢 가운데 東漢(後漢)이 들어서기 전 王莽의 新나라에 반기를 들었던 淮陽王 劉玄의 연호로 A.D.22~25년까지 3년 기간이었음. 따라서 '更始五年'의 '五'자는 오류이거나 연속하여 계산하면 A.D.27년이 됨. 錢培名〈札記〉에 "更始五年, 此五字誤"라 함.

【李君】당시 會稽太守였던 李氏 성의 인물.

【屬縣】漢나라 때 會稽郡은 관할 縣이 26개였으며 郡治는 吳縣에 있었음.

086(3-75)

오시吳市

오시吳市는 춘신군春申君이 마련한 것이며 대궐의 양쪽을 시장을 삼았고 호리湖里에 있었다.

오나라 여러 마을에는 큰 문이 있으며 역시 춘신군이 지은 것이다.

오나라의 감옥은 둘레가 3리이며 춘신군 때에 지어진 것이다.

吳市者, 春申君所造, 闕兩城以爲市, 在湖里.

吳諸里大閈, 春申君所造.

吳獄庭, 周三里, 春申君時造.

【吳市】 오나라 도읍의 시장.

【大閈】 '閈'은 대문. 마을의 里門을 뜻함.

【獄庭】 監獄. 牢獄. 〈四部備要〉本에는 '獄'이 '嶽'으로 잘못 표기되어 있음.

087(3-76)
토산土山과 초문楚門, 노구대총路丘大冢

토산土山은 춘신군 때 귀인貴人을 위해 만든 무덤들이며 현으로부터 16리 지점에 있다.

초문楚門은 춘신군이 지은 것으로 초나라 사람들이 참여하여 지은 것이어서 초문이라 부른다.

노구路丘의 대총大冢은 춘신군 문객들의 무덤으로 춘신군이 비록 임금이 되지는 못하였지만 문객들은 정도로써 끝까지 그를 보좌한 이들이며 현으로부터 10리 지점에 있다.

土山者, 春申君時治以爲貴人冢次, 去縣十六里.

楚門, 春申君所造, 楚人從之, 故爲楚門.

路丘大冢, 春申君客冢, 不立, 以道終之, 去縣十里.

【土山】〈四部備要〉本에는 "一作云"이라 하여 '云山(雲山)'이 아닌가 함.

【貴人】궁중의 女官의 칭호.

【不立】이에 대해 〈三民本〉에는 '不立碑碣'의 뜻으로 보았고, 〈貴州本〉에는 '不立國君'으로 보았음. 〈귀주본〉을 따라 임시로 풀이함.

088(3-77)

춘신군春申君

춘신군春申君은 초楚나라 고열왕考烈王의 재상이었다.

고열왕이 죽고 유왕幽王이 뒤를 이어 춘신군을 오吳 땅에 봉하였다.

3년, 유왕이 춘신군을 불러 초나라 영윤令尹을 삼자, 춘신군은 스스로 그 아들을 가군假君으로 삼아 오 땅을 다스리도록 하였다.

11년, 유왕이 가군을 불러 춘신군과 함께 모두 죽여버렸다.

두 군君이 오 땅을 다스린 것은 모두 14년이다.

그 뒤 16년, 진시황秦始皇이 초나라를 병탄하였을 때 백월 百越이 반기를 들자 동쪽 대월大越을 산음山陰으로 이름을 바꾸었다.

춘신군의 성은 황黃이며 이름은 헐歇이다.

春申君, 楚考烈王相也.

烈王死, 幽王立, 封春申君於吳.

三年, 幽王徵春申爲楚令尹, 春申君自使 其子爲假君治吳.

十一年, 幽王徵假君, 與春申君幷殺之.

二君治吳凡十四年.

〈陶俑〉 1974 陝西 臨潼
秦始皇陵 兵馬俑坑 출토

後十六年, 秦始皇幷楚, 百越叛去, 東名大越爲山陰也.
春申君姓黃, 名歇.

【春申君】戰國四公子의 하나. 黃歇. 楚나라 考烈王의 大臣. 李園의 여동생과의
사이에 난 아이를 考烈王 태생으로 속여 나라를 찬탈하려다 발각되어 李園
에게 죽임을 당함. 본《越絶書》에 널리 인용되고 있으며《史記》春申君列傳
및《戰國策》등을 참조할 것.

【考烈王】戰國시대 말의 楚나라 군주. 春申君을 믿었다가 낭패를 보기도 하였음.
이름은 熊完. 頃襄王을 이어 B.C.262~B.C.238년까지 25년간 재위함.

【幽王】考烈王의 아들. B.C.237~B.C.228년까지 10년간 재위하고 그 뒤를 負芻가
이었으나 5년만인 B.C.223년 秦始皇에게 楚나라는 완전히 망하고 말았음.

【三年】幽王 3년(B.C.235). 錢培名〈札記〉에《史記》를 인용하여 "按〈楚世家〉:
「考烈王以左徒爲令尹, 封以吳, 號春申君」,〈春申君列傳〉: 考烈王元年, 春申君
「請封於江東」,「因城故吳墟, 以自爲都邑.」〈六國表〉: 故烈王十五年,「春申君徙
封於吳」, 二十二年,「王東徙壽春」. 而〈列傳〉則以春申就封與楚東徙同時, 雖略
有先後, 然皆在考烈王時. 考烈王二十五年卒, 李園殺春申君, 楚世家·六國表·
本傳幷同, 豈有幽王三年春申君尙在之理? 不足據"라 함.

【令尹】楚나라 관직 이름. 다른 나라의 相國과 같음.

【假君】春申君의 아들이 춘신군의 일을 대신하였음을 뜻함. 춘신군이 令尹이
되어 직접 갈 수 없어 봉지는 모두 그 아들이 관리하고 있었으므로 그를 假君
으로 부른 것.

【百越】越나라는 勾踐으로부터 6세 無彊 때에 楚나라에 패하였으며 다시 그
후손들이 남방 각지, 지금의 江蘇, 浙江, 福建, 廣東 등지에 흩어져 명맥을 유지
하였음. 이를 閩越, 甌越, 駱越 등으로 불렀고 이들을 통칭하여 百越이라 하였음.
여기서는 楚나라에 예속되어 있던 이들이 秦始皇이 초나라를 합병하자 다시
반기를 들었음을 말함.

【東名大越】'東'은 更의 오류가 아닌가 함. 혹은 가장 동쪽인 江蘇, 浙江 일대
지역을 뜻하는 말로도 볼 수 있음. 錢培名〈札記〉에는 "乃更名大越曰山陰"이라 함.

【山陰】지금의 浙江 紹興市. 옛 越나라의 도읍지.

089(3-78)
부시罘罳

무문巫門 밖의 부시罘罳는 춘신군이 오 땅을 떠난 뒤 가군이 그 아버지를 그리워하던 곳으로 현으로부터 23리 지점이다.

巫門罘罳者, 春申君去吳, 假君所思處也, 去縣二十三里.

【巫門】 平門. 吳城의 북문. 巫咸을 기려 이름을 붙인 문.
【罘罳】 문 밖의 담장. 신하가 임금에게 아뢸 일이 있을 때 이곳에 머물러 신중하게 다시 생각해 보는 곳이라 함.

090(3-79)
수춘壽春의 부릉鳧陵

수춘壽春 동쪽의 부릉鳧陵 언덕은 옛 제후왕들의 장지이다.

초楚 위왕威王과 월왕越王 무강無彊의 묘가 함께 있다.

위왕 다음은 고열왕考烈王이며 그 아들이 유왕幽王 그 다음이 회왕懷王
이다.

회왕의 아들이 경양왕頃襄王이며 진시황秦始皇이 이를 멸망시켰다.

진시황이 부릉의 남쪽에 길을 내면서 부릉으로 통할 수 있도록 하여
유권由拳의 요새에 닿도록 하였고, 그와 동시에 마당馬塘을 건설하면서
이를 준설하여 제방이 있는 못을 만들었으며, 부릉의 수도를 정비하여
전당錢唐에 이르도록 하였는데, 이렇게 하여 옛 월나라 땅이 절강과 통하게
된 것이다.

진시황은 회계會稽에 보냈던 죄수의 수졸戍卒들을 동원하여 부릉 이남의
길을 소통시켜 그 땅이 서로 연결되도록 하였다.

壽春東鳧陵亢者, 古諸侯王所葬也.

楚威王與越王無彊並.

威王後烈王, 子幽王, 後懷王也.

懷王子頃襄王也, 秦始皇滅之.

秦始皇造道陵南, 可通陵道, 到由拳塞, 同起馬塘, 湛以爲陂, 治陵水道到錢唐, 越地, 通浙江.
秦始皇發會稽適戍卒, 治通陵高以南陵道, 縣相屬.

【壽春】秦나라 때 설치하였던 縣 이름. 晉나라 때 壽陽으로 고쳤으며 지금의
安徽 壽縣. 楚나라 考烈王이 秦나라 위협을 피해 이곳으로 천도하기도 하였음.

【鼻陵亢】鼻陵은 지명. 亢은 언덕. 구릉.

【楚威王】戰國시대 楚나라 왕. 이름은 熊商. B.C.339~B.C.330년까지 10년간
재위함. 越나라를 멸하고 齊나라를 徐州에서 포위하는 등 위세를 떨쳤으며
초나라 후기 가장 강한 모습을 보였던 군주.

【越王無彊】無疆으로도 표기하며 전국시대 越나라 마지막 군주. 勾踐의 6세손
이며 성격이 포악하고 무력을 과시하여 齊나라와 楚나라를 치는 등 中原과
맞서다가 楚나라의 노기를 사서 결국 피살되고 월나라도 망하고 말았음.

【威王後烈王~懷王子頃襄王】여기서 설명한 楚나라 왕의 승계는 맞지 않음.
錢培名〈札記〉에《史記》를 인용하여 "按〈楚世家〉: 威王十一年卒, 「子懷王熊
槐立」, 中間幷無烈王. 又頃襄王子考烈王, 考烈王子幽王, 幽王弟哀王, 哀王庶
兄負芻, 五年, 滅於秦. 此不足據"라 함.

【懷王】이름은 熊槐(芈槐). B.C.328~B.C.299년까지 30년간 재위함. 楚 威王의
아들로 屈原을 멀리하고 張儀를 가까이 하다가 秦 昭王의 속임에 빠져 秦나라에
들어갔다가 잡혀 죽음.

【頃襄王】이름은 熊橫(芈橫). B.C.298~B.C.263년까지 36년 동안 재위함. 懷王의
아들이며 遊樂에 빠져 정치를 제대로 펴지 못하다가 秦나라에게 여러 차례
패배하여 巴蜀 일대와 黔中, 江漢 일대를 잃고도 秦나라를 섬겼음.

【由拳塞】由拳은 秦漢 시대의 縣 이름. 지금의 嘉興縣 남쪽. 당시 越나라 땅.
三國시대 嘉興縣으로 고쳤음. 塞는 변방 요새.

【港】못을 준설하거나 메우는 방법의 작업.

【錢唐】錢塘. 秦나라 때 두었던 현. 지금의 浙江 杭州.

【浙江】지금의 錢塘江. 渐江, 富春江 등으로도 불림.

【會稽】秦나라 때 두었던 군. 吳縣, 山陰, 錢塘 등이 모두 會稽郡에 속하였으며
26개 현을 관할하였음. 治所는 지금의 江蘇 吳縣에 두었었음.

【適戍卒】'適'은 '謫'과 같음. 죄수로서 수자리에 나간 병졸들.

【治通陵高以南陵道, 縣相屬】錢培名〈札記〉에 "高字・縣字幷疑衍"이라 함.

091(3-80)
진시황秦始皇의 군현설치

진시황 37년, 제후국들의 군과 현의 성을 모두 허물어버렸다.

秦始皇帝三十七年, 壞諸侯郡縣城.

【三十七年】 B.C.21년. 《史記》 秦始皇本紀에 의하면 秦始皇은 36년에 "今年祖龍死"라는 謠言이 퍼지자 이듬해 천하 순수에 나서 九疑山에 이르러 虞舜에게 제사를 올리고, 다시 會稽山에 올라 大禹에게 제사를 올렸으며 그 뒤 沙丘에서 병을 얻어 죽음.

【諸侯】 齊(臨淄), 楚(郢), 燕(薊), 韓(新鄭), 魏(大梁), 趙(邯鄲) 등 통일 전에 있었던 여섯 나라의 都城을 모두 파괴해 버렸음을 가리킴.

092(3-81)
태수부太守府

태수부太守府의 대전大殿은 진시황이 각석刻石하여 세운 것이다.

갱시更始 원년에 이르러 당시 태수 허시許時가 재임할 때 소실되었다.

6년 12월 을묘乙卯에 땅을 파서 관지官池를 만들었는데 동서의 길이는 15장 7척, 남북은 30장이었다.

太守府大殿者, 秦始皇刻石所起也.

到更始元年, 太守許時燒.

六年十二月乙卯鑿官池, 東西十五丈七尺, 南北三十丈.

【太守府】會稽太守의 官府, 吳縣 城에 있었음. 그러나 吳縣의 太守府는 장기간 假君宮으로 사용되었음.

【刻石】秦始皇 37년 會稽山에 올라 大禹에게 제를 올리고 南海를 바라보았으며 그곳에 석각을 세워 秦나라의 덕을 칭송하였음.《史記》秦始皇本紀를 볼 것.

【更始】兩漢 가운데 東漢(後漢)이 들어서기 전 王莽의 新나라에 반기를 들었던 淮陽王 劉玄의 연호로 A.D.22~25년까지 3년 기간이었음.

【許時】西漢 말 會稽太守였던 인물.

【更時六年】'六'은 오류이거나 연속하여 계산하면 A.D.28년이 됨. 錢培名〈札記〉에 "按更始無六年, 疑當作二"라 함.

【乙卯】六十甲子의 乙卯에 해당하는 날. 고대는 十干十二支의 배합으로 날짜를
 셈하였음.
【官池】官府의 못.

093(3-82)
유방劉邦에 의해 형왕荊王에 봉해진 유가劉賈

한漢 고조高祖 유방劉邦이 공을 세운 이들에게 봉지를 주면서 유가劉賈를 형왕荊王으로 삼고 오吳 땅도 그곳에 병합시켰다.

유가는 오시吳市의 서성西城을 세워 이름을 정착성定錯城이라 하였고, 거기에 속한 소성小城은 북쪽으로 평문平門에 이르며 정장군丁將軍이 세워 치소治所로 삼았다.

11년, 회남왕淮南王이 반란을 일으켜 유가를 죽였다.

그 뒤 10년이 지나 고황제高黃帝 유방은 다시 자신 형의 아들 유비劉濞를 오왕吳王에 봉하여 광릉廣陵을 다스리도록 하면서 오 땅도 그에 병합시켰다.

그가 오왕이 된 지 21년, 그는 동쪽으로 물을 건너 오 땅에 와서 10일을 머물고 돌아갔다.

다시 32년째 되던 해 반란을 일으켜 서쪽으로 진류현陳留縣까지 갔다가 단양丹陽으로 되돌아 달아났으며 동구東甌로 도망하였다.

월왕越王의 아우 이오장군夷烏將軍이 유비를 죽였다.

동구왕東甌王을 팽택왕彭澤王으로 삼았으며, 이오장군은 평도왕平都王으로 삼았다.

유비의 아버지는 자가 중仲이다.

漢高帝封有功, 劉賈爲荊王, 并有吳.

賈築吳市西城, 名曰定錯城, 屬小城, 北到平門, 丁將軍築治之.

十一年, 淮南王反, 殺劉賈.

後十年, 高皇帝更封兄子濞爲吳王, 治廣陵, 幷有吳.

立二十一年, 東渡之吳, 十日還去.

立三十二年, 反, 西到陳留縣, 還奔丹陽, 從東甌.

越王弟夷烏將軍殺濞.

東甌王爲彭澤王, 夷烏將軍今爲平都王.

濞父字爲仲.

【漢高帝】漢 高祖 劉邦(B.C.256~B.C.195). 漢나라 개국 군주. 자는 季, 沛 땅 사람
으로 秦나라 말 泗水亭長을 지냈으며 陳勝과 吳廣의 반란에 자극을 받아
기병하여 진에 대항, 咸陽에 먼저 진입하였으나 項羽의 위세에 눌려 물러났다가
다시 楚漢戰을 거쳐 승리, 漢나라를 세움. 뒤에 韓信, 彭越, 英布 등 異姓王들의
반란을 제압하고 나라의 기초를 다짐. 《史記》高祖本紀를 참조할 것.
【劉賈】劉邦의 本族 從兄. 여러 차례 공을 세웠으며 異姓王들을 견제하기 위해
劉邦이 그를 荊王으로 봉하여 淮水 동쪽 52개 城을 관할하도록 하였음.
【定錯城】지금의 吳縣 城 서북쪽에 있음.
【丁將軍】荊王 劉賈 휘하의 丁氏 성의 장군.
【淮南王】英布를 가리킴. 원래 楚나라 장수로써 秦兵을 격파하여 項羽에 의해
九江王에 봉해짐. 뒤에 劉邦에게 귀의하여 韓信 등과 함께 項羽를 물리쳐
淮南王에 봉해짐. 그러나 유방이 한신을 주벌하자 이에 불만과 위험을 느껴
반란을 일으켰다가 피살됨. 젊을 때 죄를 지어 黥刑을 받아 흔히 黥布로도 불림.
《史記》黥布列傳 참조.
【殺劉賈】《史記》高祖本紀에 "十一年, 秋七月, 淮南王黥布反, 東幷荊王劉賈地"
라 함.
【後十年】'十'은 '一'의 오류. 錢培名 〈札記〉에 "按《史記》高祖本紀·漢興以來諸
侯年表·吳王濞列傳, 封濞幷在高祖十二年. 明年四月, 高帝崩. 安有後十年封濞
之事? 此誤今改"라 함.

【濞】劉濞. 劉邦의 형 劉仲의 아들. 劉邦의 조카. 英布(黥布)의 난에 유방을 따라 진압에 나서서 공을 세워 吳王에 봉해짐. 그 뒤 景帝 때 晁錯의 건의에 의해 제후왕들의 봉지를 삭감하고 中央의 권력을 강화하려 하자 이에 불만을 품고 다른 제후왕들을 끌어들여 반기를 들었다가 피살됨.《史記》吳王濞列傳 참조.

【廣陵】 지금의 江蘇 揚州市.

【東渡之吳】 廣陵에서 남쪽으로 長江을 건너 吳(蘇州) 땅을 다녀감. 위치로 보아 북에서 남으로 온 것이므로 錢培名〈札記〉에는 "東, 疑當作南"이라 함.

【立三十二年】 '三'은 '四'의 오류. 錢培名〈札記〉에 "按濞反於景帝三年, 距高帝 十二年, 凡四十二年, 此誤今改"라 함.

【陳留縣】秦나라 때 설치하였던 縣. 지금의 河南 開封 남쪽.

【丹陽】漢나라 때 설치하였던 郡. 지금의 安徽 宜城.

【東甌】東越. 漢나라 때까지 옛 越王 勾踐의 후예들이 浙江 동남부, 福建 등지를 차지하고 있어 그 후손 요(搖)를 찾아 東越王에 봉하여 慰撫하였음. 〈四部備要〉에는 東歐로 되어 있음.《漢書》兩粤列傳에 "孝惠三年, 擧高帝時粤功, 曰閩君 搖功多, 其民便附, 乃立搖爲東海王, 都東甌, 世號曰東甌王"이라 함.

【夷烏將軍】 東越王의 아우이며 그 휘하의 장군이었던 인물.

【東甌王】東越王 搖. 劉濞의 모반에 동조하였으나 劉濞가 패하자 漢나라의 회유를 수락하여 劉濞를 죽이고 彭澤王에 봉해짐.

【今爲平都王】 '今'은 衍字. 錢培名〈札記〉에 "今字疑衍"이라 함.

【仲】 劉邦의 형 劉仲. 吳王 濞의 아버지.

094(3-83)
신사리信士里와 오왕吳王 비濞

　　장문匠門 밖 신사리信士里 동쪽의 넓은 평지는 오왕吳王 비濞 때에 종묘
宗廟가 있었다.

　　태공太公과 고조高祖의 사당은 서쪽에 있었고, 효문제孝文帝의 사당은
동쪽에 있었으며, 현으로부터 5리 지점이다.

　　영광永光 4년 효원제孝元帝 때 공대부貢大夫의 청에 의해 이를 폐지하였다.

匠門外信士里東廣平地者, 吳王濞時宗廟也.

太公·高祖在西, 孝文在東, 去縣五里.

永光四年, 孝元帝時, 貢大夫請罷之.

【匠門】 干將과 莫耶가 寶劍을 鑄造하던 곳에 가까워 명칭이 생겼음.

【太公】 여기서는 劉邦의 부친이며 吳王 濞의 조부를 가리킴.

【孝文】 孝文帝. 西漢 제 3대 황제인 文帝 劉恒을 가리킴. 劉邦의 둘째 아들로
代王에 봉해졌다가 周勃 등이 呂后를 제거하고 諸臣들과 함께 이를 맞이하여
제위에 오름. B.C.179~B.C.157년까지 22년 동안 재위하였으며 재위 기간 동안
세금과 요역을 감면하고 농업 생산을 늘려 漢나라 기초를 다짐. 다음 황제인
景帝와 함께 이 시대를 文景之治라 하여 높이 여김.

【永光】漢 元帝(劉奭)의 연호. B.C.43~B.C.39년까지 5년간이며 4년은 B.C.40년에 해당함.

【元帝】西漢 8대 황제 劉奭. 宣帝(劉詢)의 아들로 B.C.48~B.C.33년까지 재위함. 성격이 유약하여 기강이 해이해졌으며 중앙 권력이 쇠락하여 쇠퇴기로 접어들었음.

【貢大夫】성이 貢氏인 당시 大夫.

095(3-84)
우궁牛宮

상리桑里의 동쪽 지금의 관사 서쪽은 옛 오나라가 소, 양, 돼지, 닭을 기르던 곳으로 우궁牛宮이라 불렸으며 지금은 원園이 되었다.

桑里東, 今舍西者, 故吳所畜牛羊豕鷄也, 名爲牛宮, 今以爲園.

【舍西】吳縣 官舍의 서쪽.
【園】동산이나 놀이터. 園林. 遊樂地.

096(3-85)
한漢 문제文帝와 회계군會稽郡

한漢 문제文帝 전前 9년, 회계군會稽郡이 고장군故鄣郡에 병합되어 태수는 고장을 다스리고 도위都尉는 산음을 관할하였다.

전 16년에는 다시 태수는 오군吳郡을 다스리고 도위는 전당錢唐을 관할하였다.

漢文帝前九年, 會稽幷故鄣郡, 太守治故鄣, 都尉治山陰.
前十六年, 太守治吳郡, 都尉治錢唐.

【前九年】B.C.171년에 해당함. 文帝(劉恒) 재위 9년째. 당시 年號가 없어 '前'이라 표기한 것임.

【故鄣郡】故鄣縣이어야 함. 秦漢 때 故鄣郡은 없었음. 지금의 浙江 長興.《漢書》 地理志 會稽郡 注에 "秦置. 高帝六年爲荊國, 十二年更名吳. 景帝四年屬江都" 라 하였고, 丹陽郡 注에 "故鄣郡, 屬江都, 武帝元封二年更名丹揚"이라 함. 張宗祥〈校注〉에는 "故鄣, 秦爲鄣郡, 今之長興"이라 함.

【都尉】秦漢 때 관직 이름. 太守, 郡守, 丞, 尉의 副官. 지방의 치안을 담당하였음. 《漢書》百官公卿表에 의하면 漢 景帝 中元 2년(B.C.148) 郡守를 太守로, 郡尉를 都尉로 명칭을 바꾸었음.

【錢唐】錢塘. 秦나라 때 두었던 현. 지금의 浙江 杭州.

097(3-86)
유종由鍾

한漢 효경제孝景帝 5년 5월, 회계군會稽郡을 한나라 직할로 소속시켰으며 조정에 소속시킨 것은 이때부터 중앙정부에서 정사를 함께 처리하였음을 말한다.

한 효무제孝武帝 원봉元封 원년, 양도후陽都侯가 조정에 귀순하자 그를 유종由鍾에 안치하였으며, 유종이 처음으로 행정구역이 되었다. 현으로부터 50리 지점이다.

漢孝景帝五年五月, 會稽屬漢; 屬漢者, 始幷事也.
漢孝武帝元封元年, 陽都侯歸義, 置由鍾; 由鍾初立, 去縣五十里.

【孝景帝】西漢 4대 황제 景帝(劉啓). 文帝의 아들. B.C.156~B.C.141년까지 16년 동안 재위하였으며 文帝의 치적을 이어받아 생산에 힘썼고 吳楚七國의 난을 평정한 뒤 중앙의 권한을 대폭 확대하여 안정을 얻음. 이 시대를 文景之治라 함. 5년은 B.C.152년에 해당함.

【孝武帝】서한 5대 황제 武帝(劉徹). 景帝의 아들. B.C.156~B.C.141년까지 16년 동안 재위하였으며 西漢 최대의 흥성기를 맞음. 16세에 즉위하여 경제정책을 개혁하고 대외적으로 영토 확장을 이루었으며 儒家를 장려하고 학교를 세우며 문화 창달에 가장 큰 업적을 남김.

【元封】漢 武帝의 연호. B.C.110~B.C.105년까지 6년간임. 중국의 연호는 武帝 때 建元이라는 연호를 처음 썼으며 그 뒤 元光, 元朔, 元狩, 元鼎, 元封, 太初, 天漢 등으로 이어짐.

【陽都侯】陽都의 우두머리를 자처하던 인물. 옛 越 遺民을 이끌고 漢나라 조정에 叛旗를 들었다가 귀순한 인물로 보임.《漢書》武帝紀 元封 元年에 "東越殺王 餘善降. 詔曰: 「東越險阻反復, 爲後世患, 遷其民於江淮間.」 遂虛其地"라 하였 으며, 〈兩粤列傳〉과〈嚴助列傳〉에 의하면 建元 6년 嚴助를 會稽太守로 임명한 기록이 있음.

【由鍾】吳縣 서남쪽 50리 지점.

098(3-87)
단양군丹陽郡

한漢 효무제孝武帝 원봉元封 2년 고장군故鄣郡을 단양군丹陽郡으로 이름을 바꾸었다.

漢孝武元封二年, 故鄣以爲丹陽郡.

【元封二年】漢 武帝 元封 2년. B.C.109년에 해당함.
【丹陽郡】治所는 지금의 安徽 宜城.

099(3-88)
절강浙江의 산에 있던 돌

천한天漢 5년 4월, 전당錢唐 절강浙江의 산에 있던 돌이 보이지 않더니 7년 그 산의 돌이 다시 나타나 보이는 것이었다.

天漢五年四月, 錢唐浙江岑石不見.
到七年, 岑石復見.

【天漢】漢 武帝의 연호. B.C.100~B.C.97년까지 4년간이며 따라서 5년은 太始 元年(B.C.96)이며, '七年' 역시 太始 3년에 해당함.
【錢唐】錢塘. 지금의 浙江 杭州市.
【浙江】지금의 杭州灣으로 흘러드는 錢塘江. 富春江.
【岑石】산의 돌. 岑은 바위로 이루어진 산을 뜻하는 말.

100(3-89)
낭야瑯邪로 도읍을 옮긴 뒤

월왕越王 구천句踐이 낭야瑯邪로 도읍을 옮긴 뒤 모두 240년이 흘렀다. 그 때 초楚 고열왕考烈王이 낭야의 월나라를 합병하였다.

다시 40여년이 흐른 뒤 진秦나라가 초나라를 합병하였으며, 다시 40년이 흐르 뒤 한漢나라가 진나라를 합병하여 지금까지 242년이 흘렀다.

구천이 낭야로 도읍을 옮기고 건무建武 28년까지 모두 567년이 흘렀다.

越王句踐徙瑯邪, 凡二百四十年.

楚考烈王幷越於瑯邪.

後四十餘年, 秦幷楚, 復四十年, 漢幷秦, 到今二百四十二年.

句踐徙瑯邪到建武二十八年, 凡五百六十七年.

【句踐徙瑯邪】越王 句踐이 吳王 夫差를 멸한 뒤 즉시 지금의 山東 瑯邪로 도읍을 옮겼으며 이는 周 元王(姬仁) 4년(B.C.472)에 해당함.《吳越春秋》(10)에 "越王旣已誅忠臣, 霸於關東, 徙都瑯邪, 起觀臺, 周七里以望東海"라 함.
【瑯邪】秦나라 때 郡이었으며 漢나라 때 縣. '琅邪', '琅琊', '瑯琊', '琅玡' 등 여러 표기가 있으며 지금의 山東 諸城縣 동남쪽. 瑯琊臺가 유명함.

【考烈王】戰國시대 말의 楚나라 군주. 春申君을 믿었다가 낭패를 보기도 하였음. 이름은 熊完. 頃襄王을 이어 B.C.262~B.C.238년까지 25년 동안 재위함. 그러나 越나라를 합병한 것은 考烈王의 曾祖인 威王 때였음.

【後四十餘年】錢培名〈札記〉에 "按越徙瑯邪, 當在滅吳後. 滅吳當周元王四年, 下去秦滅楚, 首尾止二百五十四年. 此「二百四十年」, '四十'字疑當倒;「後四十餘年」, '餘'字疑衍"이라 함.

【復四十年】錢培名〈札記〉에 "按秦并楚, 至子嬰出降, 止十六年. 此'四十'字, 涉上文而誤"라 함.

【建武】東漢 光武帝(劉秀)의 연호. 25~55년까지 31년간이었으며 28년은 A.D.52년에 해당함.

【五百六十七年】句踐이 吳나라를 멸한 것은 B.C.473년이며 이로부터 建武 28년까지는 526년임. 그러나 혹 532년이라고도 함. 錢培名〈札記〉에는 "按建武二十八年, 上去滅吳, 止五百三十二年, 此亦誤"라 함.

卷三

〈4〉越絶〈呉内傳〉第四

〈4〉越絶〈吳內傳〉第四

전배명錢培名은 〈찰기札記〉에서 본편은 '吳人內傳'이어야 한다고 보았다. 그러나 전체 내용은 오나라나, 오나라 사람에 관한 것에 국한되어 있는 것은 아니며 주로 오자서의 복수, 초나라 정벌의 성공, 그리고 범려范蠡의 등장으로 되어 있다.

특히 범려는 절사節事의 문제를 부각시켜 천도天道, 지조地兆 등 군주로서의 도리와 고대 요, 순, 계, 탕, 문왕, 무왕, 주공, 제환공, 진문공 등의 사적까지 거론하고 있다.

〈吳王夫差鑒〉(全) 春秋, 河南 輝縣 출토

101(4-1)
필부匹夫의 한풀이

"오吳나라는 어찌 하여 '인人'이라 칭하는가?"

"이적夷狄이기 때문이다."

"중원을 모욕함이 어떠하였는가?"

"오자서伍子胥는 그 아버지가 초楚나라에게 죽음을 당하였다. 오자서가 활을 차고 스스로 합려闔廬를 찾아가 뵙기를 청하자 합려는 '선비로서 그 용기가 이렇게 대단하다니!'하면서 장차 그를 위해 원수를 갚아 주고자 하였다. 그러자 오자서는 '안 됩니다! 제후諸侯는 필부匹夫의 원수를 갚아 주는 일은 하지 않습니다. 제가 듣기로 임금을 모시는 것은 아버지를 모시는 것과 같다 하였으니 임금의 품행을 허물어뜨리면서 아버지의 원수를 갚는 일은 안 됩니다!'라고 하여 이에 중지하게 된 것이다."

「吳何以稱人乎?」

「夷狄之也.」

「憂中邦奈何?」

「伍子胥父誅於楚, 子胥挾弓, 身干闔廬, 闔廬曰:『士之其勇之甚!』將爲之報仇. 子胥曰:『不可! 諸侯不爲匹夫報仇. 臣聞事君猶事父也, 虧君之行, 報父之仇, 不可!』於是止.」

【人】‘吳人’이라 칭한 것. 蠻夷로 본 것임을 말함. 錢培名〈札記〉에 이로 인해
본편의 편명〈吳內傳〉은 ‘吳人內傳’이어야 한다고 보았음. “〈篇序〉篇云‘智能
生詐, 故次李吳人也’. 又云‘稱子胥妻楚王母, 及乎夷狄, 貶之, 言吳人也’. 是當有
‘人’字無疑.”“按篇名‘吳人’, 而中涉吳事者僅寥寥數語, 疑有脫逸”이라 함.

【憂中邦】‘憂’는 근심을 안겨줌. 괴롭힘. 모욕을 줌. ‘中邦’은 中原. 즉 여기서는
楚나라를 지칭함.

【干】‘求’와 같음. 만나보기를 요구함.

【士之其勇之甚】‘士之甚, 勇之甚’으로 보기도 함. 그러나《公羊傳》注에 “言其
以賢士之甚”이라 하였고 張宗祥〈校注〉에는 “疑當作「智之甚」”이라 함.

참고 및 관련 자료

1.《公羊傳》定公 4년

冬, 十有一月, 庚午, 蔡侯以吳子及楚人戰于伯莒, 楚師敗績, 吳何以稱子. 夷狄也
而憂中國. 其憂中國奈何? 伍子胥父誅乎楚, 挾弓而去楚. 以干闔廬. 闔廬曰:
「士之甚, 勇之甚!」將爲之興師而復讎于楚. 伍子胥復曰:「諸侯不爲匹夫興師.
且臣聞之: 事君猶事父也, 虧君之義, 復父之讎, 臣不爲也」於是止.

2.《穀梁傳》定公 4년

冬, 十有一月, 庚午, 蔡侯以吳子及楚人戰于伯擧, 楚師敗績, 吳其稱子, 何也?
以蔡侯之以之, 擧其貴者也, 蔡侯之以之, 則其擧貴者, 何也? 吳信中國而攘夷狄,
吳進矣, 其信中國而攘夷狄奈何? 子胥父誅於楚也, 挾弓持矢而干闔廬, 闔廬曰:
「大之甚, 勇之甚. 爲是欲興師而伐楚.」子胥諫曰:「臣聞之: 君不爲匹夫興師.
且事君猶事父也, 虧君之義, 復父之讎, 臣弗爲也」於是止.

102(4-2)
낭와囊瓦의 무례함

채蔡 소공昭公이 남쪽 초楚나라를 예방하러 가면서 고구羔裘를 입고 갔는데 낭와囊瓦가 이를 달라고 하였으나 소공은 주지 않았다.

그러자 낭와는 소공을 남영南郢에 가두었다가 3년이 지난 연후에 풀어주었다.

소공은 초나라를 떠나 하수河水에 이르러 제祭를 올리면서 이렇게 빌었다.

"천하에 누구라도 능히 초나라를 쳐들어갈 자가 있을까? 그 때는 내가 원컨대 앞장서서 나서리라!"

초나라가 이를 듣고 낭와로 하여금 군사를 일으켜 채나라를 치도록 하였다.

소공은 오자서伍子胥가 오吳나라에 있다는 말을 듣고 채나라를 구해줄 것을 청하였다.

오자서는 이에 합려闔廬에게 이렇게 보고하였다.

"채공이 남쪽으로 예방을 가면서 고구를 입고 갔는데 낭와가 이를 달라고 요구 하였으나 채공이 주지 않자 채공을 3년이나 가두었다가 풀어주었습니다. 채공이 하수에 이르러 '천하 누구라도 능히 초나라를 쳐 줄자가 있을까? 그 때 나는 가장 앞장 설 것이다'라 하였지요. 초나라가 이를 듣고 낭와로 하여금 군사를 일으켜 채나라를 치도록 하였습니다. 채나라에게 죄가 있는 것이 아니라 초나라가 무도한 짓을 한 것입니다. 그대께서 만약 중원中原의 일에 뜻을 두었다면 때는 바로 지금입니다."

합려는 이에 오자서로 하여금 군사를 일으켜 채나라를 구언하고 초나라를 치도록 하였다.

그런데 초왕은 이미 죽고 없었다.

오자서는 병졸 6천 명을 거느리고 채찍을 잡고 평왕平王의 무덤에 태질을 하면서 이렇게 꾸짖었다.

"지난 날, 나의 부친이 아무런 죄가 없었음에도 그대는 그들을 죽였다. 지금 이로써 그대에게 보복하노라!"

그리고 오나라 군주는 초나라 군주의 궁궐을 차지하고 오나라 대부는 초나라 대부의 집을 차지하였으며 심지어 어떤 이는 초왕의 어머니를 아내로 차지하기도 하였다.

낭와는 어떤 자인가? 초나라 재상이었다.

영은 어떤 곳인가? 초왕이 다스리던 도읍이었다.

그런데 오나라 군사를 어찌 '인'이라 칭하는가?

오나라는 야만인이면서도 중원을 구원하였다.

인이라 칭한 것은 천시한 것이다.

蔡昭公南朝楚, 被羔裘, 囊瓦求之, 昭公不與.

卽拘昭公南郢, 三年然後歸之.

昭公去至河, 用事曰:「天下誰能伐楚乎? 寡人願爲前列!」

楚聞之, 使囊瓦興師伐蔡.

昭公聞子胥在吳, 請救蔡.

子胥於是報闔廬曰:「蔡公南朝, 被羔裘, 囊瓦求之, 蔡公不與, 拘蔡公三年, 然後歸之. 蔡公至河曰:『天下誰能伐楚者乎? 寡人願爲前列.』楚聞之, 使囊瓦興師伐蔡. 蔡非有罪, 楚爲無道, 君若有憂中國之事意者, 時可矣.」

闔廬於是使子胥興師, 救蔡而伐楚.

楚王已死.

子胥將卒六千人, 操鞭笞平王之墳, 曰:「昔者, 吾先君無罪, 而子殺之, 今此以報子也!」

君舍君室, 大夫舍大夫室, 蓋有妻楚王母者.

囊瓦者何? 楚之相也.

郢者何? 楚王治處也.

吳師何以稱人?

吳者, 夷狄也, 而救中邦.

稱人, 賤之也.

【蔡昭公】春秋시대 蔡나라 군주. 蔡 昭侯. 이름은 姬申. B.C.518~B.C.491년까지 28년 동안 재위하고 아들 成侯로 이어짐. 蔡나라는 姬姓으로 周 文王의 아들 蔡叔(姬度)의 후손 蔡仲이 받았던 봉지. 지금의 河南 上蔡縣.

【羔裘】어린 양가죽으로 만든 아주 좋은 외투. 고대 제후는 羔裘를 朝服으로 입었음.

【囊瓦】楚나라 令尹. 子囊의 손자. 자는 子常. 平王 때 陽匂을 이어 令尹에 오름. 《左傳》杜預 注에 "囊瓦, 子囊之孫子常也, 代陽匂"라 함.

【南郢】郢은 楚나라 도읍. 지금의 湖北 江陵市 북쪽 紀南城.《漢書》地理志에 "南郡江陵, 古楚郢都, 楚文王自丹陽徙此, 後九世平王城之"라 함. 南郢은 郢의 남쪽.

【用事】제사를 올리는 일. 여기서는 河水에 제사를 올리면서 誓約함을 뜻함.

【平王】楚나라 군주. 姓은 羋, 氏는 熊. 이름은 棄疾. 뒤에 이름을 熊居로 바꿈. 靈王의 아우로서 영왕이 사냥을 나갔을 때 棄疾이 난을 일으키자 靈王은 돌아오던 길에 스스로 목매어 자결하여 棄疾이 왕위에 오른 것임. B.C.528~B.C.516년까지 13년 동안 재위함. 費無忌의 讒言에 빠져 太子 建을 내쫓고 伍奢와 伍尙을 죽임. 이에 분을 품은 伍子胥가 吳나라로 달아나 吳王 闔廬를 부추겨 楚나라를

공격함. 오자서는 이미 죽은 平王의 무덤을 파헤치고 시신을 꺼내어 삼백 번
채찍질을 하는 등 보복을 함.

【笞】 捶笞. 시신에 채찍질을 함.《淮南子》에는 "鞭荊平王之墓"라 하였고,《史記》
伍子胥列傳에는 "乃掘楚平王墓, 出其尸, 鞭之三百, 然後已"라 함. 011을 참조할 것.

【君舍君室】 左傳 定公 4년 "庚辰, 吳入郢, 以班處宮"의 〈集解〉에 "以尊卑班次
處楚王宮室"이라 함.

【蓋有妻楚王之母】 秦 穆公의 딸이며 平王의 부인, 昭王의 어머니였던 伯嬴을
가리킴. 闔廬가 그를 처로 삼으려 하자 반항한 사건을 말함.《列女傳》에 자세히
실려 있음.

【中邦】 中原. 즉 여기서는 蔡나라를 지칭함.

참고 및 관련 자료

1.《左傳》定公 4년

(經)冬十有一月庚午, 蔡侯以吳子及楚人戰于柏擧, 楚師敗績. 楚襄瓦出奔鄭.
庚辰, 吳入郢.

(傳)沈人不會于召陵, 晉人使蔡伐之. 夏, 蔡滅沈. 秋, 楚爲沈故, 圍蔡. 伍員爲
吳行人以謀楚. 楚之殺郤宛也, 伯氏之族出. 伯州犂之孫嚭爲吳大宰以謀楚. 楚自
昭王卽位, 無歲不有吳師, 蔡侯因之, 以其子乾與其大夫之子爲質於吳. 冬, 蔡侯·
吳子·唐侯伐楚. 舍舟于淮汭, 自豫章與楚夾漢, 左司馬戌謂子常曰:「子沿漢
而與之上下, 我悉方城外以毀其舟, 還塞大隧·直轅·冥阨. 子濟漢而伐之, 我自
後擊之, 必大敗之」旣謀而行. 武城黑謂子常曰:「吳用木也, 我用革也, 不可
久也, 不如速戰」史皇謂子常, 「楚人惡子而好司馬, 若司馬毀吳舟于淮, 塞成
口而入, 是獨克吳也. 子必速戰! 不然, 不免」乃濟漢而陳, 自小別至于大別.
三戰, 子常知不可, 欲奔. 史皇曰:「安, 求其事; 難而逃之, 將何所入? 子必死之,
初罪必盡說」十一月庚午, 二師陳于柏擧. 闔廬之弟夫槩王晨請於闔廬曰:「楚瓦
不仁, 其臣莫有死志. 先伐之, 其卒必奔; 而後大師繼之, 必克」弗許. 夫槩王曰:
「所謂『臣義而行, 不待命』者, 其此之謂也. 今日我死, 楚可入也」以其屬五千先
擊子常之卒. 子常之卒奔, 楚師亂, 吳師大敗之. 子常奔鄭, 史皇以其乘廣死.
吳從楚師, 及淸發, 將擊之. 夫槩王曰:「困獸猶鬪, 況人乎? 若知不免而致死,
必敗我. 若使先濟者知免, 後者慕之, 蔑有鬪心矣. 半濟而後可擊也」從之, 又敗之.

楚人爲食, 吳人及之, 奔. 食而從之, 敗諸雍澨. 五戰, 及郢. 己卯, 楚子取其妹季羋畀我以出, 涉雎. 鍼尹固與王同舟, 王使執燧象以奔吳師. 庚辰, 吳入郢, 以班處宮. 子山處令尹之宮, 夫槩王欲攻之, 懼而去之, 夫槩王入之. 左司馬戌及息而還, 敗吳師于雍澨, 傷. 初, 司馬臣闔廬, 故恥爲禽焉, 謂其臣曰:「誰能免吾首?」吳句卑曰:「臣賤, 可乎?」司馬曰:「我實失子, 可哉!」三戰皆傷, 曰:「吾不可用也已」句卑布裳, 刭而裹之, 藏其身, 而以其首免. 楚子涉雎(睢), 濟江, 入于雲中. 王寢, 盜攻之, 以戈擊王, 王孫由于以背受之, 中肩. 王奔郢. 鍾建負季羋以從. 由于徐蘇而從. 郧公辛之弟懷將弑王, 曰:「平王殺吾父, 我殺其子, 不亦可乎?」辛曰:「君討臣, 誰敢讎之? 君命, 天也. 若死天命, 將誰讎?《詩》曰『柔亦不茹, 剛亦不吐. 不侮矜寡, 不畏彊禦』, 唯仁者能之. 違彊陵弱, 非勇也; 乘人之約, 非仁也; 滅宗廢祀, 非孝也; 動無令名, 非知也. 必犯是, 余將殺女」鬬辛與其弟巢以王奔隨. 吳人從之, 謂隨人曰:「周之子孫在漢川者, 楚實盡之. 天誘其衷, 致罰於楚, 而君又竄之, 周室何罪? 君若顧報周室, 施及寡人, 以獎天衷, 君之惠也. 漢陽之田, 君實有之」楚子在公宮之北, 吳人在其南. 子期似王, 逃王, 而己爲王, 曰:「以我與之, 王必免」隨人卜與之, 不吉, 乃辭吳曰:「以隨之辟小, 而密邇於楚, 楚實存之. 世有盟誓, 至于今未改. 若難而棄之, 何以事君? 執事之患不唯一人, 若鳩楚竟, 敢不聽命?」吳人乃退. 鑢金初官於子期氏, 實與隨人要言. 王使見, 辭, 曰:「不敢以約爲利」王割子期之心以與隨人盟. 初, 伍員與申包胥友. 其亡也, 謂申包胥曰:「我必復楚國」申包胥曰:「勉之! 子能復之, 我必能興之」及昭王在隨, 申包胥如秦乞師, 曰:「吳爲封豕·長蛇, 以荐食上國, 虐始於楚. 寡君失守社稷, 越在草莽, 使下臣告急, 曰:『夷德無厭, 若鄰於君, 疆場之患也. 逮吳之未定, 君其取分焉. 若楚之遂亡, 君之土也. 若以君靈撫之, 世以事君』」秦伯使辭焉, 曰:「寡人聞命矣. 子姑就館, 將圖而告」對曰:「寡君越在草莽, 未獲所伏, 下臣何敢卽安?」立, 依於庭牆而哭, 日夜不絕聲, 勺飲不入口七日. 秦哀公爲之賦〈無衣〉. 九頓首而坐. 秦師乃出.

2.《公羊傳》定公 4년

蔡昭公朝乎楚, 有美裘焉, 囊瓦求之, 昭公不與, 爲是拘昭公於南郢, 數年然後歸之, 於其歸焉, 用事乎河. 曰:「天下諸侯苟有能伐楚者, 寡人請爲之前列」楚人聞之怒, 爲是興師, 使囊瓦將而伐蔡. 蔡請救于吳, 伍子胥復曰:「蔡非有罪也, 楚人爲無道, 君如有憂中國之心, 則若時可矣」於是興師而救蔡. 曰:「事君猶事父也, 此其爲可以復讎奈何?」曰:「父不受誅, 子復讎可也. 父受誅, 子復讎, 推刃之道也. 復讎不除害. 朋友相衛, 而不相迿. 古之道也」

3.《穀梁傳》定公 4년

蔡昭公朝於楚, 有美裘, 正是日, 囊瓦求之, 昭公不與, 爲是拘昭公於南郢, 數年然後得歸, 歸乃用事乎漢, 曰:「苟諸侯有欲代楚者, 寡人請爲前列焉」楚人聞之而怒, 爲是興師而伐蔡, 蔡請救于吳, 子胥曰:「蔡非有罪, 楚無道也. 君若有憂中國之心, 則若此時可矣. 爲是興師而伐楚, 何以不言救也? 救大也.」楚囊瓦出奔鄭. 庚辰, 吳入楚, 日入, 易無楚也. 易無楚者, 壞宗廟, 徙陳器, 撻平王之墓. 何以不言滅也? 欲存楚也, 其欲存楚奈何? 昭王之軍敗而逃, 父老送之曰:「寡人不肖, 亡先君之邑, 父老反矣, 何憂無君? 寡人且用此入海矣.」父老曰:「有君如此其賢也, 以衆不如吳, 以必死不如楚. 相與擊之, 一夜而三敗吳人, 復立. 何以謂之吳也, 狄之也. 何謂狄之也? 君居其君之寢而妻其君之妻, 大夫居其大夫之寢, 而妻其大夫之妻. 蓋有欲妻楚王之母者, 不正乘敗人之績, 而深爲利, 居人之國, 故反其狄道也.」

4.《列女傳》(4) 貞順傳「楚平伯嬴」

伯嬴者, 秦穆公之女, 楚平王之夫人, 昭王之母也. 當昭王時, 楚與吳爲伯莒之戰, 吳勝楚, 遂至於郢, 昭王亡. 吳王闔閭盡妻其後宮, 次至伯嬴, 伯嬴持刀曰:「妾聞天子者, 天下之表也; 公侯者, 一國之儀也. 天子失制, 則天下亂; 諸侯失節, 則其國危. 夫婦之道, 固人倫之始, 王教之端. 是以明王之制, 使男女不親授, 坐不同席, 食不共器, 殊椸枷, 異巾櫛, 所以施之也. 若諸侯外淫者絶, 卿大夫外淫者放, 士庶人外淫者宮割. 夫然者, 以爲仁失可復以義, 義失可復以禮. 男女之喪, 亂亡興焉. 夫造亂亡之端, 公侯之所絶, 天子之所誅也. 今君王棄儀表之行, 縱亂亡之欲, 犯誅絶之事, 何以行令訓民? 且妾聞生而辱不如死而榮, 若使君王棄其儀表, 則無以臨國; 妾有淫端, 則無以生世, 壹擧而兩辱, 妾以死守之, 不敢承命. 且凡所欲妾者爲樂也, 近妾而死, 何樂之有? 如先殺妾, 又何益於君王?」於是吳王慚, 遂退, 舍伯嬴與其保阿, 閉永巷之門, 皆不釋兵. 三旬秦救至, 昭王乃復矣. 君子謂:「伯嬴勇而精壹.」詩曰:『莫莫葛虆, 施于條枚. 豈弟君子, 求福不回.』此之謂也. 頌曰:『闔閭勝楚, 入厥宮室. 盡妻後宮, 莫不戰慄. 伯嬴自守, 堅固專一. 君子美之, 以爲有節.』

103(4-3)
범려范蠡의 간언

월왕 구천句踐이 오왕 합려闔廬를 치려하자 범려范蠡가 이렇게 간언하였다. "안 됩니다! 제가 듣기로 하늘은 지영持盈을 귀히 여기니, 지영이란 음양 陰陽, 일월日月, 성신星辰의 기강을 잃지 않음을 말합니다. 땅은 정경定傾을 귀히 여기니, 정경이란 땅에서 자라는 만물은 구릉이건 평평한 곳이건 그 마땅함을 얻지 못함이 없도록 함을 말합니다. 그러므로 땅은 정경을 귀히 여긴다고 말하는 것입니다. 사람은 절사節事를 귀히 여기니, 절사란 왕王으로부터 그 아래 공경대부에 이르기까지 의당 음양을 조화시키고 천하를 화순하게 하는 것을 말합니다. 일이 다가오면 이에 응하고, 물건이 다가오면 그 이치를 알아 천하에 충성과 믿음을 다하지 않음이 없어야 하며, 그 정치와 교화를 잘 따르는 것, 이를 일러 절사라 하는 것입니다. 절사란 일을 지극히 하는 요체입니다. 천도天道는 가득 차도 넘치지 않고 풍성해도 교만하지 않는 것이니 이는 하늘이 만물을 생겨나게 하여 천하를 길러줌을 말합니다. 장구벌레가 날고 꿈틀거리며 움직이는 것은 각기 그 본성대로 하는 것이며, 봄에 태어나 여름에 자라고, 가을에 거두어 겨울에 갈무리 하는 것도 그 상도常道를 잃지 않는 것입니다. 그러므로 '천도는 가득 차도 넘치지 아니하고, 풍성해도 교만을 부리지 않으며, 지도地道는 베풀어주되 덕으로 여기지 아니하며 힘들어도 자신의 공을 자랑하지 않는다'라고 말하는 것입니다. 이는 땅은 오곡五穀을 태어나 자라게 하고 만물을 지닌 채 길러주며, 공이 가득하고 덕이 넓으니 이는 베풀어주면 서도 덕으로 여기지 않고 힘들어도 그 공을 자랑하지 않은 것임을 말하는 것입니다. 그리고 또 천지의 베풂은 크면서도 그 공을 차지하지 않음을 말하는 것입니다. 인도人道는 여기에 맞추어 사시四時를 거역하지 않아야 하는 것이니, 이는 왕으로부터 서인에 이르기까지 모두가 마땅히 음양과 사시의 변화에 조화를 이루어야 하는 것으로서 이에 순응하는 자는 복을 받을 것이요, 이에 거역하는 자는 재앙을 입는 것입니다. 그 때문에 인도는 사시를 거역해서는 안 된다고 말하는 것입니다. 혼미함을 바탕으로 동태를 살폈다가는 존망길흉存亡吉凶의 응험과 선악의 펼쳐짐은 반드시 심화 과정이 있기 때문입니다. 천도가 아직 발동하지 않았는데 객客으로 하여금 먼저 나서게 해서는 안 됩니다. 저 범려는 마침 오吳나라는 오자서伍子胥의 교화敎化가 있어 천하가 그를 따르고 있으며 아직 죽거나 망하는 실책도 범하고 있지 않고 있는 때를 만나 있습니다. 그러므로 천도가 아직 발동하지 않았으니 객을 앞세우는 일이 없어야 한다는 것입니다. 객이란 자신의 나라를 버리고 다른 나라로 간 자를 말합니다. 지도의 조짐도 아직 발동하지 않고 있으니 무리를 먼저 움직여서는 안 됩니다. 이는 왕 이하 서인에 이르기까지 늦봄이나 중하仲夏의 때가 아니면 오곡을 파종해도 흙의 이로움을 얻어낼 수 없는 것이며, 나라란 상대 나라가 사망의 실책을 저지름을 만나지 않았을 때라면 쳐서는 안 됩니다. 그러므로 지도의 조짐도 아직 발동하지 않았을 때라면 먼저 무리를 발동시켜서는 안 된다는 것이니 이는 이를 두고 한 말입니다."

越王句踐欲伐吳王闔廬, 范蠡諫曰:「不可! 臣聞之: 天貴持盈, 持盈者, 言不失陰陽・日月・星辰之綱紀. 地貴定傾, 定傾者, 言地之長生, 丘陵平均, 無不得宜. 故曰地貴定傾. 人貴節事, 節事者, 言王者已下, 公卿大夫, 當調陰陽, 和順天下. 事來應之, 物來知之, 天下莫不盡其忠信, 從其政敎, 謂之節事. 節事者, 至事之要也. 天道

盈而不溢·盛而不驕者, 言天生萬物, 以養天下. 蠉飛蠕動,
各得其性; 春生夏長, 秋收冬藏, 不失其常. 故曰『天道
盈而不溢·盛而不驕者也; 地道施而不德, 勞而不矜其功
者也』. 言地生長五穀, 持養萬物, 功盈德博, 是所施而
不德·勞而不矜其功者矣. 言天地之施, 大而不有功者也.
人道不逆四時者, 言王者以下, 至於庶人, 皆當和陰陽
四時之變, 順之者有福, 逆之者有殃, 故曰人道不逆四時
之謂也. 因惛視動者, 言存亡吉凶之應, 善惡之敍, 必有
漸也. 天道未作, 不先爲客者. 范蠡値吳伍子胥敎化, 天下
從之, 未有死亡之失. 故以天道未作, 不先爲客. 言客者,
去其國, 入人國. 地兆未發, 不先動衆, 言王者以下, 至於
庶人, 非暮春中夏之時, 不可以種五穀, 興土利; 國家不見
死亡之失, 不可伐也. 故地兆未發, 不先動衆. 此之謂也.」

〈騎驢出行圖〉

【句踐】 '勾踐'으로도 표기하며 春秋 말 越나라 군주. 越王 允常의 아들로 闔廬를 이어 越王이 됨. 吳王 夫差에게 패하여 會稽山에서 고통을 당하여 臥薪嘗膽을 거쳐 范蠡와 大夫 文種의 보필로 결국 吳나라를 멸망시키고 제후들을 모아 霸者에 오름. 본《越絶書》의 주인공에 해당함.《史記》越王句踐世家 및《吳越春秋》등을 참조할 것.

【闔廬】 闔閭로도 표기하며 원래 吳나라 公子 光이 吳나라 王이 된 뒤의 稱號. B.C.514~B.C.496까지 19년 동안 재위하고 夫差로 이어짐. 公子 光은 諸樊의 아들.《世本》에는 "夷昧生光"이라 하여 夷昧(餘昧, 夷末)의 아들로 되어 있음. 《左傳》昭公 27년 "我, 王嗣也, 吾欲求之. 事若克, 季子雖至, 不吾廢也"의 杜預注에 "光, 吳王諸樊子也. 故曰「我王嗣.」"라 하였으나 孔穎達 疏에는 《世本》云: 「夷昧及僚, 夷昧生光.」服虔云: 「夷昧生光而廢之. 僚者, 而昧之庶兄. 而昧卒, 僚代立, 故光曰: 我王嗣也.」是用《公羊》爲說也. 杜言: 「光, 吳王諸樊子.」用《史記》爲說也. 班固云: 「司馬遷采《世本》爲《史記》.」而今之《世本》與遷言不同.《世本》多誤. 不足依憑, 故杜以《史記》爲正也. 光言「我王嗣」者, 言己是世適之長孫也"라 함. 뒤에 光은 專諸를 시켜 吳王 僚를 시해하고 왕이 됨. 이를 闔閭(闔廬)라 부름. 따라서 闔廬(闔閭)는 公子 光이 왕이 된 뒤의 王號였음. 張宗祥의 〈校注〉에 "是時主吳者爲僚, 公子光尙未立, 不得稱闔廬. 蓋闔廬乃公子光王吳後之稱, 當云「道於公子光曰」"이라 함. 한편《左傳》昭公 20년에는 "員如吳, 言: 「我楚之利於州于(僚).」公子光曰: 「是宗爲戮而欲反其仇, 不可從也.」員曰: 「彼將有他志. 余姑爲之求士, 而鄙以待之.」乃見鱄設諸焉, 而耕於鄙"라 하였고,《左傳紀事本末》(50) 〈補逸〉에는 《呂氏春秋》를 인용하여 "伍子胥欲見吳王而不得, 客有言之於王子光者, 見之而惡其貌, 不聽其說, 而辭之. 客請之王子光, 王子光曰: 「其貌適吾所甚惡也.」客以聞伍子胥, 伍子胥曰: 「此易故也, 願令王子居於堂上, 重帷而見其衣若手, 請因說之」王子許, 伍子胥說之半, 王子光舉帷, 搏其手而與之坐. 說畢, 王子光大悅. 伍子胥以爲有吳國者, 必王子光也, 退而耕於野"라 함.

【范蠡】 越나라 大夫. 字는 少伯. 文種과 함께 越나라를 승리로 이끈 대신. 越나라가 吳나라에 패했을 때 3년을 臣僕으로 고생하다가 돌아와 句踐을 도와 吳나라를 멸하는데 큰 공을 세웠음. 그리고 즉시 句踐을 피해 이름을 鴟夷子皮로 바꾸고 몸을 숨겨 三江口를 거쳐 五湖로 나서 齊나라 陶 땅으로 옮겨가 陶朱公이라 칭하였으며 장사에 뛰어들어 큰 부자가 됨. 그의 많은 일화는《國語》越語(下), 《左傳》,《史記》越王句踐世家, 貨殖列傳,《越絶書》등에 자세히 실려 있음.

徐天祜 注에 "范蠡, 楚三戶人也. 字少伯"이라 함.

【持盈, 定傾, 節事】 가득 찬 것을 가지고 있으면서도 넘치지 않음.《國語》越語(下) "夫國家之事, 有持盈, 有定傾, 有節事"의 韋昭 注에 "持, 守也; 盈, 滿也; 定, 安也; 傾, 危也; 節, 制也"라 함.

【蜎飛蠕動】 현(蜎)은 벌레의 일종으로 혈궐(孑孓)이라고도 함. 연(蠕)은 꿈틀거림.

【値吳伍子胥敎化】 '値'는 '마침 ~한 때를 만남'. 伍子胥의 敎化가 吳나라에 잘 시행되고 있는 이 때를 만남. 따라서 그런 나라는 칠 수 없음을 뜻함.

【暮春仲夏】 暮春은 음력 3월, 仲夏는 음력 5월.

【此之謂也】 錢培名〈札記〉에 "按〈越語〉, 范蠡對越王, 亦有'持盈者與天, 定傾者與人, 節事者與地', 及'天道盈而不溢, 盛而不驕, 勞而不矜其功'; '天時不作, 弗爲人客'等語, 與此大略相合. 但彼無'地兆未發, 不先動衆'二句, 而多'人事不起, 弗爲之始'句. 疑上文旣天地人三項幷列, 後文亦宜相應, 此與〈越語〉互有脫文"이라 함.

참고 및 관련 자료

1.《國語》越語(下)

越王句踐卽位三年而欲伐吳, 范蠡進諫曰:「夫國家之事, 有志盈, 有定傾, 有節事.」王曰:「爲三者, 奈何?」對曰:「持盈者與天, 定傾者與人, 節事者與地. 王不問, 蠡不敢言. 天道盈而不溢, 盛而不驕, 勞而不矜其功. 夫聖人隨時以行, 是謂守時. 天時不作, 弗爲人客; 人事不起, 弗爲之始. 今君王未盈而溢, 未盛而驕, 不勞而矜其功, 天時不作而先爲人客, 人事不起而創爲之始, 此逆於天而不和於人. 王若行之, 將妨於國家, 靡王躬身.」王弗聽. 范蠡進諫曰:「夫勇者, 逆德也; 兵者, 凶器也; 爭者, 事之末也. 陰謀逆德, 好用凶器, 始於人者, 人之所卒也; 淫佚之事, 上帝之禁也, 先行此者, 不利.」王曰:「無是貳言也, 吾已斷之矣!」果興師而伐吳, 戰於五湖, 不勝, 棲於會稽. 王召范蠡而問焉, 曰:「吾不用子之言, 以至於此, 爲之奈何?」范蠡對曰:「君王其忘之乎? 持盈者與天, 定傾者與人, 節事者與地.」王曰:「與人奈何?」對曰:「卑辭尊禮. 玩好女樂, 尊以名. 如此不已, 又身與之市.」王曰:「諾.」乃命大夫種行成於吳, 曰:「請士女女於士, 大夫女女於大夫, 隨之以國家之重器.」吳人不許. 大夫種來而復往, 曰:「請委管籥屬國家, 以身隨之, 君王制之.」吳人許諾. 王曰:「蠡爲我守於國.」對曰:「四封之內, 百姓之事, 蠡不如種也. 四封之外, 敵國之制, 立斷之事. 種亦不如蠡也.」王曰:「諾.」令大夫種守於國, 與范蠡入宦於吳. 三年, 而吳人遣之. 歸及至於國, 王問於范蠡曰:「節事奈何?」對曰:「節事者與地. 唯地能包萬物以爲一, 其事不失. 生萬物, 容畜禽獸, 然後受其名而兼其利. 美惡皆成, 以養其生. 時不至, 不可彊生; 事不究, 不可彊成. 自若以處, 以度天下, 待其來者而正之, 因時之所宜而定之. 同男女之功, 除民之害, 以避天殃. 田野開闢, 府倉實, 民衆殷. 無曠其衆, 以爲亂梯. 時將有反, 事將有間, 必有以知天地之恒制, 乃可以有天下之成利. 事無間, 時無反, 則撫民保教以須之.」王曰:「不穀之國家, 蠡之國家也, 蠡其國之!」對曰:「四封之內, 百姓之事, 時節三樂, 不亂民功, 不逆天時, 五穀睦熟, 民乃蕃滋, 君臣上下交得其志, 蠡不如種也. 四封之外, 敵國之制, 立斷之事, 因陰陽之恒, 順天地之常, 柔而不屈, 彊而不剛, 德虐之行, 因以爲常; 死生因天地之刑, 天因人, 聖人因天; 人自生之, 天地形之, 聖人因而成之, 是故戰勝而不報, 取地而不反, 兵勝於外, 福生於內, 用力甚少而名聲章明, 種亦不如蠡也.」王曰:「諾.」令大夫種爲之.

104(4-4)
취리就李의 전투

오나라는 취리就李에서 패하고 말았으니 취리는 오나라를 끌어들여 싸움을 벌였던 곳이다.

패하였다는 것은 월나라가 오나라를 정벌하러 나서서 아직 전투를 벌이기도 전에 오나라 합려闔廬가 졸卒하여 패한 채로 퇴거하였음을 말한다.

졸卒이란 합려가 죽었음을 말한다.

천자天子의 죽음을 붕崩이라 하고, 제후는 훙薨이라 하며, 대부는 졸이라 하고 사士는 불록不祿이라 한다.

합려는 제후인데 훙이라 하지 않고 졸이라 한 것은 무슨 까닭인가?

그 당시에는 위로는 명철한 천자가 없었고 아래로는 현명한 방백方伯이 없어 제후들이 서로 다투어 정벌하여 강한 자가 우두머리가 되었다.

남방의 이민족과 북방의 이민족이 교차로 중원을 괴롭혀 중국中國은 마치 아직 끊어지지 않은 실처럼 위험한 상황이 지속되고 있었다.

신하가 임금을 시해하고 아들이 아비를 죽이는데도 천하는 누구도 이를 능히 금지시킬 수가 없었다.

이에 공자孔子가 《춘추春秋》를 지으면서 바야흐로 노魯나라의 문물 전장을 근거로 왕도를 설명하여, 그 때문에 제후의 죽음을 졸이라 하여 훙이라 칭하지 않은 것이니 이는 노나라의 시호법을 피하기 위한 것이다.

吳人敗於就李, 吳之戰地.

敗者, 言越之伐吳, 未戰, 吳闔廬卒, 敗而去也.

卒者, 闔廬死也.

天子稱崩, 諸侯稱薨, 大夫稱卒, 士稱不祿.

闔廬, 諸侯也.

不稱薨而稱卒, 何也?

當此之時, 上無明天子, 下無賢方伯, 諸侯力政, 彊者爲君.

南夷與北狄交爭, 中國不絕如綫矣.

臣弑君, 子弑父, 天下莫能禁止.

於是孔子作《春秋》, 方據魯以王, 故諸侯死皆稱卒, 不稱薨, 避魯之諡也.

〈挽馬圖〉畫像磚

【就李】 '檇里', '檇李', '醉李" 등 여러 표기가 있으며 越나라 地名. 지금의 浙江 嘉興市 서남 本覺寺 일대.

【不祿】 더 이상 俸祿을 받을 수 없게 되었음을 말함. 士의 죽음을 칭하는 말.

【方伯】 지방 행정관의 우두머리.

【力政】 '政'은 '征'과 같음. 武力으로 상대를 征伐함.

【爲君】 우두머리, 君王이 됨. 여기서는 霸道政治를 뜻함.

【交爭】 교대로 중원을 괴롭힘. '爭'은 '爭擾'의 뜻.

【不絶如綫】 '綫'은 '線'과 같음. 곧 끊어질 가는 실과 같음.

【春秋】 중국 최초의 編年史. 원래 魯나라의 역사를 기(紀)로 삼아 기록으로 동시대 각국의 역사적 사실을 年度에 맞추어 쓴 것임. 東周 平王 49년(魯 隱公 元年, B.C.722)부터 敬王 39년(魯 哀公 14년, B.C.481)까지의 242년간 魯나라 12公의 시대 역사. 이는 공자의 添削을 거쳐 이루어진 것이며 漢나라 때에는《春秋經》 (今文 11卷)과《春秋五經》(古文 12卷)의 단독 책이었으며, 今文과 古文의 문체는 같으나 今文은 莊公에 閔公을 합해 1편을 줄였으며, 今文은 魯 哀公 14년에 끝났으나 古文은 그보다 2년이 더 많음. 뒤에 杜預가《左氏傳》과《春秋古經》을 합해서 集解를 붙여《春秋左氏傳》이라 칭하게 되었으며,《公羊傳》과《穀梁傳》은 《春秋今文經》과 합해져서《公羊傳》은 唐의 徐彦에 의해,《穀梁傳》은 晉의 范寧에 의해 독립된 편목으로 자리 잡아《春秋經》單行本은 사라지고 九經, 十二經, 十三經 등의 변화에 각각 독립되어 열거되면서 '三傳'으로 불리게 됨.

【據魯以王】 魯나라 문물제도를 王道의 기준으로 삼음. 魯나라가 天子國의 임무를 대신함.

【諡】 諡號法. 고대 帝王이나 諸侯, 大臣이 죽은 뒤 이를 평가하여 宗廟의 廟號를 삼는 것.

참고 및 관련 자료

1.《左傳》定公 14年(B.C.496)년

(經) 五月, 於越敗吳于檇李. 吳子光卒.

(傳) 吳伐越, 越子句踐禦之, 陳于檇李. 句踐患吳之整也, 使死士再禽焉, 不動. 使罪人三行, 屬劍於頸, 而辭曰:「二君有治, 臣奸旗鼓. 不敏於君之行前, 不敢 逃刑, 敢歸死.」遂自剄也. 師屬之目, 越子因而伐之, 大敗之. 靈姑浮以戈擊闔廬,闔廬傷將指, 取其一屨. 還, 卒於陘, 去檇李七里. 夫差使人立於庭, 苟出入, 必謂己曰:「夫差! 而忘越王之殺而父乎?」則對曰:「唯. 不敢忘!」三年乃報越.

2.《公羊傳》僖公 4년

南夷與北狄交. 中國不絶若線.

3.《史記》越王句踐世家

元年, 吳王闔廬聞允常死, 乃興師伐越. 越王句踐使死士挑戰, 三行, 至吳陳, 呼而自剄. 吳師觀之, 越因襲擊吳師, 吳師敗於檇李, 射傷吳王闔廬. 闔廬且死, 告其子夫差曰:「必毋忘越.」

4.《史記》楚世家

十六年, 孔子相魯. 二十年, 楚滅頓, 滅胡. 二十一年, 吳王闔閭伐越. 越王句踐射傷吳王, 遂死. 吳由此怨越而不西伐楚.

105(4-5)
진문공晉文公과 제환공齊桓公

진晉나라는 공자公子 중이重耳 때에 천자는 미약하였고, 제후들은 서로 정벌하기에 바빠 강한 자가 우두머리가 되었다.

문공文公은 침포侵暴를 받아 나라를 잃고 적翟으로 달아났다.

석 달이 지나 나라로 돌아와 국정을 잡게 되자 어진 이를 공경하고 법을 밝게 시행하여 제후들을 거느리고 천자를 알현하였다.

이에 제후들이 모두 따르게 복종하게 되었고 천자의 권위가 존경을 받게 된 것이다.

이것이 소위 진 공자 중이가 나라로 되돌아와 천하를 안정시켰다는 것이다.

제齊나라 공자 소백小白도 역시 제나라로 돌아와 천하를 바로잡은 인물이다.

제나라 대부 무지無知가 그 임금 제아諸兒를 시해하자 두 왕자가 달아났다.

공자 규糾는 노魯나라로 달아났는데, 노나라는 공자 규 어머니의 고국이었기 때문이며, 소백은 거莒나라로 달아났는데, 거나라는 소백 어머니의 고국이었기 때문이었다.

제나라 대신 포숙아鮑叔牙가 원수를 갚아 무지를 죽이고 군사를 일으켜 노나라에 가서 공자 규를 모셔 임금으로 삼고자 하였다.

그러자 노나라 장공莊公이 이를 허락하지 않았다. 장공은 노나라 임금으로서 이렇게 말하였다.

"제나라로 하여금 나라를 다 바쳐 우리 노나라를 섬긴다면 내 너의 임금을 돌려주겠다. 그러나 나라를 다 들어 우리 노나라를 섬기지 않으면 나는 너의 임금을 돌려줄 수 없다."

이에 포숙아는 군대를 돌려 거나라로 가서 소백을 모셔 제나라 임금으로 삼았다.

소백은 돌아와 관중管仲을 등용하여 아홉 번 제후를 모아 회맹을 하여 천하를 하나로 바로잡았으니 그 때문에 환공桓公이라 한 것이니 바로 이를 두고 한 말이다.

畫像磚(漢)〈齊桓公과 管仲〉

晉公子重耳之時, 天子微弱, 諸侯力政, 彊者爲君.

文公爲所侵暴, 失邦, 奔于翟.

三月得反國政, 敬賢明法, 率諸侯朝天子.

於是諸侯皆從, 天子乃尊.

此所謂晉公子重耳反國定天下.

齊公子小白, 亦反齊國而匡天下者.

齊大夫無知弑其君諸兒, 其子二人出奔.

公子糾奔魯, 魯者, 公子糾母之邦; 小白奔莒, 莒者, 小白母之邦也.

齊大臣鮑叔牙爲報仇, 殺無知, 故興師之魯, 聘公子糾以爲君.

魯莊公不與, 莊公, 魯君也, 曰:「使齊以國事魯, 我與汝君; 不以國事魯, 我不與汝君.」

於是鮑叔牙還師之莒, 取小白立爲齊君.

小白反國, 用管仲, 九合諸侯, 一匡天下, 故爲桓公, 此之謂也.

【重耳】晉 文公. 獻公의 둘째 아들. 驪姬의 핍박으로 19년 동안 해외 망명을 거쳐 귀국, 왕위에 오름. 뒤에 齊 桓公에 이어 春秋五霸의 지위에 오름. B.C.636~ B.C.628년까지 9년 동안 재위함.《史記》晉世家에 "重耳母, 翟之狐女也; 夷吾母, 重耳母女弟也. …自獻公爲太子時, 重耳固以成人矣"라 하였고,《國語》는 重耳의 망명 생활에 대하여 매우 많은 양을 자세히 싣고 있으며 〈晉語〉(4)에는 "狐氏出自 唐叔. 狐姬, 伯行之子也, 實生重耳"라 함.《左傳》,《國語》,《史記》등을 참조할 것.

【翟】北狄의 한 지파. 隗姓이며 뒤에 晉나라에게 망하여 사라짐.

【齊桓公】春秋五霸의 첫 首長. 이름은 小白. 齊나라에 난이 일어나자 鮑叔이 모시고 莒나라로 피신, 管仲은 公子 糾를 모시고 魯나라로 피신함. 뒤에 난이 진압되고 먼저 귀국하는 자가 왕이 될 수 있는 기회에 小白이 오는 길을 管仲 일행이 막고 활을 쏘아 소백의 허리띠 고리에 맞추자 소백은 죽은 척 쓰러져 있다가 지름길로 귀국하여 왕위에 오름. 뒤에 포숙의 추천으로 관중을 등용 하여 제나라를 부강하게 하여 九合諸侯, 一匡天下하여 첫 패자가 됨. B.C.685~ B.C.643년까지 43년 동안 재위함.

【無知】公孫無知. 齊 桓公의 同母弟인 夷仲年의 아들로 齊 襄公을 시해하여 내란을 일으킴.

【諸兒】齊 襄公의 이름. 국정을 소홀히 하였으며 심지어 자신의 누이동생이 魯 桓公의 부인이 되었음에도 계속 사통하는 등 황음무도한 짓을 하다가 公孫 無知에게 시살 당함. B.C.697~B.C.686년까지 12년 동안 재위함.

【公子糾】齊 襄公의 아들로 齊나라에 내란이 일어나자 管仲이 이를 모시고 魯나라로 피신함. 뒤에 내란이 종식되고 重耳와 선후를 다투다가 실패하여 노나라에서 죽임을 당함.

【莒】고대 작은 諸侯國. 周 武王이 少昊(金天氏)의 후손을 찾아 봉한 나라로 지금의 山東 莒縣이었으며 뒤에 楚나라에게 망함.

【鮑叔牙】齊나라 大夫. 齊 襄公으로 인해 내란이 일어나자 공자 小白을 모시고 莒로 피하였다가 먼저 들어와 임금 자리(桓公)에 오르도록 함. 뒤에 公子 糾를 모시고 魯나라에 묶여있던 管仲이 소환되어 오자 桓公에게 管仲을 추천하여 재상으로 삼아 환공으로 하여금 春秋의 첫 霸者가 되도록 함. '管鮑之交'로 널리 알려져 있음.《史記》管晏列傳 및《列子》등을 참조할 것.

【莊公】魯 莊公. 桓公의 아들. 이름은 同(子同). 어머니는 齊나라 출신의 文姜. 桓公 6년에 태어나 B.C.693~B.C.662년까지 32년동안 재위함. 〈諡法〉에 "勝敵 克亂曰莊"이라 함.

【管仲】 管夷吾. 춘추시대 齊나라 인물. 夷吾는 이름이며 仲은 그의 字. 齊 桓公을 첫 霸者로 성취시킨 인물. 처음 齊나라에 난이 일어나 公子들이 뿔뿔이 흩어질 때 管仲은 公子 糾를 모시고 魯나라로 피신하였으며 鮑叔은 小白을 모시고 莒나라로 피신함. 뒤에 난이 끝나고 먼저 귀국하는 자가 왕위에 오르게 되어 있었으며 이 때 管仲은 小白 일행이 오는 길목을 지키다가 활로 小白을 쏘았으나 小白이 허리띠 고리에 맞고 죽은 척 쓰러져 있다가 지름길로 들어가 먼저 왕위에 올랐으며 이가 환공임. 이에 공자 규와 관중 일행은 귀국하지 못하고 처벌을 기다렸으나 鮑叔의 추천으로 환공의 재상이 되어 제나라를 부강하게 만들었으며 재상에 오름. 환공이 그를 높여 仲父라 칭하였음.《史記》管晏列傳 및《列子》등을 참조할 것. '管鮑之交' 등의 많은 고사를 남겼으며 그의 사상과 언행을 기록한《管子》가 전함.

【九合諸侯, 一匡天下】 "아홉 번 제후들을 불러 모아 회맹을 열고 천하를 한 번 크게 바로잡다"의 뜻으로 齊 桓公을 지칭할 때 쓰는 상투어. '九合'은 혹 '糾合'과 같으며 수가 많다는 뜻으로 쓰임.《論語》憲問篇에 "子路曰:「桓公殺公子糾, 召忽死之, 管仲不死. 曰: 未仁乎?」 子曰:「桓公九合諸侯, 不以兵車, 管仲之力也. 如其仁, 如其仁.」"이라 하였고, 같은 곳에 "子貢曰:「管仲非仁者與? 桓公殺公子糾, 不能死, 又相之.」 子曰:「管仲相桓公, 霸諸侯, 一匡天下, 民到于今受其賜. 微管仲, 吾其被髮左衽矣. 豈若匹夫匹婦之爲諒也, 自經於溝瀆而莫之知也?」" 라 함.

106(4-6)
요堯와 순舜

요堯는 자애롭지 못하다는 명분을 가지고 있다.

요의 태자太子 단주丹朱는 거만하고 금수禽獸와 같은 마음을 품고 있어 요가 그런 아들은 등용할 수 없음을 알고 단주를 퇴각시키고 천하를 순舜에게 전해주었다.

이것을 일러 요는 자애롭지 못하다는 명분을 가지고 있다고 말하는 것이다.

그런가 하면 순은 불효한 행위를 한 것으로 되어 있다.

순은 친아버지와 계모가 있었는데 계모는 항상 순을 죽이려 하였지만 순은 부모를 떠나 역산歷山으로 가서 농사를 지어 3년만에 큰 수확을 거두었는데, 자신의 몸만 빠져나와 자신만 돌볼 뿐이었고 부모는 모두 굶주림에 시달렸다.

순의 아버지는 완고하였고 어머니는 영악하였으며, 형은 미치광이였고 아우는 오만하였지만 순은 그들이 마음을 고치고 뜻을 바꾸기를 갈망하였다.

순은 고수瞽瞍의 아들이었으며 고수는 순을 죽이고자 하였지만 제대로 뜻을 이루지 못하였고 그를 불러 일을 시키고자 하였지만 그래도 그 곁에 있지 않았던 적이 없었다.

이런 것이 바로 순이 불효한 행동을 한 것이다.

순은 그 원수를 등용하여 천하의 왕 노릇을 한 자로서, 순의 아버지는 고수로서 그 후처의 말만을 듣고 항상 순을 죽이고자 하였음에도 순은 효행을 잃는 법이 없어 이 때문에 천하가 그를 칭송하는 것이다.

요가 그의 어짊을 듣고 드디어 천하를 그에게 전해 주었으니 이는 왕도로서 천하에 군림하도록 한 것이다.

원수란 순의 계모를 말한다.

다음으로 환공桓公은 자신을 적해한 자를 불러 등용함으로써 제후를 제패한 자이다.

관중管仲은 환공의 형 공자 규에게 신복했던 자로서 규와 환공이 나라를 차지하려고 다툴 때, 관중은 활을 당겨 환공을 쏘았으나 환공의 허리띠 고리를 맞춘 자였지만, 환공은 이를 받아들여 그 죄를 용서하고 곧바로 그를 제나라 재상으로 삼아 천하에 그 누구도 그를 향해 복종하고 그 의로움을 사모하지 않은 이가 없었다.

이를 일러 적해한 자를 불러 (등용함으로써) 제후들의 패자가 된 것이라 하는 것이다.

〈堯〉

堯有不慈之名.

堯太子丹朱倨驕, 懷禽獸之心, 堯知不可用, 退丹朱而以天下傳舜.

此之謂堯有不慈之名.

舜有不孝之行.

舜親父假母, 母常殺舜, 舜去耕歷山, 三年大熟, 身自外養, 父母皆饑.

舜父頑, 母嚚, 兄狂, 弟敖, 舜求爲變心易志.

舜爲瞽瞍子也, 瞽瞍欲殺舜, 未嘗可得; 呼而使之, 未嘗不在側.

　此舜有不孝之行.

　舜用其仇而王天下者, 言舜父瞽瞍, 用其後妻, 常欲殺舜, 舜不爲失孝行, 天下稱之.

　堯聞其賢, 遂以天下傳之, 此爲王天下.

　仇者, 舜後母也.

　桓公召其賊而霸諸侯者.

　管仲臣於桓公兄公子糾, 糾與桓爭國, 管仲張弓射桓公, 中其帶鉤, 桓公受之, 赦其大罪, 立爲齊相, 天下莫不向服慕義.

　是謂召其賊霸諸侯也.

【堯】 전설상 上古시대 五帝의 하나. 陶唐氏. 唐堯로도 부름. 祁姓이며 이름은 放勳. 帝嚳의 아들.《十八史略》(1)에 "帝堯陶唐氏: 伊祁姓, 或曰名放勳, 帝嚳子也. 其仁如天, 其知如神, 就之如日, 望之如雲, 都平陽. 茆茨不剪, 土階三等. 有草生庭, 十五日以前, 日生一葉, 以後日落一葉, 月小盡, 則一葉厭而不落, 名曰蓂莢, 觀之以知旬朔"이라 함.《史記》五帝本紀를 볼 것.

【不慈】 堯가 천자의 지위를 아들에게 넘겨주지 않은 것을 두고 한 말.《莊子》盜跖篇에 "堯舜有天下, 子孫無置錐之地, 堯不慈, 舜不孝"라 함.

【丹朱】 堯의 아들이었으나 덕과 능력이 전혀 없고 불초하여 堯는 천하를 아들에게 넘기지 않고 舜에게 선양함.《國語》楚語(上)에 注에 "朱, 堯子, 封於丹"이라 하였고《史記》五帝本紀에는 "堯知子丹朱之不肖, 不足授天下, 於是乃權授舜"이라 함.

【不可用】 史記 五帝本紀에 "堯曰:「吁, 頑凶, 不用.」"이라 하였고〈正義〉에《左傳》云:「口不道忠信之言爲嚚, 心不則德義之經爲頑.」凶, 訟也. 言丹朱心旣頑嚚, 又好爭訟, 不可用之"라 함.

【舜】 고대 五帝의 하나. 有虞氏. 姓은 姚氏, 이름은 重華. 虞舜으로도 부름. 堯임금으로부터 천하를 물려받아 帝位에 오름. 瞽瞍의 아들로 孝誠이 뛰어났던 분으로 널리 알려져 있으며 儒家에서 聖人으로 추앙함.《十八史略》(1)에 "帝舜有虞氏: 姚姓, 或曰名重華, 瞽瞍之子, 顓頊六世孫也. 父惑於後妻, 愛少子象, 常欲殺舜. 舜盡孝悌之道, 烝烝乂不格姦"이라 함.

【假母】 繼母. 後母.

【歷山】 지금의 山東 濟南 동남쪽. 舜이 이곳에서 처음 농사를 짓기 시작하여 백성들의 추대를 받기 시작함.《韓非子》難一에 "歷山之農者侵畔, 舜往耕焉, 期年, 甽畝正"이라 함.

【母嚚】 嚚은 영악하고 말이 많으며 남을 비방하는 못된 성격을 뜻함.

【兄狂】 舜의 兄에 대한 기록은 다른 곳에서는 전혀 찾을 수 없음.

【弟敖】 舜에게는 배다른 아우 象이 있었으며 역시 선량하지 않았음. '敖'는 '傲'와 같음.《史記》五帝本紀에 "舜父瞽叟頑, 母嚚, 弟象傲, 皆欲殺舜"이라 함.

【瞽瞍】 '瞽叟'로도 표기하며 순임금의 아버지. 장님이었다 함. 후처에게 미혹하여 그 사이에 태어난 象과 함께 순을 죽이려 못된 일을 많이 한 것으로 널리 전해짐.《史記》五帝本紀에 "嶽曰:「盲者子. 父頑, 母嚚, 弟傲, 能和以孝, 烝烝治, 不至姦.」"이라 하였고, 〈正義〉에 孔安國의 說을 인용하여 "無目曰瞽. 舜父有目不能分別好惡, 故時人謂之瞽, 配字曰叟(瞍). 瞍, 無目之稱也"라 함.

【管仲】 管夷吾. 춘추시대 齊나라 인물. 夷吾는 이름이며 仲은 그의 字. 齊 桓公을 첫 霸者로 성취시킨 인물. 처음 齊나라에 난이 일어나 公子들이 뿔뿔이 흩어질 때 管仲은 公子 糾를 모시고 魯나라로 피신하였으며 鮑叔은 小白을 모시고 莒나라로 피신함. 뒤에 난이 끝나고 먼저 귀국하는 자가 왕위에 오르게 되어 있었으며 이 때 管仲은 小白 일행이 오는 길목을 지키다가 활로 小白을 쏘았으나 小白이 허리띠 고리에 맞고 죽은 척 쓰러져 있다가 지름길로 들어가 먼저 왕위에 올랐으며 이가 환공임. 이에 공자 규와 관중 일행은 귀국하지 못하고 처벌을 기다렸으나 鮑叔의 추천으로 환공의 재상이 되어 제나라를 부강하게 만들었으며 재상에 오름. 환공이 그를 높여 仲父라 칭하였음.《史記》管晏列傳 및《列子》등을 참조할 것. '管鮑之交' 등의 많은 고사를 남겼으며 그의 사상과 언행을 기록한《管子》가 전함.

【帶鉤】 허리띠 고리. 금속으로 만든 것으로 여기에 화살이 맞아 살아남.

계啓와 익益

하夏나라 계啓는 희생을 익益에게 바쳤는데, 계는 바로 우禹의 아들이었다. 익은 우와 함께 순舜을 섬겼는데 순이 우에게 천하를 전해주면서 익에게도 백 리의 땅을 봉해주도록 추천하였다.

우가 죽고 계가 뒤를 이었으며 계는 왕도의 일에 대하여 자세히 알았고 군신사이의 의에 대해서도 달통하였다.

익이 죽은 뒤 계는 해마다 좋은 희생을 마련하여 익의 제사를 지내 주었다.

《경經》에 "하나라 계는 익에게 희생을 올렸다"라 한 것은 이를 두고 한 말이다.

夏啓獻犧於益, 啓者, 禹之子, 益與禹臣於舜, 舜傳之禹, 薦益而封之百里.

禹崩啓立, 曉知王事, 達於君臣之義.

益死之後, 啓歲善犧牲以祠之.

《經》曰:「夏啓善犧於益.」此之謂也.

【夏】 禹가 세운 중국 최초의 왕조. 《史記》 夏本紀에 "國號曰夏后"라 함.

【啓】 禹의 아들. 夏나라 제 2대 군주. 禹임금이 죽으면서 益에게 천하를 넘겨주었

으나 啓를 지지하던 세력들이 益을 물리치고 啓를 후계자로 삼아 최초의 世襲王朝가 시작된 것임.《史記》夏本紀에 "帝禹東巡狩, 至於會稽而崩, 以天下授益. 三年之喪畢, 益讓帝禹之子啓, 而辟居箕山之陽, ……於是啓遂卽天子之位, 是爲夏后帝啓"라 함.

【益】 夏나라 때의 현인. '翳'로도 표기하며 伯益으로도 불림. 고대 嬴姓 부락의 선조로 禹를 도와 治水에 큰 공을 세웠으며 禹가 말년에 당시까지의 관례였던 禪讓(公天下)의 제도를 실천하고자 천하를 그에게 넘기려 하였음. 그러자 禹의 아들 啓를 지지하는 무리들이 益을 죽이고 중국 최초의 世襲(家天下)이 시작됨.

【禹】 中國 최초의 왕조 夏나라의 시조. 夏后氏 부락의 領袖였으며 姒姓. 大禹, 夏禹 등으로도 불리며 이름은 文命. 鯀의 아들. 鯀이 물을 막는 방법으로 治水에 실패하여 죽음을 당한 뒤 禹는 물을 소통시키는 방법으로 성공을 거둔 다음 舜임금으로부터 천하를 물려받아 夏王朝를 세움. 뒤에 천하를 순시하다가 會稽에서 생을 마침. 그는 益에게 천하를 물려주려 하였으나 아들 啓의 무리가 난을 일으켜 益을 죽이고 世襲王朝를 시작함. 이로부터 禪讓(公天下)의 제도가 마감되고 世襲(家天下)의 역사가 시작됨. 이를 "傳子而不傳賢"이라 함.《史記》에서는 五帝本紀 다음 첫 왕조로 夏本紀가 시작됨.《十八史略》(1)에 "夏后氏禹: 姒姓, 或曰名文命, 鯀之子, 顓頊孫也. 鯀湮洪水, 舜擧禹代鯀, 勞身焦思, 居外十三年, 過家門不入"이라 함.

【經】 錢培名 〈札記〉에 "據此文, '經曰'二字, 則知此篇「晉公子重耳反國定天下」, 「齊公子小白亦反齊國而匡天下」, 「堯有不慈之名」, 「舜有不孝之行」, 「舜用其仇而王天下」, 「桓公召其賊而霸諸侯」, 「夏啓獻犧於益」, 「湯獻牛荊之伯」, 「舜之時鯀不從令」, 「湯以文聖」, 「文王以務爭」, 「武王以禮信」, 「周公以盛德」等語, 皆其所謂經也, 各立一語爲綱, 而下之爲傳. 惟「句踐反國」一節, 參雜其間, 頗爲不倫, 然亦傳體也"라 함.

【夏啓善犧於益】 錢培名 〈札記〉에 "善, 上作獻, 此誤"라 하여 '善'은 '獻'의 오기라 하였음.

108(4-8)
탕湯과 형荊나라 지백之伯

탕湯이 형荊의 지백之伯에게 소를 바쳤다.

지백은 형주荊州의 군주이다.

탕은 인의仁義를 행하여 귀신을 공경하자 천하가 한 마음으로 그에게 귀의하였다.

그 당시에는 형나라 군주는 아직 따르지 않고 있었다.

탕은 이에 잘 다듬은 희생의 소를 바쳐 그를 모셨다.

형나라 군주는 이에 부끄러움을 느끼면서 이렇게 말하였다.

"성인을 받들어 모셔야 하는 예를 잃었습니다."

그리고는 그 정성스러운 마음을 다 바쳤다.

이를 일러 탕이 형나라 지백에게 소를 바쳤다고 하는 것이다.

湯獻牛荊之伯.

之伯者, 荊州之君也.

湯行仁義, 敬鬼神, 天下皆一心歸之.

當是時, 荊伯未從也.

湯於是乃飾犧牛以事.

荊伯乃媿然曰:「失事聖人禮.」

乃委其誠心.
此謂湯獻牛荊之伯也.

【湯】殷(商)나라 시조 湯王. 子姓. 이름은 履. 武湯, 成湯, 天乙로도 불림. 有자는
접두사. '湯'은 원래 夏나라 때의 諸侯. 亳을 근거로 발전하여 夏나라 마지막
王 桀의 무도함을 제거하고 伊尹을 등용하여 殷(商)을 세운 개국군주. 儒家에서
聖人으로 받듦. 《史記》殷本紀를 참조할 것. 《十八史略》(1)에는 "殷王成湯:
子姓, 名履. 其先曰契, 帝嚳子也. 母簡狄, 有娀氏女, 見玄鳥墮卵吞之, 生契. 爲唐
虞司徒, 封於商, 賜姓"이라 함.
【荊之伯】〈三民本〉에는 "荊나라의 君主"로 보아 楚나라의 선조이며 終商의 시대에
楚나라는 商의 견고한 盟國이라 하였으나 다른 기록에 이런 것이 보이지 않아,
兪樾은 葛伯의 사건을 말한 것이라 하였음. 그의 〈讀越絶書〉에 "此卽葛伯事,
而傳聞異辭"라 함. 《史記》殷本紀에도 "湯征諸侯, 葛伯不祀, 湯始伐之"라
하였고 《孟子》集解에도 "湯居亳, 與葛伯爲隣"이라 함. 한편 '之伯' 역시 이름이
아닌가 함.
【飾犧】'飾'은 '飭'과 같음. 《周禮》地官 封人 "凡祭祀, 飾其牛牲"의 注에 "飾, 謂刷
治潔淸之也"라 함.
【媿然】'媿'는 '愧'와 같음. 부끄럽게 여김.

109(4-9)
구천句踐이 귀환하여

월왕越王 구천句踐이 나라로 돌아온 지 6년, 사민士民들의 무리를 얻게 되자 오吳나라를 치고자 하였다.

이에 그들로 하여금 갑옷을 만들도록 하였으니 갑옷을 만드는 일이란 갑옷의 끊어진 실을 매고 내모內矛를 수리하여 적계赤雞의 장식을 단단히 매는 일이다.

월나라 사람들은 이를 인쇄人鎩라 한다.

배를 서로 묶어 매의진買儀塵까지 항해하였음은 월나라 사람들이 장강長江으로 갔음을 말한다.

수려須慮를 잘 정비하였는데 월나라 사람들은 배를 '수려'라 부른다.

급하게 노기를 느껴 분분紛紛하였다 함은 노기의 모습이다.

노기가 지극해지자 병사들이 고문高文을 두드렸는데 이는 용사들이 펄펄 뛰었음을 말한다.

이夷에서 군사 연습을 하였는데, 이는 바다를 말한다.

내萊에서 노숙을 하였는데 내는 들판을 말한다.

단畢을 공격하여 들어갔는데 단은 벽을 말한다.

越王句踐反國六年, 皆得士民之衆, 而欲伐吳.

於是乃使之維甲; 維甲者, 治甲系斷, 修內矛赤雞稽繇者也.

越人謂人鍛也.

方舟航買儀塵者, 越人往如江也.

治須慮者, 越人謂船爲須慮.

亞怒紛紛者, 怒貌也.

怒至, 士擊高文者, 躍勇士也.

習之於夷; 夷, 海也.

宿之於萊; 萊, 野也.

致之於單; 單者, 堵也.

【反國六年】《國語》越語(下) "又一年, 王召范蠡而問焉, 曰: 「吾與子謀吳, 子曰
未可也. 今申胥驟諫其王, 王怒而殺之, 其可乎?」 對曰:「逆節萌生, 天地未形,
而先爲征, 其事是以不成, 雜受其刑. 王姑待之.」 王曰:「諾.」"의 注에 "反國六年,
魯哀十一年"이라 하여 B.C.484년의 일임.

【維甲】 갑옷을 잘 손질함.

【內矛】 矛戟의 손잡이. '內'는 모극의 칼날 아래 손잡이 부분.

【赤雞】 붉은 닭의 깃털로 장식을 함.

【稽鯑】 '稽'는 '棨'와 같음. 비단으로 장식한 창으로 관리가 출행할 때 前導의
儀仗이라 함. '鯑'는 무성함, 많음. 그러나 갑옷이나 무기 등의 견실함을 점검
하는 것이라 보기도 함.

【人鍛】 쇄(鍛)는 날이 매우 긴 창. '鈹'와 같음. '人'은 '大'의 오류가 아닌가 함.
張宗祥 〈校注〉에 "人字疑大字之訛"라 함.

【方舟】 배를 두 척씩 묶어 항해함.

【買儀塵】 구체적인 뜻은 알 수 없음.

【須慮】 배(船)를 뜻하는 월나라 방언.

【士擊高文】 士는 고대 士官. 大夫 아래의 신분.《禮記》王制에 "諸侯之上大夫卿,
下大夫, 上士, 中士, 下士, 凡五等"이라 함. '高文'은 '文'의 '鼓'의 오기가 아닌가 함.
《詩》邶風 擊鼓에 "擊鼓其鏜, 踊躍用兵"이라 함. 그러나 錢培名 〈札記〉에는
"文, 疑當作丈"이라 하여 '丈'의 오류로 보았음.

【堵】 높은 성벽, 담장.

110(4-10)
순舜과 곤鯀의 치수

순舜이 다스릴 때에 곤鯀이 명령을 따르지 않았다.

요堯가 제곡帝嚳의 난을 겪은 뒤, 홍수가 천지에 넘치자 요는 곤으로 하여금 홍수를 다스리도록 하였으나 9년이 되도록 해내지 못하는 것이었다.

요는 일흔 살이 되어서야 순을 얻게 되었는데 순은 인정人情에 밝고 지형에 대해서도 잘 살피는 자였다.

순은 곤이 능히 물을 다스릴 수 없음을 알고 자주 이를 간언하였으나 곤은 물러서지 않아 요는 그를 우산羽山으로 쫓아내어 죽여버렸다.

이를 일러 순이 다스릴 때에 곤이 명령을 따르지 않았다고 하는 것이다.

舜之時, 鯀不從令.

堯遭帝嚳之後亂, 洪水滔天, 堯使鯀治之, 九年弗能治.

堯七十年而得舜, 舜明知人情, 審於地形.

知鯀不能治, 數諫不去, 堯殛之羽山.

此之謂舜之時, 鯀不從令也.

【舜】 고대 五帝의 하나. 有虞氏. 姓은 姒氏, 이름은 重華. 虞舜으로도 부름. 堯임금으로부터 천하를 물려받아 帝位에 오름. 瞽瞍의 아들로 孝誠이 뛰어났던 분으로 널리 알려져 있으며 儒家에서 聖人으로 추앙함. 《十八史略》(1)에 "帝舜有虞氏: 姚姓, 或曰名重華, 瞽瞍之子, 顓頊六世孫也. 父惑於後妻, 愛少子象, 常欲殺舜. 舜盡孝悌之道, 烝烝乂不格姦"이라 함.

〈舜〉

【鯀】 '鮌'으로도 표기하며 夏나라 시조 禹의 아버지. 四嶽의 추천으로 堯를 도와 治水에 나섰으나 물을 막는 방법으로 하다가 실패하여 羽山에서 처형을 당하였으며 禹가 아버지의 직무를 이어받아 성공함으로써 舜으로부터 천하를 물려받음. 《山海經》海內經에 "洪水滔天, 鯀竊帝之息壤, 以堙洪水"라 함. 《史記》夏本紀 등을 참조할 것.

【堯】 전설상 上古시대 五帝의 하나. 陶唐氏. 唐堯로도 부름. 祁姓이며 이름은 放勳. 帝嚳의 아들. 《十八史略》(1)에 "帝堯陶唐氏: 伊祁姓, 或曰名放勛, 帝嚳子也. 其仁如天, 其知如神, 就之如日, 望之如雲, 都平陽. 茅茨不剪, 土階三等. 有草生庭, 十五日以前, 日生一葉, 以後日落一葉, 月小盡, 則一葉厭而不落, 名曰蓂莢, 觀之以知旬朔"이라 함. 《史記》五帝本紀를 볼 것.

【帝嚳】 전설상 上古시대 五帝의 하나이며 堯의 아버지. 《史記》五帝本紀에 "帝顓頊生子曰窮蟬. 顓頊崩, 而玄囂之孫高辛立, 是爲帝嚳. 帝嚳高辛者, 黃帝之曾孫也. 高辛父曰蟜極, 蟜極父曰玄囂, 玄囂父曰黃帝. 自玄囂與蟜極皆不得在位, 至高辛卽帝位. 高辛於顓頊爲族子. 高辛生而神靈, 自言其名. 普施利物, 不於其身. 聰以知遠, 明以察微. 順天之義, 知民之急. 仁而威, 惠而信, 脩身而天下服. 取地之財而節用之, 撫敎萬民而利誨之, 曆日月而迎送之, 明鬼神而敬事之. 其色郁郁, 其德嶷嶷. 其動也時, 其服也士. 帝嚳溉執中而徧天下, 日月所照, 風雨所至, 莫不從服. 帝嚳娶陳鋒氏女, 生放勳. 娶娵訾氏女, 生摯. 帝嚳崩, 而摯代立. 帝摯立, 不善(崩), 而弟放勳立, 是爲帝堯"라 함.

【洪水】 '洚水', '鴻水'로도 표기하며 《孟子》滕文公(下)에 "當堯之時, 水逆行, 氾濫於中國. 蛇龍居之, 民無所定. 下者爲巢, 上者爲營窟. 《書》曰: 「洚水警余」洚水者, 洪水也. 使禹治之, 禹掘地而注之海, 驅蛇龍而放之菹. 水由地中行, 江·淮·河·漢是也. 險阻旣遠, 鳥獸之害人者消, 然後人得平土而居之"라 함.

【羽山】지금의 山東 郯城縣 동북. 혹은 江蘇 贛楡縣이라고도 하고, 혹 지금의 連雲港, 또는 蓬萊縣 등 여러 설이 있음.《史記》夏本紀에 "當帝堯之時, 鴻水滔天, 浩浩懷山襄陵, 下民其憂. 堯求能治水者, 群臣四嶽皆曰鯀可. 堯曰:「鯀爲人負命毀族, 不可.」四嶽曰:「等之未有賢於鯀者, 願帝試之.」於是堯聽四嶽, 用鯀治水. 九年而水不息, 功用不成. 於是帝堯乃求人, 更得舜. 舜登用, 攝行天子之政, 巡狩. 行視鯀之治水無狀, 乃殛鯀於羽山以死. 天下皆以舜之誅爲是. 於是舜擧鯀子禹, 而使續鯀之業"이라 함.

111(4-11)
탕湯과 이윤伊尹

은殷의 탕湯이 하夏나라 걸桀이 천하에 못된 짓을 저지르는 무도함을 만나자 이에 탕은 이윤伊尹을 등용하여 지극한 성인의 마음을 시행하였다.

걸의 무도하고 잔학한 행동을 만났기에 그 때문에 하나라를 쳐서 걸을 추방하여 왕도王道가 흥성하여 뛰어오를 수 있었던 것이다.

그리하여 혼란을 혁폐하고 폐단을 보완하여 풍속을 바꾸고 제도를 고쳐 새롭게 하자 해내海內 모두가 그에게 조공해 오면서 천하가 그의 교화를 이어받게 되었다.

탕이 문덕 덕분에 성인이라 칭송받게 되었다 함은 이를 두고 한 말이다.

殷湯遭夏桀無道, 殘賊天下, 於是湯用伊尹, 行至聖之心.

見桀無道虐行, 故伐夏放桀, 而王道興躍.

革亂補弊, 移風易俗, 改制作新, 海內畢貢, 天下承風.

湯以文聖, 此之謂也.

【湯】殷나라 시조 湯王. 子姓. 이름은 履. 武湯, 成湯, 天乙로도 불림. '湯'은 원래 夏나라 때의 諸侯. 亳을 근거로 발전하여 夏나라 마지막 王 桀의 무도함을 제거 하고 伊尹을 등용하여 殷(商)을 세운 개국군주. 儒家에서 聖人으로 받듦.《史記》

殷本紀를 참조할 것.《十八史略》(1)에는 "殷王成湯: 子姓, 名履. 其先曰契, 帝嚳子也. 母簡狄, 有娀氏女, 見玄鳥墮卵吞之, 生契. 爲唐虞司徒, 封於商, 賜姓"이라 함.

【桀】夏나라 마지막 王. 이름은 癸(履癸). 妹喜에게 빠져 무도한 짓을 저질렀으며 殷의 湯王에게 망함. 殷나라 마지막 王인 紂와 함께 '桀紂'라 하여 폭군의 전형으로 거론됨.《史記》夏本紀를 참조할 것.《十八史略》(1)에 "孔甲之後, 歷王皐·王發·王履癸. 號爲桀, 貪虐, 力能伸鐵鉤索. 伐有施氏, 有施以末喜女焉, 有寵, 所言皆從, 爲傾宮瑤臺, 殫民財. 肉山脯林, 酒池可以運船, 糟堤可以望十里, 一鼓而牛飮者三千人, 末喜以爲樂. 國人大崩, 湯伐夏, 桀走鳴條而死"라 함.

【伊尹】殷나라 湯王의 재상. 이름은 摯. 湯이 有莘氏의 딸을 아내로 맞을 때 媵臣으로 따라가면서 조리 기구를 짊어지고 가서 주방장이 되어 湯에게 접근하였음. 뒤에 탕에게 발탁되어 재상에 올랐으며 夏의 마지막 王인 桀을 쳐서 殷왕조를 여는 데에 큰 공을 세웠음.《史記》殷本紀 및《墨子》尙賢篇을 볼 것.

【放桀】《尙書》仲虺之誥에 "成湯放桀於南巢"라 함.

【革亂補弊】'革亂除弊'와 같음.

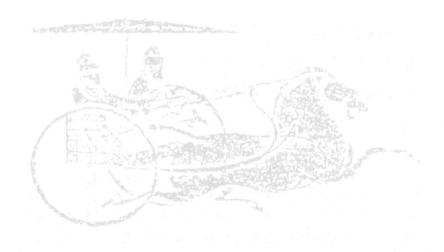

112(4-12)

문왕文王

문왕文王은 자신의 임무를 다하기 위해 다툰 자이다.

주紂가 천하를 차지하고 온갖 못된 짓에 사치와 안일을 일삼으며 나라 정치는 돌아보지도 않았다.

문왕은 백 리밖에 되지 않은 땅을 가지고 있으면서 주가 무도하여 법도 없이 마구 사람을 죽이고 당치도 않은 일에 상과 재물을 내리는 것을 보았다.

그런데도 문왕은 자신의 성스러움으로써 주를 섬기자 천하가 모두 성의를 다하면서 문왕의 어질고 성스러움을 알고 그를 따랐다.

이를 일러 문왕이 자신의 임무를 다하기 위해 다투었다 하는 것이다.

주는 악한 형벌을 저지르기를 다투었으나 문왕은 지극한 성스러움을 행하여 인의仁義로써 다투었다 함은 이를 두고 하는 말이다.

文王以務爭者.

紂爲天下, 殘賊奢佚, 不顧邦政.

文王百里, 見紂無道, 誅殺無刑, 賞賜不當.

文王以聖事紂, 天下皆盡誠, 知其賢聖, 從之.

此謂文王以務爭也.

紂以惡刑爭, 文王行至聖, 以仁義爭, 此之謂也.

【文王】周나라 건국의 聖王. 姬昌. 后稷(姬棄)의 후손으로 季歷의 아들이며 古公
亶甫의 손자. 商나라 말 紂임금 때 西伯이 되어 인정을 베풀었으며 紂의 미움을
받아 羑里(牖里, 지금의 河南 湯陰縣)의 감옥에 갇히는 등 고초를 겪기도 하였
으며 그 아들 武王(姬發)에 이르러 紂를 牧野에서 멸하고 周나라를 일으킴.
《史記》周本紀 참조.

【紂】殷의 末王. 폭군으로 널리 알려짐. 帝辛, 商辛으로도 부르며 帝乙의 아들.
妲己에게 빠져 '炮烙之刑'과 '酒池肉林' 등의 악한 고사를 가지고 있으며 周 文王
(姬昌)을 羑里(牖里)에 가두는 등 周나라와 대립하다가 武王(姬發)에게 망함.

【百里】《孟子》公孫丑(上)에 "尺地莫非其有也, 一民莫非其臣也. 然而文王猶方
百里起, 是以難也"라 함.

〈文王〉

113(4-13)
무왕武王과 주紂

무왕武王은 예禮로써 믿음을 샀다.

문왕文王이 죽은 지 9년 째 천하의 8백 제후諸侯들이 모두 하루아침에 맹진孟津 나루터에 모여들었다.

말을 하지 않아도 같은 생각이었고 부르지 않았어도 스스로 온 것이니 모두가 무왕의 충신忠信함을 알고 무왕을 따라 주紂를 토벌하는 데에 참여하고자 한 것이다.

그 당시에는 비간比干, 기자箕子, 미자微子가 있었으나 무왕은 그들을 어진 이로 여겨 감히 칠 수 없다고 여겨 제후들을 모두 되돌려 보냈다.

다시 되돌아 온지 2년 째, 주는 비간에게 못된 짓을 하고 기자를 가두었으며 미자는 쫓겨나게 되었으며, 임부姙婦의 배를 갈라보고, 아침 물을 건넌 자의 정강이를 잘라보는 등 포악한 짓을 서슴지 않았다.

무왕은 주의 현신과 보좌들이 모두 사라짐을 보고 이에 천하 제후들을 모아 군사를 일으켜 주를 토벌하여 그를 죽여버렸다.

그리고 무왕은 수레에서 미처 내리기도 전에 비간의 묘를 찾아 예를 표하였고 태창太倉의 곡식을 풀어 천하 사람들에게 나누어주었으며, 미자를 송宋에 봉하였다.

이것이 무왕이 예로써 천하의 믿음을 산 것이다.

武王以禮信.

文王死九年, 天下八百諸侯, 皆一旦會於孟津之上.

不言同辭, 不呼自來, 盡知武王忠信, 欲從武王與之伐紂.

當是時, 比干·箕子·微子尚在, 武王賢之, 未敢伐也, 還諸侯.

歸二年, 紂賊比干, 囚箕子, 微子去之, 刳姙婦, 殘朝涉.

武王見賢佐臣已亡, 乃朝天下, 興師伐紂, 殺之.

武王未下車, 對比干之墓; 發太倉之粟, 以贍天下; 封微子於宋.

此武王以禮信也.

【武王】周武王. 姬發. 文王(姬昌, 西伯)의 아들. 殷末 周民族의 領袖. 아버지의 뜻을 이어 庸, 蜀, 羌 등 부족과 연합하여 殷의 紂를 멸하고 西周의 封建王朝를 건립함. 周公(姬旦)의 형이며 成王(姬誦)의 아버지. 周初의 文物制度를 완비하여 儒家에서 흔히 三代의 개국시조 夏禹, 商湯, 周文武로 칭하며 추앙받기도 함.
【孟津】나루 이름. 盟津, 富平津으로도 부르며 지금의 河南 孟縣 黃河의 나루. 武王이 紂를 칠 때 제후들을 모아 회맹을 한 곳.《史記》周本紀에 "九年, 武王 上祭于畢. 東觀兵, 至于盟津. 爲文王木主, 載以車, 中軍. 武王自稱太子發, 言奉 文王以伐, 不敢自專. 乃告司馬·司徒·司空·諸節:「齊栗, 信哉! 予無知, 以先祖 有德臣, 小子受先功, 畢立賞罰, 以定其功」遂興師. 師尙父號曰:「總爾衆庶, 與爾 舟楫, 後至者斬」武王渡河, 中流, 白魚躍入王舟中, 武王俯取以祭. 旣渡, 有火 自上復于下, 至于王屋, 流爲烏, 其色赤, 其聲魄云. 是時, 諸侯不期而會盟津者 八百諸侯. 諸侯皆曰:「紂可伐矣」武王曰:「女未知天命, 未可也」乃還師歸"라 함.
【比干】殷나라 王子. 紂王의 叔父, 혹은 庶兄이라고도 함. 少師를 지냈으며 博學 多識하였음. 紂의 惡政을 諫하다가 心臟이 찢기는 변을 당함.《史記》殷本紀 에는 "比干乃强諫紂. 紂怒曰:「吾聞聖人心有七竅, 剖比干觀其心.」"이라 하였고, 《十八史略》(1)에도 "紂淫虐甚, 庶兄微子數諫, 不從, 去之. 比干諫, 三日不去,

紂怒曰:「吾聞聖人之心有七竅.」剖而觀其心, 箕子佯狂爲奴, 紂囚之, 殷大師, 持其樂器祭器奔周"라 함.

【箕子】殷(商)나라 帝乙의 아들이며 紂王의 叔父, 혹 庶兄이라고도 함. 箕는 땅이름. 子는 작위. 이름은 胥余. 紂가 무도한 짓을 하자 이를 極諫하다가 紂에게 미움을 사자 거짓 미친 체하여 스스로 노예처럼 행동함. 紂가 그를 가두었으나 武王이 紂를 멸한 뒤 풀어주어 국정의 諮問을 받음.《尚書》洪範篇을 볼 것.《論語》微子篇에 "微子去之, 箕子爲之奴, 比干諫而死. 孔子曰:「殷有三仁焉.」"이라 함.

【微子】이름은 啓(開). 紂의 庶兄, 여러 차례 간언을 하였으나 주가 듣지 않자 국외로 망명하였다가 殷이 망한 뒤 武王 풀려남.《論語》微子篇 참조.

【剖姙婦】임신한 여인의 뱃속이 어떻게 생겼는가를 보기 위해 임부의 배를 갈라 보는 악행을 저지름.

【殘朝涉】겨울에 물을 건너는 자를 보고 어찌하여 정강이가 시리지 않은가를 알아보겠다고 그 자의 정강이를 잘라봄. 그러나 이는 戰國시대 宋 康王의 고사임.《新序》雜事(4)에 "宋康王時, 有爵生鷃於城之陬, 使史占之, 曰:「小而生巨, 必霸天下.」康王大喜, 於是滅滕伐薛, 取淮北之地, 乃愈自信, 欲霸之亟成, 故射天笞地, 斬社稷而焚之, 曰:「威嚴伏天地鬼神.」罵國老之諫者, 爲無頭之棺, 以示有勇, 剖傴者之背, 鍥朝涉之脛, 而國人大駭"라 하였으며,《戰國策》宋策에도 "罵國老諫曰, 爲無顏之冠, 以示勇. 剖傴之背, 鍥朝涉之脛, 而國人大駭"라 하였고,《新書》春秋에도 "罵國老之諫者, 爲無頭之棺, 以視有勇, 剖傴者之背, 斳朝涉之脛. 國人大駭, 齊王聞而伐之, 民散, 城不守, 王乃逃於倪侯之館, 遂得病而死"라 하는 등 널리 알려짐.

【比干之墓】《禮記》樂記에 "武王克殷, 反商. 未及下車而封黃帝之後於薊, 封帝堯之後於祝, 封帝舜之後於陳. 下車而封夏后氏之後於杞, 投殷之後於宋. 封王子比干之墓, 釋箕子之囚, 之行商容而復其位"라 하였고,《新序》善謀(下)에도 "武王入殷, 表商容之閭, 軾箕子之門, 封比干之墓"라 하였으며,《史記》留侯世家에는 "武王入殷, 表商容之閭, 釋箕子之拘, 封比干之墓"라 하는 등 널리 알려진 고사임.

【太倉】나라의 식량을 저장한 창고.

【封微子於宋】武王이 微子를 宋(지금의 河南 商丘) 땅에 봉하여 殷(商)의 遺民을 위무하도록 함. 宋나라는 春秋時代를 거쳐 戰國시대에 이르러 齊, 楚, 魏 세 나라 연합군의 공격을 받아 멸망함.《史記》宋微子世家에 "宋景公三十年, 曹倍宋, 又倍晉, 宋伐曹, 晉不救, 遂滅曹有之"라 함.

114(4-14)
주공周公

주공周公은 풍성한 덕으로 일을 처리하였다.

무왕武王 주공을 노魯 땅에 봉하고 그로 하여금 성왕成王의 스승이 되어 돕도록 하였다.

성왕은 어렸지만 주공은 신하가 되어 그를 섬겼다.

그 당시에는 상사賞賜가 공이 없는 자에게 주어지는 일이 없었고, 형벌刑罰은 죄가 없는 자에게 내려지는 일이 없었으며, 천하가 집안은 풍족하였고 사람은 만족하였으며, 벼와 보리는 무성하게 자랐고, 사람은 때에 맞추어 부렸으며 말은 예에 맞추어 일러주어, 위로는 하늘과 땅의 도리에 순응하였고 그 은택은 이적夷狄에게까지 미쳤다.

이 때에 관숙管叔과 채숙蔡叔은 주공을 알아보지 못한 채 그를 성왕에게 참소하자 주공은 그 지위를 사양하고 밖으로 나가 1년 동안 변방을 순수巡狩하였는데, 그러자 하늘에는 폭풍우가 밤낮을 가리지 않고 쉼 없이 계속되었고 오곡은 제대로 자라지 않았으며 나무는 모두 쓰러져 버리는 것이었다.

성왕은 그게 두려워 이에 금등金縢의 궤짝을 열어 주공의 글을 살펴보고서야 비로소 주공이 성덕이 있음을 알게 되었다.

왕은 이에 밤에 나서서 주공을 맞이하려 울면서 그를 찾아 나섰다.

주공이 되돌아오자 하늘이 그의 복에 응험하여 오곡이 모두 살아나고 나무들이 모두 다시 일어섰으며 천하가 모두 풍성한 수확을 얻게 되었다.

이것이 주공의 성덕盛德이라는 것이다.

周公以盛德.

武王封周公, 使傅相成王.

成王少, 周公臣事之.

當是之時, 賞賜不加於無功, 刑罰不加於無罪; 天下家給人足, 禾麥茂美; 使人以時, 說之以禮; 上順天地, 澤及夷狄.

於是, 管叔·蔡叔不知周公而讒之成王, 周公乃辭位, 出巡狩於邊一年, 天暴風雨, 日夜不休, 五穀不生, 樹木盡偃.

成王大恐, 乃發金縢之櫃, 察周公之冊, 知周公乃有盛德. 王乃夜迎周公, 流涕而行.

周公反國, 天應之福, 五穀皆生, 樹木皆起, 天下皆實.

此周公之盛德也.

【周公】姬旦. 周 文王(姬昌)의 아들이며 武王(姬發)의 아우. 武王을 도와 商(殷)의 紂를 멸하였으며 周나라 文物制度를 완비함. 조카 成王(姬誦)이 어려 즉위하자 7년 동안 섭정함. 管叔과 蔡叔이 武庚을 부추겨 난을 일으키자 東征하여 진압하고 洛陽을 成周로 건설하기도 함. 魯나라 曲阜를 봉지로 받아 魯나라 시조가 됨. 儒家에서 聖人으로 높이 받듦.《史記》魯周公世家 및 周本紀 참조.

【封周公】周公을 魯 땅에 봉하였으나 成王을 보좌하는 일로 인해 周公은 아들 伯禽을 대신 보내어 다스리도록 하면서 '吐哺握髮'의 충고를 해 주었음.

【傅相】스승처럼 역할을 하여 돕도록 함.

【成王】西周의 제 3대 天子. 姬誦. 武王(姬發)의 아들이며 周公의 조카. 나이가 어릴 때 왕위에 올라 周公(姬旦)이 섭정함.

【夷狄】사방 이민족인 東夷, 西戎, 南蠻, 北狄을 아울러 이르는 말.

【管叔, 蔡叔】管叔(姬鮮)과 蔡叔(姬度). 모두 文王(姬昌)의 아들이며 武王(姬發)의
아우. 周公의 아우이기도 하며 成王(姬誦)의 숙부들. 이들을 管(지금의 河南
鄭州)과 蔡(지금의 河南 上蔡)에 봉하여 殷의 후예인 武庚을 감시하도록 임무를
맡겼음. 그런데 주공이 成王을 攝政하자 '주공이 조카에게 불리한 짓을 할 것'
이라는 유언을 퍼뜨리며 武庚을 부추겨 난을 일으킴. 이에 周公은 東征하여
武庚의 난을 평정하고 관숙과 채숙을 방축해버림. 《尚書》 金縢篇과 《史記》
管蔡世家를 참조할 것.

【巡狩】원래는 왕이 궁궐을 떠나 변방을 시찰하는 일. 《孟子》 梁惠王(下)에
"天子適諸侯曰巡狩, 巡狩者, 巡所守也; 諸侯朝於天子曰述職, 述職者, 述所職也"
라 하였고 告子(下)에는 "天子適諸侯曰巡狩, 諸侯朝於天子曰述職. 春省耕而
補不足, 秋省斂而助不給. 入其疆, 土地辟, 田野治, 養老尊賢, 俊傑在位, 則有慶,
慶以地. 入其疆, 土地荒蕪, 遺老失賢, 掊克在位, 則有讓. 一不朝, 則貶其爵; 再不朝,
則削其地; 三不朝, 則六師移之. 是故天子討而不伐, 諸侯伐而不討. 五霸者, 摟諸
侯以伐諸侯者也"라 함. 張宗祥 〈校注〉에 《書》言居東二年, 《詩》言東征三年"
이라 함.

【金縢】《尚書》의 篇名. 武王이 중병이 들자 周公이 三王에게 周公 자신이 대신
죽게 해달라고 기도하였음. 그러자 武王이 병이 나았다 하며 史官이 그 기도
문을 궤짝에 넣고 금실로 봉하여 그 궤를 '金縢之櫃'라 함. 《史記》 魯周公
世家에 "初, 成王少時, 病, 周公乃自揃其蚤沈之河, 以祝於神曰: 「王少未有識,
奸神命者乃旦也.」 亦藏其策於府. 成王病有瘳. 及成王用事, 人或譖周公, 周公
奔楚. 成王發府, 見周公禱書, 乃泣, 反周公"이라 함.

참고 및 관련 자료

1. 《尚書》 金縢篇

既克商二年, 王有疾, 弗豫. 二公曰: 「我其爲王穆卜.」周公曰: 「未可以戚我先王.」
公乃自以爲功, 爲三壇同墠, 爲壇於南方, 北面, 周公立焉, 植璧秉珪, 乃告大王
王季文王. 史乃冊祝曰: 「惟爾元孫某, 遘厲虐疾, 若爾三王, 是有丕子之責于天,
以旦代某之身. 予仁若考, 能多材多藝, 能事鬼神, 乃元孫, 不若旦多材多藝, 不能
事鬼神. 乃命于帝庭, 敷佑四方, 用能定爾子孫于下地, 四方之民, 罔不祇畏.
嗚呼! 無墜天之降寶命, 我先王亦永有依歸. 今我即命于元龜, 爾之許我, 我其

以璧與珪, 歸俟爾命, 爾不許我, 我乃屏璧與珪.」乃卜三龜, 一習吉, 啓籥見書, 乃幷是吉. 公曰:「體, 王其罔害. 予小子新命于三王, 惟永終是圖, 兹攸俟, 能念予一人.」公歸, 乃納冊于金縢之匱中, 王翼日乃瘳. 武王既喪, 管叔及其羣弟, 乃流言於國曰:「公將不利於孺子」周公乃告二公曰:「我之弗辟, 我無以告我先王.」周公居東二年, 則罪人斯得. 于後公乃爲詩以貽王, 名之曰『鴟鴞』, 王亦未敢誚公. 秋大熟未穫, 天大雷電以風, 禾盡偃, 大木斯拔, 邦人大恐, 王與大夫盡弁, 以啓金縢之書, 乃得周公所自以爲功, 代武王之說. 二公及王, 乃問諸史與百執事, 對曰:「信. 噫. 公命我勿敢言」王執書以泣曰:「其勿穆卜. 昔公勤勞王家, 惟予沖人弗及知, 今天動威, 以彰周公之德, 惟朕小子其新逆, 我國家禮亦宜之.」王出郊, 天乃雨, 反風, 禾則盡起. 二公命邦人, 凡大木所偃, 盡起而築之, 歲則大熟.

卷四

〈5〉越絶〈計倪內經〉第五

⟨5⟩ 越絶 ⟨計倪內經⟩ 第五

　구천을 도와 패자로 만든 신하로는 널리 알려진 범려와 대부 문종文種 외에 계예計倪라는 인물이 있다. 본편은 그의 등장과 진언으로 월나라가 비로소 부국의 반열에 오르게 된 내용을 주로 다루고 있다.

　계예는 축적蓄積의 논리를 주장하며 "省賦斂, 勸農桑"을 그 구체적 행정 방법으로 구현하여 주기적 흉풍凶豐에 대비해야 함을 강조하고 이를 실현시킨 인물이다.

⟨銅爵⟩ (商) 1976 河南 安陽 婦好墓 출토

115(5-1)
계예計倪의 계책

옛날, 월왕越王 구천句踐이 이윽고 나라로 돌아와서는 몰래 오吳나라를 칠 계획을 세우고는 이에 계예計倪를 불러 물었다.

"내 오나라를 칠 참인데 성공하지 못할까 걱정이오. 마치 산림 속에 있으면서 어둠을 만나 어디에 처해야 될지 그 이익과 손해를 알지 못하는 것과 같소. 우리 월나라는 서쪽으로는 장강에 임박해 있고 동쪽으로는 바다에 맞닿아 있어 그 물들이 푸른 하늘과 연속되어 아래고 그 끝을 알 수 없소. 장강과 바다가 서로 뒤얽혀 지나고 파도는 깊이 흘러 잠긴 듯하면서 다시 솟아올라 다시 바다로 흘러들고 있소. 드넓은 물은 밀물과 썰물이 때를 맞추어 드나들고 그 움직임은 마치 놀라 소리치는 것과 같고, 그 소리는 마치 우레와 같소. 파도는 서로가 밀어 다시 일어나, 배가 길을 잃으면 구해낼 수가 없어 목숨이 어디에 매어 있는지 알 수 없으며, 그런 속에서 전투를 해야 하는 누선樓船의 고통을 생각하면 눈물을 그칠 수가 없다오. 내가 그렇게 하지 않고자 하는 것이 아니라 시운이 어디에 있는지 알 수 없는데 모책을 성공하지도 못한 채 그만두어 천하의 걱정거리만 만들지나 않을까 하는 것이 걱정이오. 나와 대등한 자를 적으로 삼아 그런 적국을 공격을 하는 것이니 누가 패할지도 모르는 일이오. 크게는 나라에서는 이미 준비를 갖추었고, 작게는 읍에서도 이미 보안을 취하고 있으며, 오곡五穀도 이미 거두어들여 놓았고, 들에는 그대로 쌓아둔 곡물도 없어 창고의 식량을 사용한다 해도 끝없이 공급할 수 있는 것이 아닌데 그렇게 공급을 할 수 없다면 어디에서 먹을 것을 얻을 수 있겠소? 게다가 진량津梁도

통하지 못하여 군사들의 식량 운송도 오나라에서 싸우는 이들에게 우회하여 날라야 할 고통을 짊어질 것을 걱정하고 있고, 내 듣기로 선생께서는 때의 변화에 밝고 사물의 도리에 명찰하다고 하더이다. 계획을 행동으로 옮겼다가 성공을 거두지 못하면 어쩌나 걱정이 되어 그 때문에 그 방법을 묻는 것이오."

　昔者, 越王句踐旣得反國, 欲陰圖吳, 乃召計倪而問焉, 曰:「吾欲伐吳, 恐弗能取. 山林幽冥, 不知利害所在. 西則迫江, 東則薄海, 水屬蒼天, 下不知所止. 交錯相過, 波濤濬流, 沈而復起, 因復相還. 浩浩之水, 朝夕旣有時, 動作若驚駭, 聲音若雷霆. 波□(濤)援而起, 船失不能救, 未知命之所維; 念樓船之苦, 涕泣不可止. 非不欲爲也, 時返不知所在, 謀不成而息, 恐爲天下咎. 以敵攻敵, 未知誰負. 大邦旣已備, 小邑旣已保, 五穀旣已收, 野無積庾, 廩糧則不屬, 無屬安取? 恐津梁之不通, 勞軍紆吳糧道. 吾聞先生明於時交, 察於道理, 恐動而無功, 故問其道.」

【計倪】越나라 인물. 성은 辛, 이름은 文子. 范蠡의 스승이며 句踐을 도와 훌륭한 모책을 마련해 주었던 謀臣으로 알려짐. 그러나 《史記》 貨殖列傳에는 '計然'으로, 《吳越春秋》에는 '計硯', '計兒'로 되어 있음. 《史記》 集解에는 "計然者, 范蠡之師也. 名硏, 故諺曰:「硏, 桑心算.」 裴案:《范子》曰:「計然者, 葵丘濮上人, 姓辛, 字文子. 其先晉國亡公子也, 嘗南游於越, 范蠡師事之.」"라 함. 한편 《漢書》 食貨志 顔師古 注에는 蔡謨의 말을 인용하여 "《計然》者, 范蠡所著書篇名耳, 非人也. 謂之計然者, 所計而然也. 群書所稱句踐之賢佐, 種·蠡爲首, 豈聞復有姓計名然者乎? 若有此人, 越但用半策, 便以致霸, 是功重於范蠡, 蠡之師也, 焉有

如此而越國不記其事, 書籍不見其名, 史遷不述其傳乎?"라 함. 錢穆의 《先秦諸子繫年考辨》의 '計然乃范蠡著書篇名非人名辨'에서도 10가지 근거를 들어 計然은 人名이 아니라 著書名이라 하였음.

【潛流】 '浚流'로도 표기하며 깊이 잠겨 흐르는 물이나 파도.

【朝夕】 '潮汐'과 같음. 밀물과 썰물.

【波濤援而起】 〈四部備要〉본에는 '波□援而起'로 되어 있음. 兪樾의 〈讀越絶書〉에는 "此言江水海水, 交錯相過, 而波濤浚流, 聲若雷霆, 卽今錢唐江之潮也. 自來言濤者, 莫先於此. 其時句踐初反國, 則子胥猶未死, 文種更無論矣, 亦足破世俗「前潮子胥, 後潮文種」之說"이라 함.

【樓船】 이층 이상의 배. 여기서는 軍船을 뜻함.

【時返】 '時運'의 오기가 아닌가 함.

【以敵攻敵】 앞의 '敵'자는 '대등하다'의 뜻이며, 뒤의 '敵'자는 '敵國'을 뜻함.

【積庾】 들판에 露天으로 쌓아놓은 곡물.

【紆】 '迂'와 같음. 迂廻함.

116(5-2)
불가한 이유

계예가 대답하였다.

"이는 진실로 불가합니다. 군사를 일으키는 자는 반드시 먼저 식량과 돈, 포백布帛을 축적해 놓아야 합니다. 이를 먼저 축적해 놓지 않으면 사졸들은 자주 주리게 되고, 주리게 되면 쉽게 전투력을 잃게 됩니다. 게다가 무거운 짐과 느린 행동으로는 전투를 할 수 없으며, 전투를 한다 해도 총명聰明한 상태를 유지할 수 없습니다. 귀는 능히 들을 수 없고 눈은 제대로 볼 수도 없으며, 십什과 부部의 군사도 능히 부릴 수 없습니다. 물러나도 능히 포위를 풀 수 없고, 진격해도 능히 앞으로 나갈 수가 없습니다. 굶주림에 시달리면 움직일 수도 없어 사병들의 신기神氣는 멀리 만 리 밖에서 엎드려 노弩를 가졌어도 젖먹이처럼 힘을 쓰지 못하고 고개를 들어도 황황皇皇하며 강한 노도 당길 수 없으며 쏘아도 맞추지 못합니다. 곁에서 적군이 이처럼 약한 모습을 보게 되면 우리를 몰기를 마치 개가 양을 쫓듯 할 것입니다. 그렇게 되면 이리저리 부대별로 흩어져 무너져 땅에 엎드려 죽고 말 것이며 앞에는 곤돈해지고 뒤에 처진 자는 뻣뻣한 시신이 되고 말 것입니다. 남과 같은 천시天時의 조건에서 전투를 했다가는 우리 홀로 하늘의 재앙을 입고 말 것입니다. 반드시 하늘이 죄를 내리지 않는다 해도 장군 또한 지휘를 해낼 수가 없을 것입니다. 왕께서 군사를 일으키되 짧은 시간 내에 끝내려 했다가는 하루아침에 패망하여 나라를 잃고 더 이상 밝은 빛도 없이 근육과 해골이 들판에 나뒹굴까 두렵습니다."

計倪對曰:「是固不可, 興師者必先蓄積食·錢·布帛.
不先蓄積, 士卒數饑, 饑則易傷, 重遲不可戰; 戰則耳目
不聰明. 耳不能聽, 視不能見, 什部之不能使. 退之不能解,
進之不能行. 饑饉不可以動, 神氣去而萬里, 伏弩而乳,
郢頭而皇皇, 疆弩不彀, 發不能當. 旁軍見弱, 走之如犬
逐羊. 靡從部分, 伏地而死, 前頓後僵. 與人同時而戰,
獨受天之殃. 未必天之罪也, 亦在其將. 王興師以年數,
恐一旦而亡, 失邦無明, 筋骨爲野.」

【聰明】'聰'은 귀가 밝은 것. '明'은 눈이 밝은 것.《尙書》堯典에「昔在帝堯, 聰明
文思, 光宅天下」라 하였고, 孔穎達의 疏에「言聰明者, 據人近驗, 則聽遠爲聰,
見微爲明. ……以耳目之聞見, 喩聖人之智慧, 兼知天下之事」라 함.

【什部】십백과 부곡. 고대 軍의 編制로 10명을 什, 100명을 伯이라 하며 將軍
아래에 部가 있으며 部 아래에 曲이 있었음.

【饑饉】雙聲連綿語. 원래는 凶年을 뜻하는 말로 穀物이 제대로 익지 않는 것을
'饑', 채소가 제대로 자라지 않는 것을 '饉'이라 한다 함.

【乳】젖먹이처럼 겁을 냄. 張宗祥〈校注〉에 "言如乳子不敢動"이라 함.

【郢】(고개)를 듦. 張宗祥〈校注〉에 "郢, 揭也. 言擧頭皇皇然"이라 함.

【皇皇】'惶惶'과 같음. 심리적으로 공황을 느낌.

【疆弩】'疆'은 '彊, 強'의 오기. '弩'는 기계로 발사할 수 있는 큰 활. 쇠뇌.

【彀】활이나 弩를 당김.

【部分】부분별로 흩어져 무너짐.

【亦在其將】하늘이 재앙을 내리지 않는다 해도 장수로서 군사를 지휘할 수 없는
실패를 당함.

【以年數】1년, 2년 등 햇수로 계산함. 1,2년 내에 전쟁을 끝내고자 서두름.

【無明】밝은 세상을 볼 수 없음. 실패함. 죽음.

117(5-3)

패도霸道

월왕이 말하였다.

"훌륭하오! 청컨대 그 방법을 묻겠소. 내 듣기로 선생께서는 치세治歲에 밝아 만물이 모두 자라고 싶은 대로 자라도록 한다 하니 그 방법을 듣고 훌륭한 가르침으로 삼고자 하오. 그대는 밝히 나에게 고해주시오. 과인은 감히 잊지 않겠소이다."

계예가 대답하였다.

"사람은 나면서부터 얼마 되지 않아도 반드시 먼저 축적蓄積하여 요상 妖祥에 대비하고자 근심합니다. 무릇 사람이란 살면서 혹 늙거나, 어리거나, 혹 강하거나 혹 겁이 많거나 서둘러 삶에 대비하지 않으면 죽어서 장례도 치를 수 없게 되는 것이니, 왕께서는 이를 잘 살피시기 바랍니다. 반드시 먼저 부렴賦斂을 줄이시고, 농상農桑을 권장하며, 기근이 든 해는 위문 하시고, 물에서 나는 것이나 못에서 나는 것이나 잘 수확하여 축적해 두었 다가 사방의 불의의 일에 대비하셔야 합니다. 때를 가리지 않고 구사를 일으키는 일은 마땅한 일인지 모르겠습니다. 변화에 대응하여 움직이며, 사물에 따라 상양常羊한 자세로 대처하여야 합니다. 이렇게 하면 갑자기 군사 충돌이 일어난다 해도 상대는 날로 약해질 것이요, 우리는 날로 강해질 것입니다. 세상의 화합을 얻고, 세상의 드러남을 거머쥐는 일에 왕께서는 가볍게 여겨 잊는 일이 없도록 하시며 삼가 회계會稽에서의 굶주림을 없도록 하시며, 다시는 그런 일이 나지 않도록 왕께서는 잘 살피 셔야 합니다. 일찍이 재물을 늘리는 방법을 말씀드렸으나 왕께서 듣지 않으시기에 저는 그때문에 물러나 더이상 말을 하지 않았던 것입니다. 오吳, 초楚, 월越나라가 서로 사이에 있으면서 세 나라의 어물魚物의 이익으로써 천하는 쉽게 뒤집을 수 있음을 아셔야 합니다. 제가 듣기로 임금께서 몸소 농사를 지으시고 부인께서 몸소 베를 짜신다 하니 이는 그 힘을 다 기울여 때와 지혜를 중단시키지 않는 좋은 일입니다. 때가 끊어지면 일이 순리대로 풀릴 것이요, 지혜가 끊어지지 않으면 대비를 하게 될 것이니 이 두 가지를 아신 다면 만물의 실정을 체득하여 몸에 밸 것이며 사물의 장단長短과 순역 順逆은 가히 관망할 수 있는 것입니다. 제가 듣기로 염제炎帝가 천하를 다스릴 때에 황제黃帝에게 전수해 주자 황제는 위로 하늘을 모시고, 아래로 땅을 다스려, 그 때문에 소호少昊는 서방西方을 다스리며 치우蚩尤가 보좌 하여 금金을 관장하도록 하였고, 현명玄冥은 북방北方을 다스리며 백번白辯이 보좌하여 수水를 관장하도록 하였으며, 태호太皥는 동방東方을 다스리며 목木을 관장하도록 하였고, 축융祝融은 남방南方을 다스리며 복정僕程이 보좌하여 화火를 관장하도록 하였으며, 후토后土는 중앙中央을 다스리며 후직后稷이 보좌하여 토土를 관장하도록 하였다 합니다. 이 오방五方을 함께 소유함을 강기綱紀로 삼았으니 이로써 땅을 바꾸어 회전시키면 만물이 정상을 얻을 것입니다. 왕께서는 저의 이런 논의를 깊이 헤아리시기만 하면 크게는 왕도王道를 펴는데, 작게는 패도霸道를 이루는데 무슨 어려움이 있겠습니까?"

越王曰:「善! 請問其方. 吾聞先生明於治歲, 萬物盡長, 欲聞其治術, 可以爲教常. 子明以告我, 寡人弗敢忘.」

計倪對曰:「人之生無幾, 必先憂蓄積, 以備妖祥. 凡人 生或老或弱; 或彊或怯, 不早備生, 不能相葬, 王其審之. 必先省賦斂, 勸農桑, 饑饉在問, 或水或塘, 因熟積以備 四方. 師出無時, 未知所當. 應變而動, 隨物常羊. 卒然有師, 彼日以弱, 我日以彊. 得世之和, 擅世之陽, 王無忽忘, 愼無如會稽之饑, 不可再更, 王其審之. 嘗言息貨, 王不聽, 臣故退而不言. 處於吳·楚·越之間, 以魚三邦之利, 乃知天下之易反也. 臣聞君自耕, 夫人自織, 此竭於庸力. 而不斷時與智也, 時斷則循, 智斷則備, 知此二者, 形於體萬物之情, 短長順逆, 可觀而已. 臣聞炎帝有天下, 以傳黃帝; 黃帝於是上事天, 下治地; 故少昊治西方, 蚩尤佐之, 使主金; 玄冥治北方, 白辨佐之, 使主水; 太皥治東方, 袁何佐之, 使主木; 祝融治南方, 僕程佐之, 使主火; 后土治中央, 后稷佐之, 使主土. 並有五方, 以爲綱紀, 是以易地而轉, 萬物之常. 王審用臣之議, 大則可以王, 小則可以霸, 於何有哉?」

【治歲】농사와 작물 등에 대한 여러 가지 다스림이 뛰어남을 뜻함.

【妖祥】吉凶의 徵兆.

【或彊或怯】'彊'은 '彊'(强)과 같음. 그러나 '或怯或彊'이어야 韻이 맞음. 錢培名〈札記〉에 "彊與怯, 疑當互易, 乃與韻合"이라 함.

【熟積】잘 여물도록 하여 이를 비축함.

【常羊】'徜徉'과 같음. 疊韻連綿語. 사물의 변화에 당황함이 없이 유유자적하며 대처함.

【息貨】'息幣'와 같음. 財物(商品)이 제대로 유통되지 못함.《史記》〈貨殖列傳〉에 "記計然曰:「積著之利, 務完物, 無息幣. 以物相貿易, 腐敗而食之貨勿留, 無敢居貴. 論其有餘不足, 則知貴賤. 貴上極則反賤, 賤下極則反貴. 貴出如糞土, 賤取如珠玉. 財幣欲其行如流水"라 하였고, 索隱에 "毋息幣, 久亭息貨物則無利"라 함.

【以魚三邦之利】錢培名〈札記〉에 "魚, 當作漁"라 하여 漁撈를 뜻함.

【循】'順'과 같음. 순리대로 잘 진행됨.

【炎帝】神農氏. 姜姓. 고대 전설상의 帝王. 炎帝, 烈山氏. 산과 들을 태워 농사법을 처음 제정하여 神農氏(烈山氏)라 부름. 《呂氏春秋》愛類篇에 "《神農之教》曰:「士有當年而不耕者, 則天下或受其饑矣; 女有當年而不績者, 則天下或受其寒矣.」"라 하였고, 《文子》上義篇에는 "《神農之法》曰:「丈夫丁壯不耕, 天下有受其飢者; 婦人當年不織, 天下有受其寒者.」故身親耕, 妻親織, 以爲天下先. 其導民也, 不貴難得之貨, 不重無用之物, 是故耕者不强, 無以養生; 織者不力, 無以衣形. 有餘不足, 各歸其身, 衣食饒裕, 奸邪不生, 安樂無事, 天下和平, 智者無所施其策, 勇者無所錯其威"라 함.

【黃帝】중국 상고시대의 帝王. 中原 각 부족의 共同 先祖. 公孫氏이며 姬水 가에 살아 姬姓으로도 부름. 軒轅의 언덕을 근거지로 발전하여 軒轅氏로도 불리여 나라를 有熊이라 하여 有熊氏로도 부름. 姜姓의 炎帝(神農氏)와 九黎族의 受領 蚩尤를 물리치고 각 부락의 聯盟 首領이 되었으며 土德으로 왕이 되었다 히여 黃帝로 칭함. 衣裳, 宮室, 器用, 文字, 音樂, 醫藥 등 문물제도를 발명하거나 처음 고안한 자로 널리 칭송을 받기도 함. 道家의 시조로 여겨 黃老術의 원조가 되기도 함.

【少昊】少暤로도 표기하며 역시 고대 제왕. 黃帝의 아들이며 金德으로 왕이 되어 金天氏로도 부름. 《十八史略》(1)에 "少昊金天氏: 名玄囂, 黃帝之子也. 亦曰靑陽, 其立也鳳鳥適至, 以鳥紀官"이라 함.

【蚩尤】고대 黃帝 때 九黎族의 首領. 鐵로 이마를 가려 강한 전투력을 가졌던 집단으로 알려짐. 뒤에 黃帝와 涿鹿(지금의 河北 涿鹿縣)에서 싸워 패함. 《逸周書》嘗麥篇에 "蚩尤爲赤帝臣, 逐帝, 赤帝乃說於黃帝, 集蚩尤"라 함.

【玄冥】고대 전설상의 水神. 일설에는 雨師라고도 함.

【白辨】신의 이름. 구체적으로는 알 수 없음.

【太暤】伏羲氏. 風姓. 太暤는 太昊로도 표기하며 伏羲 역시 伏犧, 庖犧 등 여러 표기가 있으며 그물을 만들고 가축을 가두어 기를 줄 알았던 집단으로 어렵 채취의 시대를 거쳐 목축시대로 이전할 때의 領袖. 《十八史略》(1)에 "太昊伏羲氏: 風姓, 代燧人氏而王. 蛇身人首, 始畫八卦, 造書契, 以代結繩之政, 制嫁娶, 以儷皮爲禮, 結網罟敎佃漁, 養犧牲以庖廚, 故曰庖犧. 有龍瑞, 以龍紀官, 號龍師. 木德王, 都於陳"이라 함.

【袁何】木神. 고대 신 이름. 句芒이 아닌가 함. 《山海經》海外東經 郝懿行 注에 "疑袁何卽句芒之異名也"라 하였고, 《呂氏春秋》孟春 "其帝太暤, 其臣句芒"의

高誘 注에는 "太皥, 伏羲氏, 以木德王天下之號, 死祀於東方, 爲木德之帝. ……
句芒, 少皥氏之裔子曰重, 佐木德之帝, 死爲木官之神"이라 함.

【祝融】 炎帝(혹 黃帝)의 후예. 南方을 관장하여 불을 주관하였던 신. 楚나라의
선조. 火正.《管子》五行篇에 "得祝融而辨於南方"이라 하였고,《左傳》昭公
29년에 "木正曰句芒, 火正曰祝融"이라 함. 성격이 거칠어 不周山을 머리로 받아
무너뜨렸다 함.

【僕程】 신의 이름. 구체적으로는 알 수 없음.

【后土】 上古시대 農土를 담당하던 관직 이름.《山海經》海內經에 "共工生后土"라
하였고《左傳》昭公 29년에는 "后土爲社稷, 田正也"라 함.

【后稷】 상고시대 農官. 周나라 선조 姬棄가 后稷을 역임하여 이를 지칭하기도 함.
稷神.

【易地】 지위를 바꿈.《孟子》離婁(下)에 "禹稷顔子易地則皆然"이라 함.

【於何有哉】 '무슨 어려움이 있으리오?'로 풀이함.

118(5-4)
오행五行과 사물의 변화

월왕이 말하였다.

"청컨대 그 요체를 묻습니다."

계예가 대답하였다.

"태음太陰은 금金에 3년을 처하면 풍년이 되며, 수水에 3년을 처하면 훼멸되며, 목木에 3년을 처하면 평강을 이루고, 화火에 3년을 처하면 가뭄이 듭니다. 그러므로 곡물이 농지에 흩어져 쌓이는 때라면 축적하고 이를 거두어들인 때에는 때맞추어 풀어주면 만물의 유통을 해결할 수 있느니 3년을 넘기지 말고 풀어주어야 합니다. 지혜로써 논리를 삼고 해결하는 것으로서 판단하고, 도로써 이를 보좌하여, 긴 것은 잘라주고 짧은 것은 보태주면 한 해에 다시 곱절이 될 것이며 그 다음에는 그 반을 얻을 수 있을 것이고, 그 다음에는 다시 반복하게 될 것입니다. 수해가 나면 수레를 이용하여 유통시키고 가뭄에는 배를 이용하여 사물의 이치를 따르면 됩니다. 천하는 6년에 한 번씩 풍년이 들고 6년에 한 번씩 평강이 옵니다. 따라서 무릇 12년이면 한 번씩 기근이 드는 것이니, 이로 인해 백성들이 서로 흩어지게 됩니다. 그러므로 성인은 미리 하늘과 땅의 반복됨을 알고 이를 위해 미리 방비합니다. 그래서 탕湯임금 때에는 7년마다 가뭄이 들어도 백성들이 굶주리지 않았고, 우禹임금 때에는 9년마다 수해가 났어도 백성들이 유랑하지 않았습니다. 임금으로써 능히 화물 흐름의 근원에 통달하고 익숙하며, 어진 이를 임용하고 능력 있는 자를 부리게 되면 천 리 밖의 것이라 해도 돌고 돌아 수레에 실려 화물이 다가오게

할 수 있지만, 익숙지 못하다면 백 리 안에 있는 것이라 해도 다가오게 할 수 없는 것입니다. 임금이 구하는 것이며 그 값이 열 배가 되는 것이며 그 중 선택하는 것은 값을 매길 수 없을 정도가 됩니다. 무릇 임금으로서 화물의 흐름이 편리하도록 하는 것은 반드시 임금 자신이 몸소 해야만 되는 것은 아닙니다. 백성들이 부족하게 여기는 바와 남아도는 바를 잘 살펴 명령으로써 이롭게 하는 것이니, 제후들이 다가 오도록 하되 법도를 지키고 어진 이를 임용하고 능력 있는 자를 부리며, 성취시킨 일에는 보상을 하여 그 명령의 전달로 그 효험이 드러나게 하면 될 뿐입니다. 이와 같이 하면 나라는 부유해지고 무력은 강해져서 쇠퇴함이 없게 될 것입니다. 그렇게 되면 여러 신하들은 헛된 공손의 예禮나 정도를 벗어나는 행동이 없어질 것이며 법도와 방법에 온힘을 쏟게 될 것입니다. 화물의 흐름을 제대로 익히지 않거나 또한 어진 이를 임용하고 능력 있는 자를 부리지 않은 채 간언하는 자를 주벌하게 되면 나라는 가난해지고 무력은 약해질 것이며, 형벌이 번잡해지면 신하들은 주로 헛된 공경의 예와 정도에 벗어난 행동만 늘어날 것입니다. 무릇 아첨하는 자는 그 덕에 반대되는 짓을 하게 되고, 충성스러운 자는 그 형벌에 반대되는 말을 하게 될 것이니, 형벌을 떠나고 싶어 하고 덕 있는 곳으로 나아가고자 하는 것은 사람의 정서 입니다. 나라가 가난하고 무력이 약하여 난을 불러들인다면 비록 성스러운 신하라 해도 역시 간언을 하지 않을 것이며 임금에게 아첨하는 데에만 힘쓰게 될 것입니다. 지금 무릇 만민은 누구나 현명한 부모가 있기를 바라는 것은 역시 나라에도 명철한 군주가 있기를 바라는 것과 같습니다. 부모가 화물의 유통에 편리함을 알고 그 법술에 밝다면 현명한 아들을 임용하여 그 일의 성취를 바라기만 하면 집안은 부유해져서 쇠락함이 없게 될 것입니다. 그런데 그 화물을 편리함을 알지 못하고 나아가 현명한 아들도 부릴 줄 모르면서 현명한 아들이 간언하는 것을 미워한다면, 이런 자는 원리에 대한 도술에 익숙지 않은 것이지요. 그렇게 되면 자신의 말을 더욱 믿고 자신이 말한 대로만 행동하면서 뒤에 비록 실패하더라도 스스로 잘못한 것이 아니라 여기게 됩니다. 무릇 부자사이는 혈친으로 맺어진 사이 로써 간언을 하지 않을 수 없음에도, 간언을 해도 듣지 않아 집안이 가난해지고 혼란이 나타난다면 비록 성스러운 아들이 있다 해도 역시 해결할 수 없을 것이며 오로지 아버지에게 아첨만 하는 데에 힘쓰게 될 뿐입니다. 부자 사이가 화목하지 못하고 형제 사이에 조화가 없다면 비록 부유하고자 한다 해도 틀림없이 가난해져서 날로 쇠락의 길로 가고 말 것입니다."

越王曰:「請問其要.」

計倪對曰:「太陰三歲處金則穰, 三歲處水則毀, 三歲處木則康, 三歲處火則旱. 故散有時積, 糴有時領. 則決萬物, 不過三歲而發矣. 以智論之, 以決斷之, 以道佐之, 斷長續短, 一歲再倍, 其次一倍, 其次而反. 水則資車, 旱則資舟, 物之理也. 天下六歲一穰, 六歲一康, 凡十二歲一饑, 是以民相離也. 故聖人早知天地之反, 爲之預備. 故湯之時, 比七年旱而民不饑; 禹之時, 比九年水而民不流. 其主能通習源流, 以任賢使能, 則轉轂乎千里外, 貨可來也; 不習, 則百里之內, 不可致也. 人主所求, 其價十倍; 其所擇者, 則無價矣. 夫人主利源流, 非必身爲之也. 視民所不足, 及其有餘, 爲之命以利之, 而來諸侯, 守法度, 任賢使能, 償其成事, 傳其驗而已. 如此, 則邦富兵彊而不衰矣. 群臣無空恭之禮·淫佚之行, 務有於道術. 不習源流, 又不任賢使能, 諫者則誅, 則邦貧兵弱; 刑繁, 則群臣多空恭之禮·淫佚之行矣. 夫諛者反有德, 忠者反有刑, 去刑就德, 人之情也; 邦貧兵弱致亂, 雖有聖臣, 亦不諫也,務在諫主而已矣. 今夫萬民有明父母, 亦如邦有明主. 父母利源流, 明其法術, 以任賢子, 徽成其事而已, 則家富而不衰矣. 不能利源流, 又不任賢子, 賢子有諫者憎之, 如此者, 不習於道術也. 愈信其意而行其言, 後雖有敗, 不自過也. 夫父子之爲親也, 非得不諫; 諫而不聽, 家貧致亂, 雖有聖子, 亦不治也, 務在於諫之而已. 父子不和, 兄弟不調, 雖欲富也, 必貧而日衰.」

【太陰】太陰은 太歲. 木星. 12년에 한 번씩 天上의 週期를 이루어 歲星이라 불렀음. 12년은 十二支와 五行(金木水火土)을 배합하여 水(子, 亥), 木(寅, 卯), 火(巳, 午), 金(申, 酉), 土(辰, 戌, 丑, 未)로 구분하여 凶風을 예상하였음. 《史記》 貨殖列傳에 "故歲在金, 穰; 水, 毀; 木, 饑; 火, 旱"이라 함.

【金, 水, 木, 火】五行의 方位 등과 연결하여 설명한 것. 金(西, 白, 秋), 水(北, 黑, 冬), 木(冬, 靑, 春), 火(南, 赤, 夏)를 상징함.

【穰】풍년.

【康】錢培名 〈札記〉에 "或說康, 卽穅字. 《周書》諡號解「凶年無穀曰穅」, 是其證. 俟考"라 함.

【糴有時頷】'頷'은 '頒'의 誤記가 아닌가 함. 張宗祥 〈校注〉에 "頷, 疑當作頒, 言聚散均有時也"라 함.

【水則資車】《史記》 貨殖列傳 索隱에 "《國語》大夫種曰:「賈人旱資舟, 水資車以待」也"라 함. 상인이나 화물을 유통시키는 자가 배(水路)와 수레(陸路)를 이용함을 뜻함.

【六歲一康】《史記》 貨殖列傳에 "六歲穰, 六歲旱, 十二歲一大饑"라 함.

【淫佚之行】'淫佚'은 정도에 어긋나거나 넘어서는 행동.

【無空恭之禮】錢培名 〈札記〉에 "工上當脫一字. ……空字乃校者依下文添補, 空實下文空字亦非也. ……此段脫誤非一, 無善本可校, 姑仍其舊. 空字, 疑原本空格, 校者妄添"이라 하여 '恭'자는 원래 □로 비워져 있었던 것이라 의혹을 제기하였음.

【兵彊】'彊'은 彊(强)과 같음.
【源流】貨物이나 物資, 상품의 流通을 의미함.
【去刑就德】형벌을 회피하여 도망하고 덕을 베풀어 주는 자에게 다가감을 뜻함.
【不自過】자신의 과실을 인정하지 않음.

참고 및 관련 자료

1. 《史記》〈貨殖列傳〉

昔者, 越王句踐困於會稽之上, 乃用范蠡·計然. 計然曰:「知鬪則修備, 時用則知物, 二者形則萬貨之情可得而觀已. 故歲在金, 穰; 水, 毁; 木, 饑; 火, 旱. 旱則資舟, 水則資車, 物之理也. 六歲穰, 六歲旱, 十二歲一大饑. 范蠡旣雪會稽之恥, 乃喟然而歎曰:「計然之策七, 越用其五而得意. 旣已施於國, 吾欲用之家」乃乘扁舟浮於江湖, 變名易姓, 適齊爲鴟夷子皮, 之陶爲朱公. 朱公以爲陶天下之中, 諸侯四通, 貨物所交易也. 乃治産積居, 與時逐而不責於人. 故善治生者, 能擇人而任時. 十九年之中三致千金, 再分散與貧交疏昆弟. 此所謂富好行其德者也. 後年衰老而聽子孫, 子孫脩業而息之, 遂至巨萬. 故言富者皆稱陶朱公.

119(5-5)
사물의 원리

월왕이 말하였다.

"훌륭하오! 그대는 어찌 어린 나이에 사물에 대하여 그토록 잘 알고 있소?"

계예가 대답하였다.

"사람이란 진실로 다릅니다. 지혜의 종자는 성스러운 후손을 낳고, 백치의 종자는 미치광이를 낳습니다. 계수나무 열매는 계수나무를 낳고, 오동나무 열매는 오동나무를 낳습니다. 먼저 태어난 자라고 해서 반드시 능히 모든 것을 아는 것이 아니며 나중에 난 자라고 해서 반드시 알지 못하란 법은 없습니다. 이 까닭으로 성주聖主는 신하를 두되 소장少長으로서 하지 않고, 도가 있는 자는 진달시키며 도가 없는 자는 물리칩니다. 어리석은 자는 날로 퇴보하게 마련이며 성스러운 자는 날로 성장하게 됩니다. 인주는 사사로움으로 하지 아니하고 상은 공을 이룬 자에게 베푸는 것입니다."

월왕이 말하였다.

"훌륭하오! 일을 논함이 이와 같으니 깊이 헤아리겠소. 그런데 사물에 요상妖祥이라는 것이 있습니까?"

계예가 대답하였다.

"있지요. 음양과 만물은 각기 기강紀綱을 가지고 있어, 해와 달, 별들, 그리고 형벌과 덕은 변화하여 길흉이 되는 것이니, 금목수화토金木水火土는 승勝함이 바뀌는 것이요, 월삭月朔도 번갈아 세워지는 것으로 항상 그의 주인이 될 수 있는 것은 아닙니다. 이에 순응하면 덕이 되고 이에 역행하면 재앙이 되는 것이지요. 이 까닭으로 성인聖人은 그 형벌에 밝아 그 향하는 바에 저하며, 그 덕을 좇되 그 가로막음을 피하는 것입니다. 무릇 온갖 일을 거행할 때는 반드시 하늘의 사시를 따르며 음양을 참작합니다. 이를 사용하되 깊이 생각하지 않으면 일을 거행할 때마다 재앙이 생기는 것입니다. 사람은 살아가면서 꿈꾸는 것처럼 잠깐 사이가 아니니 천지의 상규를 변화시키거나 자주 무도한 짓을 짓고자 한다면 그 때문에 가난해지고 생명도 길게 이어가지 못하는 것입니다. 이에 성인은 천하 모든 것을 아울러 포용하되 숨어서 이를 실행하여 어리석은 이들로 하여금 느낌이 있도록 하는 것입니다. 일반 사람들은 그저 그렇게 살아가면서 모두가 부귀를 꿈꾸지만 자신이 나아갈 방향은 알지 못하고 있는 것입니다."

越王曰:「善! 子何年少, 於物之長也?」

計倪對曰:「人固不同. 惠種生聖, 癡種生狂; 桂實生桂, 桐實生桐. 先生者未必能知, 後生者未必不能明. 是故聖主置臣, 不以少長, 有道者進, 無道者退. 愚者日以退, 聖者日以長. 人主無私, 賞者有功.」

越王曰:「善! 論事若是, 其審也. 物有妖祥乎?」

計倪對曰:「有. 陰陽萬物, 各有紀綱, 日月·星辰·刑德, 變爲吉凶, 金木水火土更勝, 月朔更建, 莫主其常. 順之有德, 逆之有殃. 是故聖人能明其刑而處其鄉, 從其德而避其衡. 凡擧百事, 必順天地四時, 參以陰陽. 用之不審, 擧事有殃. 人生不如臥之頃也, 欲變天地之常, 數發無道, 故貧而命不長. 是聖人幷苞而陰行之, 以感愚夫. 衆人容容, 盡欲富貴, 莫知其鄉.」

【惠種生聖】 '惠'는 '慧'와 같음. 智慧, 聰慧를 뜻함.

【妖祥】 妖怪스러운 凶과 祥瑞로운 吉. 吉凶, 變化, 交替의 다른 말.

【月朔】 '朔'은 음력 매달 초하루.

【鄉】 '嚮', '向'과 같음.

【衡】 '橫'과 같음. 가로막음.

【苞】 '包'와 같음. 포용함.

【容容】 '庸庸'과 같음. 아무렇게나 그럭저럭 살아감.

120(5-6)
음양에 대한 풀이

월왕이 말하였다.

"훌륭하오! 청컨대 그 방법을 묻습니다."

계예가 대답하였다.

"인寅으로부터 미未까지는 양陽입니다. 태음太陰이 양陽에 있으면 그해의 덕은 음陰에 있게 되고, 그 해의 길조吉兆도 그 때에 있습니다. 성인은 행동이 이에 응하여 그 수발收發을 통제하되 항상 태음이 음에 있을 때는 베풀며, 장차 음이 끝나가는 해에는 급히 육축六畜과 재물을 팔아 오곡五穀을 수확하는 데에 이익이 되도록 하여 양의 다가올 때를 대응합니다. 그리고 장차 양이 끝나가는 해에는 서둘러 창고를 열어 곡식은 대여하고 전택田宅과 우마는 거두어들여 재물을 비축하고 관목棺木도 모아 음이 이르러 올 때에 대응합니다. 이렇게 하면 그 이익이 열 배가 되며 그만 못하다 해도 다섯 배는 됩니다. 무릇 때라고 하는 것은 흩어질 단계가 있으니 이 까닭으로 성인은 그 법을 반대로 하고 그 막힘에 순응하며 거두어 모으되 흩어버리지 않는 것입니다."

越王曰:「善! 請問其方.」

計倪對曰:「從寅至未, 陽也. 太陰在陽, 歲德在陰, 歲美在時. 聖人動而應之, 制其收發, 常以太陰在陰而發, 陰且

盡之歲, 亟賣六畜貨財, 以益收五穀, 以應陽之至也; 陽且
盡之歲, 亟發糴, 以收田宅・牛馬, 積斂貨財, 聚棺木, 以應
陰之至也. 此皆十倍者也, 其次五倍. 夫有時而散, 是故
聖人反其刑, 順其衡, 收聚而不散.」

【從寅至未】十二支의 寅으로부터 未까지. 이는 太歲(木星, 歲星)가 동쪽에서 서쪽
   으로 운행하는 것을 十二支에 맞춘 것으로 未까지는 陰, 申으로부터 丑까지는
   陽에 해당함. 그 순서는 寅, 卯, 辰, 巳, 午, 未, 申, 酉, 戌, 亥, 子, 丑이 됨.
【歲美】'美'는 吉兆를 뜻함.
【收發】거두어들이는 일과 倉庫를 열어 供給하는 일.
【陰且盡之歲】陰이 다해가는 午, 未의 해쯤. 陰이 끝나 陽의 넘어가기 전의 해로,
   그 동안 豐年이 지속되어 穀物값은 싸고 다른 물가는 올라가 있음. '陽且盡
   之歲'는 이와 상반된 현상이 나타남.
【六畜】馬, 牛, 羊, 鷄, 犬, 猪의 가축.
【五穀】黍, 稷, 稻, 麥, 菽을 가리킴.
【反其刑】'刑'은 正常의 法則. 自然의 常規.
【順其衡】'衡'은 '橫'과 같음. 障碍, 가로막힘.

〈牛耕圖〉(魏晉) 磚畫 1972 嘉峪關 戈壁灘 출토

121(5-7)
풍년과 흉년

월왕이 말하였다.

"훌륭하오! 금년은 모두가 풍년을 이루었는데 도리어 가난하여 구걸하는 자가 있으니 어찌 된 것이오?"

계예가 대답하였다.

"이는 서로 같지 않기 때문으로 마치 같은 어머니에게서 난 사람, 다른 아버지에게서 난 아들이라 해도 동작과 판단하는 생각이 같지 않아 빈부가 그 때문에 달라지는 것과 같습니다. 이처럼 빈궁하거나 구걸하는 자는 남에게 진 빚이 많이 누적된 사람으로서 그 앞뒤 사람도 그를 구제할 수가 없습니다. 그들은 의지조차 저하되어 하루하루 일하고 공급받아야 할 삶의 방법이나 기술도 없으며 위로부터 내려지는 보살핌도 없어 가난과 구걸이 그 때문에 오래도록 지속되는 것입니다."

越王曰:「善! 今歲比熟, 尙有貧乞者, 何也?」

計倪對曰:「是故不等, 猶同母之人·異父之子, 動作不同術, 貧富故不等. 如此者, 積負於人, 不能救其前後. 志意侵下, 作務日給, 非有道術, 又無上賜, 貧乞故長久.」

【比】比等함. 모두가 같음. 한결같음.

【侵下】의지 등이 아래로 처져 있음. 의지가 약함.

【作務】생활해 나감.

【日給】날마다 주어지는 供給.

〈耕織圖〉(淸) 焦秉貞(畫)

122(5-8)
대부 일동佚同과 약성若成

월왕이 말하였다.

"훌륭합니다! 대부 일동佚同과 약성若成이 일찍이 나와 회계會稽 석실石室에서 논의한 적이 있는데 나는 그 말을 그르다 여겼었소. 그런데 지금 그대의 말은 유독 나의 뜻과 같으니 청컨대 가르침을 받아 완수하고자 하오."

계예가 말하였다.

"한 섬당 20전씩 곡식을 내놓으면 농부에게 손상을 입히게 되고, 90전씩 내놓으면 상인에게 손상을 입히지요. 농부가 손상을 입으면 농토에 초목이 무성해도 이를 없애려 하지 않을 것이며, 상인이 손상을 입으면 상품을 내놓지 않게 됩니다. 그러므로 곡물을 내놓을 때는 비싸도 80전을 넘지 않도록 하고 싸도 30전을 넘지 않도록 하여 농부와 상인이 함께 이익을 볼 수 있도록 해 주어야 합니다. 그러므로 옛날 나라를 다스리는 자는 이를 근본으로 하여 화물貨物과 관시官市를 열어 사람들이 모여들게 하였던 것입니다."

월왕이 말하였다.

"좋습니다!"

계예는 이에 그 가르침을 널리 선전하여 그림으로 그려 이렇게 말하였다.

"금목화수金木水火를 잘 살피고, 음양의 명확함을 분별하라. 이를 활용하되 성공을 거두지 못할까 걱정하지 말라."

월왕이 말하였다.

"좋소! 지금부터는 이를 후세까지 전하여 가르침으로 삼으리라."

그리고 그 방법을 저술하여 강남江南을 다스려 7년이 지나 오吳나라를 제압하고 오왕을 사로잡게 되었다.

越王曰:「善! 大夫佚同·若成, 嘗與孤議於會稽石室, 孤非其言也. 今大夫言獨與孤比, 請遂受敎焉.」

計倪曰:「糴石二十則傷農, 九十則病末. 農傷則草木不辟, 末病則貨不出. 故糴高不過八十, 下不過三十. 農末俱利矣. 故古之治邦者本之, 貨物官市開而至.」

越王曰:「善!」

計倪乃傳其敎而圖之, 曰:「審金木水火, 別陰陽之明, 用此患無功.」

越王曰:「善! 從今以來, 傳之後世, 以爲敎.」

乃著其法, 治牧江南, 七年而禽吳也.

【佚同, 若成】越王 句踐의 신하로 여겨짐. 구체적인 사적은 알 수 없음.
【會稽石室】會稽는 당시 越나라 도읍. 會稽山의 石室에서 나라를 다스릴 사안을 두고 깊이 의논한 지난날을 뜻함.
【比】같음. 의견이 투합함.
【糴石】'糴'은 '糶'여야 함.《史記》〈貨殖列傳〉을 참조할 것. 창고의 곡물을 풀어 물가를 조정함. 錢培名의〈札記〉에 "此兩糴字, 似幷當從《史記》作糶"라 함.
【農, 末】'農'은 본업인 農夫. '末'은 末業인 商人을 지칭함.《史記》索隱에 "言米賤則農夫病也. 若米斗直九十, 則商賈病, 故云病末. 末, 謂逐末, 卽商賈也"라 함.
【官市】官에서 설치하여 경영하는 시장.
【圖之】그림으로 그려 책을 만듦. 혹 '계획을 세워 도모하다'의 뜻으로도 봄.

【江南】錢塘江 이남의 越나라 지역.
【禽吳】'禽'은 '擒'과 같음. 吳나라를 제압하여 吳王 夫差를 사로잡음.

1. 《史記》〈貨殖列傳〉
夫糶, 二十病農, 九十病末. 末病則財不出, 農病則草不辟矣. 上不過八十, 下不減三十, 則農末俱利, 平糶齊物, 關市不乏, 治國之道也. 積著之理, 務完物, 無息幣. 以物相貿易, 腐敗而食之貨勿留, 無敢居貴. 論其有餘不足, 則知貴賤. 貴上極則反賤, 賤下極則反貴. 貴出如糞土, 賤取如珠玉. 財幣欲其行如流水」修之十年, 國富, 厚賂戰士, 士赴矢石, 如渴得飮, 遂報彊吳, 觀兵中國, 稱號五霸.

123(5-9)
십간十干

갑甲에 해당하는 화물을 자粢라 하고, 높은 상품으로 여겨 값을 70전으로 하였다.

을乙에 해당하는 화물을 서黍라 하고, 중급 상품으로 여겨 한 섬에 60전으로 하였다.

병丙에 해당하는 화물을 적두赤豆라 하고, 낮은 상품으로 여겨 한 섬에 50전으로 하였다.

정丁에 해당하는 화물을 도속稻粟이라 하고, 따로 상급 품종으로 여겨 한 섬에 40전으로 하였다.

무戊에 해당하는 화물을 맥麥이라 하고, 중간 상품으로 삼아 한 섬에 30전으로 하였다.

기己에 해당하는 화물을 대두大豆라 하고, 낮은 상품으로 삼아 한 섬에 20전으로 하였다.

경庚에 해당하는 화물을 광穬이라 하고, 소채류의 식품과 대등하게 여겨 그 때문에 값을 정하지 않았다.

신辛에 해당하는 화물을 과菓라 하고, 역시 소채류의 식품과 대등하게 여겨 값을 정하지 않았다.

임壬과 계癸에는 해당하는 화물을 정하지 않았다.

甲貨之戶曰粢, 爲上物, 賈七十.

乙貨之戶曰黍, 爲中物, 石六十.

丙貨之戶曰赤豆, 爲下物, 石五十.

丁貨之戶曰稻粟, 令爲上種, 石四十.

戊貨之戶曰麥, 爲中物, 石三十.

己貨之戶曰大豆, 爲下物, 石二十.

庚貨之戶曰穬, 比疏食, 故無賈.

辛貨之戶曰菓, 比疏食, 無賈.

壬癸無貨.

【粢】稷의 별칭. 좁쌀이라고도 함.
【賈】'價'와 같음. 값, 가격.
【黍】기장.
【赤豆】팥. 小豆.
【令爲上種】'令'은 '另'과 같음. 또 달리 상등급의 상품으로 여김.
【穬】보리의 일종이라 함. 혹 까끄라기가 있는 모든 곡물을 뜻함.
【疏食】'疏'는 '蔬'와 같음. 蔬菜(菜蔬)類의 식품.
【菓】과일.

卷五

〈6〉越絕〈請糴內傳〉第六

〈6〉 越絶 〈請糴內傳〉 第六

본편은 월나라가 오나라에게 식량을 대여해 줄 것을 요구하여 이를 관철시킴으로써 오나라로 하여금 내분을 일으키는 묘한 구조를 다루고 있다. 즉 오자서와 태재 백비伯嚭로 하여금 서로 간극이 벌어지도록 함으로써 월나라는 오나라와 대등한 국력으로 발전하가 시작하는 기틀을 마련하게 된 것이다.

오나라 내의 신하들끼리, 나아가 군신 사이에 갈등 구조를 심화시킴으로써 월나라는 이 틈을 이용하여 외교적 성공을 거두게 되며, 오나라는 오자서의 강직함과 예견, 백비의 부차에게 총애를 입고자 하는 전형적이 틀이 구성되며, 이로써 월나라의 우세함이 점차 부각되도록 하는 복선을 깔고 있다.

〈鴞鼎〉 1958 陝西 華縣 출토

124(6-1)
대부 문종文種

옛날 월왕越王 구천句踐이 오왕吳王 부차夫差와 전투를 벌였으나 크게 패하고 말았다.

그리하여 회계산會稽山에 들어가 지키면서 대부 종種으로 하여금 오나라에게 화해를 청하자 오나라가 허락하였다.

월왕은 회계를 떠나 오나라의 신하로 들어갔다.

3년이 지나 오왕이 그를 돌아가도록 풀어주어다.

대부 종은 비로소 모책을 짜며 이렇게 말하였다.

"지난 날, 오왕 부차는 의義를 돌아보지 아니한 채 우리 임금에게 수치를 안겨주었습니다. 제가 보기에 무릇 오나라는 심히 부유하면서 재물에 여유가 있음에도 그 형벌은 번잡하고 법은 거꾸로 행하고 있으며, 백성들은 전투와 수비에 익숙하여 전투에 대해 모르는 것이 없습니다. 그러나 그 대신大臣들은 서로 상대에게 상처를 주기를 좋아하여 능히 서로 믿지 못하고 있습니다. 그 덕은 쇠해가는 데도 백성들은 자신들이 잘하고 있다고 자부심을 가지고 있으며, 게다가 오왕은 또한 안일을 즐거워하면서 간언은 듣지 않고 있습니다. 거짓말에는 세밀하고 지혜에는 정성이 모자라며, 참언과 아첨을 믿어 선비를 멀리하여, 몇 몇 상처를 입은 사람들은 서둘러 도망치고 있는데도 명철히 해야 할 일에는 능력이 적으면서 남을 믿지 않으며, 잠깐의 명예를 바라면서 뒤에 닥칠 환난은 돌아보지 않고 있습니다. 왕께서는 어찌 작은 점이라도 쳐 보지 않으십니까?"

월왕이 말하였다.

"좋소! 점을 쳐 보는 방법이란 어떤 것이오?"

대부 종이 대답하였다.

"왕께서 자신을 낮추고 예를 중히 여기며, 본바탕의 진실함을 믿음으로 삼고 오나라에게 식량을 꾸어달라고 청해보십시오. 하늘이 만약 그들을 버리실 양이면 오나라는 틀림없이 허락할 것입니다."

이에 자신을 낮추고 예를 중히 여기며 바탕을 진실하게 함을 믿음으로 여기고 오나라에게 청해보았다.

昔者, 越王句踐與吳王夫差戰, 大敗.

保棲於會稽山上, 乃使大夫種求行成於吳, 吳許之.

越王去會稽, 入官於吳.

三年, 吳王歸之.

大夫種始謀曰:「昔者, 吳王夫差不顧義而媿吾王. 種觀夫吳甚富而財有餘, 其刑繁法逆; 民習於戰守, 莫不知也; 其大臣好相傷, 莫能信也; 其德衰而民好負善, 且夫吳王又喜安佚而不聽諫. 細諛而寡智, 信讒諛而遠士, 數傷人而亟亡之, 少明而不信人, 希須臾之名而不顧後患, 君王盍少求卜焉?」

越王曰:「善! 卜之道何若?」

大夫種對曰:「君王卑身重禮, 以素忠爲信, 以請糴於吳, 天若棄之, 吳必許諾.」

於是乃卑身重禮, 以素忠爲信, 以請於吳.

【保棲】머물면서 지킴.

【會稽山】지금의 浙江 紹興 동남쪽에 있는 산. 會稽는 월나라 도읍이었음.

【大夫種】越나라 모신 文種. 자는 子禽, 혹 少禽, 會. 越나라 대부로 智謀가 있어
范蠡와 함께 句踐을 도와 吳나라에 복수를 하고 句踐을 霸者로 만든 名臣.
그 뒤에 范蠡가 떠나고 句踐에게 죽임을 당함. 그러나《吳越春秋》徐天祜 注
에는 "大夫種, 姓文氏, 字會. 楚之鄒人"이라 함.

【行成】和解를 청함. 求和와 같음.《左傳》莊公 4년에 "營軍臨隨, 隨人懼, 行成"
이라 함.

【入官】入臣과 같음. 越王 句踐이 吳나라에 들어가 신하가 되어 服役함.

【法逆】법이 常理를 거역하고 있음.

【安佚】편안히 여김. 安逸과 같음. 雙聲連綿語.

【須臾之名】잠깐의 명예.

【盍】'합'으로 읽으며 '何不'의 合音字.

【卜】'점을 치다. 예측하다. 시도하다' 등의 뜻.

【請糴於吳】《吳越春秋》에 의하면 句踐 13년 대부 文種을 吳나라에 파견하여
太宰 嚭를 통해 夫差를 만나 곡식을 꾸어줄 것을 요청, 이듬해 갚을 때는 그
쌀을 쪄서 보냄으로써 농사를 실패하도록 함.

참고 및 관련 자료

1.《吳越春秋》句踐陰謀外傳

十三年, 越王謂大夫種曰:「孤蒙子之術, 所圖者吉, 未嘗有不合也. 今欲復謀吳,
奈何?」種曰:「君王自陳:『越國微鄙, 年穀不登, 願王請糴, 以入其意.』天若
棄吳, 必許王矣.」越乃使大夫種使吳, 因宰嚭求見吳王, 辭曰:「越國洿下, 水旱
不調, 年穀不登, 人民飢乏, 道荐飢餒. 願從大王請糴, 來歲卽復太倉. 惟大王
救其窮窘.」吳王曰:「越王信誠守道, 不懷二心, 今窮歸愬, 吾豈愛惜財寶·奪其
所願?」子胥諫曰:「不可! 非吳有越, 越必有吳. 吉往則凶來, 是養生寇而破
國家者也. 與之不爲親, 不與未成冤. 且越有聖臣范蠡, 勇以善謀, 將有修飾攻戰,
以伺吾間. 觀越王之使來請糴者, 非國食民困而請糴也, 以入吾國, 伺吾王間也.」
吳王曰:「寡人卑服越王, 而有其衆, 懷其社稷, 以愧句踐. 句踐氣服, 爲駕車,
卻行馬前, 諸侯莫不聞知. 今吾使之歸國, 奉其宗廟·復其社稷, 豈敢有反吾之

心乎?」子胥曰:「臣聞:『士窮非難抑心下人, 其後有激人之色.』臣聞越王飢餓, 民之困窮, 可因而破也. 今不用天之道·順地之理, 而反輸之食, 固君之命, 狐·雉之相戲也. 夫狐卑體, 而雉信之. 故狐得其志, 而雉必死. 可不慎哉?」吳王曰:「句踐國憂, 而寡人給之以粟, 恩往義來, 其德昭昭, 亦何憂乎?」子胥曰:「臣聞:『狼子有野心, 仇讎之人不可親.』夫虎不可餧以食, 蝮蛇不恣其意. 今大王捐國家之福, 以饒無益之讎, 棄忠臣之言, 而順敵人之欲. 臣必見越之破吳, 豸·鹿游於姑胥之臺, 荊·榛蔓於宮闕, 願王覽武王伐紂之事也.」太宰嚭從旁對曰:「武王非紂王臣也? 率諸侯以伐其君, 雖勝殷, 謂義乎?」子胥曰:「武王卽成其名矣.」太宰嚭曰:「親戮主以爲名, 吾不忍也.」子胥曰:「盜國者封侯, 盜金者誅. 令使武王失其理, 則周何爲三家之表?」太宰嚭曰:「子胥爲人臣, 徒欲干君之好, 咈君之心, 以自稱滿, 君何不知過乎?」子胥曰:「太宰嚭固欲以求其親, 前縱石室之囚, 受其寶女之遺, 外交敵國, 内惑於君. 大王察之, 無爲群小所侮. 今大王譬若浴嬰兒, 雖啼, 無聽宰嚭之言」吳王曰:「宰嚭是. 子無乃聞寡人言, 非忠臣之道, 類於佞諛之人?」太宰嚭曰:「臣聞:『鄰國有急, 千里馳救.』是乃王者封亡國之後·五霸輔絶滅之末者也.」吳王乃與越粟萬石, 而令之曰:「寡人逆群臣之議而輸於越, 年豐而歸寡人.」大夫種曰:「臣奉使返越, 歲登, 誠還吳貸.」大夫種歸越, 越國群臣皆稱「萬歲」. 卽以粟賞賜群臣, 及於萬民.」二年, 越王粟稔, 揀擇精粟而蒸, 還於吳, 復還斗斛之數, 亦使大夫種歸之吳王. 王得越粟, 長太息, 謂太宰嚭曰:「越地肥沃, 其種甚嘉, 可留使吾民植之.」於是吳種越粟, 粟種, 殺而無生者, 吳民大飢.

125(6-2)
신서申胥의 간언

부차가 장차 그 청을 들어주려 하자 신서申胥가 나서서 간하였다.

"안 됩니다! 무릇 왕과 월나라 사이는 땅이 이어져 있고 국경이 인접해 있으며 큰길과 지름길이 곧바로 통하면서 서로 원수이며 적으로 싸우는 나라입니다. 세 강이 둘러쳐져 있어 그 백성은 옮겨 갈 곳도 없으니 오나라가 월나라를 차지하지 않으면 월나라가 오나라를 소유해야 할 처지입니다. 게다가 무릇 왕께서는 이익을 겸할 수도 있었는데 이를 취하지 아니하더니 그 나라에 식량과 재물을 보내주려 하신다니 재물이 가면 재앙이 돌아올 것입니다. 재앙이 돌아오면 백성은 그 윗사람을 원망하게 될 것이니 이는 원수를 길러 자신의 나라를 가난하게 하는 것입니다. 주는 것이 덕이 될 수 없으니 그만 두느니만 못합니다. 또한 월왕에게는 지혜 있는 신하 범려范蠡가 있으며, 그는 용맹하고 모책에 뛰어나 장차 사졸을 정비하고 무기를 다듬어 우리의 틈을 엿보고 있습니다. 제가 듣건대 무릇 월왕의 모책은 충성스러운 바탕이 있는 것이 아니라 하였습니다. 식량을 꾸어달라고 청하는 것은 장차 이로써 우리를 시험하고자 하는 것이며, 이로써 임금을 떠보려는 것이며, 결국 더욱 친밀하다는 것으로써 임금의 뜻을 안심시키려는 것입니다. 그런데도 우리 임금께서는 이를 살필 줄 모른 채 그들을 구제한다면 이는 월나라의 복이 될 것입니다."

오왕이 말하였다.

"내가 월나라를 비하시켜 복종시켰더니 그들이 사직만을 가진 채 구천은 이윽고 굴복하여 신하가 되어, 나를 위해 수레와 방을 관리하고 말 앞에서는 한 발 물러설 줄 알았으니 제후들이 그런 소문을 듣지 않은 자가 없소. 지금 월나라가 기근에 시달린다는데 내가 그들에게 식량을 주면서 나는 구천이 결코 감히 다른 짓을 하지 않을 것임을 알고 있소."

그러자 신서가 다시 말하였다.

"월나라는 아무런 죄가 없었는데 우리 임금께서 그를 급하게 몰아부친 것입니다. 그런데 그 때 그의 생명을 끊지 않고 다시 그의 말을 들어주었으니 이는 하늘의 뜻에 상반된 행동이었던 것입니다. 충간하는 자의 말은 거역하셨고 아첨하는 간언은 거꾸로 친히 여기셨습니다. 지금 여우와 꿩이 서로 놀이를 하면서 여우가 몸을 낮추자 꿩은 그를 믿고 있는 형상입니다. 무릇 짐승이나 벌레도 오히려 속임수로 나가거늘 하물며 사람이야 어떻겠습니까?"

오왕이 말하였다.

"월왕 구천이 급한 일이 있어 과인이 도움을 주어 그 덕이 빛나고 아직 끊어지지도 않았는데 구천이 어찌 감히 제후들과 함께 나를 배반하겠소?"

신서가 말하였다.

"제가 듣기로 성인聖人은 급한 경우를 당하면 남의 신하나 종이 되는 것도 부끄럽게 여기지 않으나 그 지기志氣는 남에게 드러나 보이는 법이라 하였습니다. 지금 월왕은 우리를 위해 뻘뻘 기면서 말을 줄인 채 신하로 복종하면서 그 예를 갖추기가 지나칠 정도인데 우리 임금께서는 이를 살필 줄 모르고 있을 뿐입니다. 그 때문에 지난날 승리했던 것으로 위엄인 줄 여기고 있습니다. 제가 듣건대 이리는 새끼라 하도 그 야성을 버리지 않으며 원수 사이는 서로 친히 해서는 안 된다고 하더이다. 무릇 쥐는 벽을 잊고 살 수 있지만 벽은 쥐를 잊어서는 안 되는 것입니다. 지금 월나라는 오나라에 대한 원한을 잊지 못하고 있습니다! 제가 듣기로 보필의 도움으로 승리하면 사직이 견고하지만 아첨하는 신하로 인해 승리를 얻었다면 사직이 위험해진다 하였습니다. 저는 선왕先王의 노신老臣입니다. 제가 충성스럽지 못하였거나 믿음이 없었다면 선왕의 노신이 되지 못하였을 것입니다. 임금께서는 어찌 저 무왕武王이 주紂를 정벌한 예를 살펴보지 않으십니까? 지금 몇 년을 잘 넘기지 않았다가는 사슴과 멧돼지가 고서姑胥의 누대에 뛰놀게 될 것입니다."

그러자 태재太宰 비嚭가 곁에서 나서며 대꾸하였다.

"무왕은 주의 신하가 아니었소? 그런데 제후를 인솔하여 자신의 임금을 죽인 것이니 비록 승리를 했다 해도 그것을 의로운 일이라 할 수 있겠소?"

신서가 말하였다.

"무왕은 이미 그 명성을 이룬 분입니다."

태재 비가 말하였다.

"직접 나서서 자신의 임금을 죽이고 명성을 이루는 짓은 차마 해서는 안 될 행동이오."

신서가 말하였다.

"훌륭함과 악함이란 서로 드나드는 것이오. 혹 아주 훌륭하다는 이유 때문에 망하기도 하고 혹 아주 악하다는 이유 때문에 창성하기도 하는 것이오. 그런 예는 전세에 얼마든지 있었소. 태재께서는 어찌 우리 임금을 미혹하게 하시오?"

태재 비가 말하였다.

"신서는 사람으로서의 신분이 신하이면서 임금을 판단함이 어찌 그리 말이 많아야 한다는 것이오?"

신서가 말하였다.

"태재 비는 앞에서 아첨으로 신임을 얻고 우리 임금의 위세를 타고 폐백幣帛을 얻어 제후들을 위협하여 부를 이룬 자요. 지금 나는 우리 임금을 충성으로 변별하고 있으니 비유컨대 목욕을 시키는 어린 아이는 비록 보채며 운다 해도 그의 말을 들어서는 안 되는 것과 같소. 저는 장차 큰 이익을 얻을 것이기 때문이오. 그런데 태재께서는 이에 우리 임금의 욕구에 아첨을 하며 뒷날의 환난은 돌아보지 않는 것이 아니오?"

오왕이 말하였다.

"태재는 더 이상 대꾸하지 마시오! 그대는 과인의 욕구에 맞추어준 것이 아니오? 그런 일이 있었다면 이는 충신으로서 할 도리가 아니오."

태재 비가 말하였다.

"제가 듣기로 봄날이 장차 이르러 오면 온갖 풀들이 그 때에 따른다 하였습니다. 임금께서 큰 일을 발동하고 계시니 신하들로서는 온힘을 다해 그 모책에 보좌를 해야 하는 것이지요."

태재 비는 이에 물러나 집으로 돌아와 사람을 시켜 몰래 오왕에게 신서를 이렇게 참언하였다.

"신서가 나서서 간언한 것은 겉모습은 친히 여겨 그렇게 하는 것처럼 보이지만 속마음은 심히 거칠며 다른 마음을 가지고 있는 듯합니다. 임금께서도 늘 몸소 그의 말을 보셨을 것입니다. 신서는 부자 사이의 친함도 군신 사이의 베풂도 없는 자입니다."

오왕이 말하였다.

"무릇 신서는 선왕의 충신이며 천하의 건사健士로 알려졌는데 지금 거의 그렇지 않은 것인가! 그대는 일이 어긋나지 않도록 할 것이며 사사롭게 서로 상처를 주는 일이 없도록 하라. 나에게 그렇게 움직이려 한다면 이는 그대가 능히 해낼 수 있는 일이 아니다."

태재 비가 대답하였다.

"제가 듣기로 부자 사이의 친함이 있으면 비록 대문을 따로 만들어 별거를 하고 있다 해도 신첩과 우마를 증송하는 것이니 이는 더욱 친하다는 뜻을 말함입니다. 만약 한 푼도 주지 않는다면 이는 소원함을 나타내는 것입니다. 부자 사이의 친함도 오히려 이렇거늘 하물며 선비는 어떻겠습니까? 게다가 지혜를 다 내놓지 않는다면 이는 불충한 것이요, 다 내놓기는 하되 어려움을 돌아본다면 이는 용기가 없는 것이며, 아랫사람이면서 윗사람에게 명령을 한다면 이는 법이 없는 것입니다."

오왕은 이에 태재 비의 말을 듣고 과연 월나라에 식량을 주었다.

將與, 申胥進諫曰:「不可! 夫王與越也, 接地鄰境, 道徑通達, 仇讎敵戰之邦; 三江環之, 其民無所移, 非吳有越, 越必有吳. 且夫君王兼利而弗取, 輸之粟與財, 財去而凶來. 凶來而民怨其上, 是養寇而貧邦家也. 與之不爲德, 不若止. 且越王有智臣曰范蠡, 勇而善謀, 將修士卒,飾戰具, 以伺吾間也. 胥聞之: 夫越王之謀, 非有忠素.
請糴也, 將以此試我, 以此卜要君王, 以求益親, 安君王
之志. 我君王不知省也而救之, 是越之福也.」

　吳王曰:「我卑服越, 有其社稷, 句踐旣服爲臣, 爲我駕舍,
却行馬前, 諸侯莫不聞知. 今以越之饑, 吾與之食, 我知
句踐必不敢.」

　申胥曰:「越無罪, 吾君王急之. 不遂絕其命, 又聽其言,
此天之所反也. 忠諫者逆, 而諛諫者反親. 今狐雉之戲也,
狐體卑而雉懼之, 夫獸虫尚以詐相就, 而況於人乎?」

　吳王曰:「越王句踐有急, 而寡人與之, 其德章而未靡,
句踐其敢與諸侯反我乎?」

　申胥曰:「臣聞: 聖人有急, 則不羞爲人臣僕, 而志氣
見人. 今越王爲吾浦伏約辭, 服爲臣下, 其執禮過, 吾君
不知省也而已, 故勝威之. 臣聞狼子野心, 仇讐之人,
不可親也. 夫鼠忘壁, 壁不忘鼠, 今越人不忘吳矣! 胥聞之:
拂勝, 則社稷固; 諛勝, 則社稷危. 胥, 先王之老臣, 不忠
不信, 則不得爲先王之老臣. 君王胡不覽觀夫武王之伐
紂也? 今不出數年, 鹿豕遊於姑胥之臺矣.」

　太宰嚭從旁對曰:「武王非紂臣耶? 率諸侯以殺其君,
雖勝, 可謂義乎?」

　申胥曰:「武王則已成名矣.」

太宰嚭曰:「親傷主成名, 弗忍行.」

申胥曰:「美惡相入, 或甚美以亡, 或甚惡以昌, 故在前世矣. 嚭何惑吾君王也?」

太宰嚭曰:「申胥為人臣也, 辨其君何必齜齜翾乎?」

申胥曰:「太宰嚭面諛以求親, 乘吾君王, 幣帛以求, 威諸侯以成富焉. 今我以忠辨吾君王, 譬浴嬰兒, 雖啼勿聽, 彼將有厚利. 嚭無乃諛吾王之欲, 而不顧後患乎?」

吳王曰:「嚭止! 子無乃向寡人之欲乎? 此非忠臣之道也.」

太宰嚭曰:「臣聞春日將至, 百草從時, 君王動大事, 群臣竭力以佐謀.」

因遜邇之舍, 使人微告申胥於吳王曰:「申胥進諫, 外貌類親, 中情甚疎, 類有外心. 君王常親觀其言也, 胥則無父子之親·君臣之施矣.」

吳王曰:「夫申胥, 先王之忠臣·天下之健士也, 胥殆不然乎哉! 子毋以事相差, 毋以私相傷. 以動寡人, 此非子所能行也.」

太宰嚭對曰:「臣聞父子親, 張戶別居, 贈臣妾·馬牛, 其志加親; 若不與一錢, 其志斯疏. 父子之親猶然, 而況於士乎? 且有知不竭, 是不忠; 竭而顧難, 是不勇; 下而令上, 是無法.」

吳王乃聽太宰嚭之言, 果與粟.

【申胥】伍子胥.《國語》吳語 韋昭 注에 "員奔吳, 吳與之申地, 故曰申胥"라 함.
子胥, 伍員 등으로도 불림. 伍擧(椒擧)의 손자이며 伍奢의 아들. 伍尙의 아우.
楚 平王과 아버지 伍奢가 太子 建의 혼인 문제에 비열함을 저지른 費無極
(費無忌)의 참언으로 인해 멸족을 당하자 陳나라를 거쳐 吳나라로 망명하여
합려를 도와 원수를 갚음. 뒤에 吳楚戰鬪, 吳越鬪爭 등의 주역으로서 많은
일화와 사건을 남겼으며 끝내 오왕 부차에게 죽임을 당함. 한편 '員'은 '員音云'
이라 하여 '운'으로 읽어야 하나 일반적인 관례에 의해 그대로 '오원'(伍員)
으로도 읽음. 그 외 '伍胥', '子胥', '伍員', '伍君' 등 여러 가지로 불리고 있음.
《史記》伍子胥列傳 및 《吳越春秋》등을 참조할 것.

【仇讎】《國語》越語(上)에 越王 句踐이 會稽山에서 困厄을 당할 때 吳王에게
和解를 청하여 오왕이 이를 수락하려 하자 伍子胥가 越과 吳는 仇讎와 같다고
하였음.

【三江】《國語》越語(上) 注에 "三江, 吳江, 錢塘江, 浦陽江. 此言二國之民, 三江
繞之, 遷徙非吳則越也"라 함.

【范蠡】越나라 大夫. 字는 少伯. 文種과 함께 越나라를 승리로 이끈 대신. 越나라가
吳나라에 패했을 때 3년을 臣僕으로 고생하다가 돌아와 句踐을 도와 吳나라를
멸하는데 큰 공을 세웠음. 그리고 즉시 句踐을 피해 이름을 鴟夷子皮로 바꾸고
몸을 숨겨 三江口를 거쳐 五湖로 나서 齊나라 陶 땅으로 옮겨가 陶朱公이라
칭하였으며 장사에 뛰어들어 큰 부자가 됨. 그의 많은 일화는 《國語》越語(下),
《左傳》,《史記》越王句踐世家, 貨殖列傳,《吳越春秋》등에 자세히 실려 있음.
《吳越春秋》徐天祜 注에 "范蠡, 楚三戶人也. 字少伯"이라 함.

【飾戰具, 以伺吾間也】〈四部備要〉본에는 "飾戰□□□間也"라 하여 4글자의
자리에 세 칸의 □로 표기되어 있음.

【社稷】나라를 대신하는 말. 土神과 穀神을 뜻하며 고대 나라를 세우면 반드시
먼저 社稷壇을 세워 나라를 상징하는 말로 쓰였음.

【我知句踐必不敢】錢培名〈札記〉에 "句似有脫字,《吳越春秋》作「豈敢有反我之
心乎?」"라 함.

【越無罪】吳王 闔廬가 越나라를 먼저 공격한 것임. 이 때 樵里에서 句踐과 전투를
벌였으며 이 때 闔廬가 손가락 상처를 입고 이것이 도져 죽었음. 뒤에 夫差
뒤를 이어 越나라에게 보복할 뜻을 가지고 마침내 越나라를 굴복시킨 것임.

【天之所反】《國語》吳語 注에 "反, 謂盛者更衰, 禍者有福"이라 함.

【狐體卑而雄懼之】'懼'자는 오류임. 錢培名〈札記〉에 "句意未了,《吳越春秋》

'懼'作'信', 句下有'故狐得其志而雉必死'九字, 義較備"라 함.

【未靡】 끝이 없음. 계속되고 있음.

【浦伏】 '匍匐'의 다른 표기. 蒲服, 蒲伏, 匍伏 등 여러 표기가 있으며 雙聲連綿語. '뻘뻘기다'의 뜻.

【拂】 '弼'과 같음. 필로 읽음. 〈四部備要〉에 '拂, 音弼'이라 함. 바로잡아주는 輔弼. 《荀子》臣道篇에 "有能舍君之命, 竊君之重, 反君之事, 以安國之危, 除君之辱, 功伐足以成國之大利, 謂之拂"이라 하였고,《孟子》告子(下)에 "入則無法家拂士, 出則無敵國外患者, 國恆亡"이라 함.

【太宰嚭】 '太宰'는 吳나라 관직 이름. '嚭'는 伯嚭를 가리킴. 伯嚭는 '白喜', '帛否', '太宰伯嚭', '太宰嚭' 등으로도 표기하며 자는 子餘. 春秋時代 楚나라 白州犁의 孫子. 楚나라에서 吳나라로 망명하여 大夫를 거쳐 夫差의 신임을 얻어 太宰에 올랐으며 吳나라가 越나라를 항복시킨 뒤 越王 句踐의 뇌물을 받고 화해를 조성하여 吳나라 멸망의 화근을 키웠으며 伍子胥를 참훼하여 죽임. 吳나라가 망한 뒤 월왕 구천에 의해 살해됨. 越나라 范蠡와 文種, 그리고 吳나라 伍子胥와 더불어 吳越爭鬪의 주연으로 이름을 날린 대표적인 네 사람 중의 하나임. 다른 기록에는 '白'이 모두 '伯'으로 되어 있음.

【武王】 姬發. 文王(姬昌)의 아들이며 周公(姬旦), 召公(姬奭) 등의 형. 成王(姬誦)의 아버지. 武王이 죽자 아버지의 뜻을 이어받아 殷의 마지막 왕인 紂를 멸하고 周나라를 건국하였으며 鎬(지금의 陝西 西安 서남, 灃水 東岸)에 도읍을 정함. 儒家에서 武王과 함께 성인으로 추앙을 받음.

【紂】 殷의 末王. 폭군으로 널리 알려짐. 帝辛, 商辛으로도 부르며 帝乙의 아들. 姐己에게 빠져 '炮烙之刑'과 '酒池肉林' 등의 악한 고사를 가지고 있으며 周文王(姬昌)을 羑里(牖里)에 가두는 등 周나라와 대립하다가 武王(姬發)에게 망함.

【姑胥之臺】 姑胥臺, 姑蘇臺. 吳縣에 있는 누대. 지금의 蘇州 서남쪽에 있으며 吳王 闔廬가 세움.

【僇】 '戮'과 같음. '殺戮'의 뜻.

【翽翽】 '많다'의 뜻. '翽'는 '홰'로 읽음. 張宗祥 〈校注〉에 "翽翽, 多也, 羽聲也, 見《詩》 小雅傳及箋. 此指胥言之多"라 함.

【遜遁】 '물러나다'의 疊韻連綿語. 退避, 退朝의 뜻.

【施】 은혜 등을 '베풀다'의 뜻.

126(6-3)
내 눈을 빼어

신서는 물러나 집으로 와서 이렇게 탄식하였다.

"오호라 쯧쯧! 임금이 사직의 위험을 전혀 해결하려 들지 않은 채 일시의 주장만 듣고 있구나. 태재 비는 맞지도 않은 말로 대신을 배척하여 상처를 주고 있는데도 왕은 그의 말을 채용하고 있다. 보필하는 신하의 말은 듣지 않은 채 아첨으로 자신만의 안전을 구하는 무리의 말을 믿고 있으니 이는 나라의 운명이 짧은 것이로다! 만약 이것이 믿을 수 없는 일이라면 나는 내 눈동자를 빼내어 이 나라 국경문에 걸어두었다가 오나라가 크게 패하는 꼴을 직접 보기를 원한다. 월나라 사람들이 들어와 우리 왕이 그들에게 그대로 포로가 되는 꼴을 말이다!"

태재 비嚭와 교분이 있는 봉동逢同이 태재 비에게 이렇게 말하였다.

"그대가 신서를 난처하게 하려면 청컨대 동태를 살펴보시지요."

그리고는 신서를 찾아갔더니 신서는 마침 피리被離와 함께 앉아 있었다.

신서가 봉동을 보자 이렇게 말하였다.

"그대는 태재 비를 섬기고 있으며, 게다가 나라의 국권은 바로세울 모책은 세우지 아니한 채 우리 임금을 미혹하게 하고 있소. 임금이 이를 잘 살피지 못하고 여러 돼지들의 말을 믿고 있소. 임금이 나라를 바로 세울 생각을 망각하고 있는 것은 태재 비의 죄요! 오나라가 망할 날은 얼마 남지 않았소!"

봉동이 나와서 태재 비를 찾아갔다.

"오늘 그대를 위해 신서의 동태를 살피러 갔더니 신서는 임금이 자신의 의견을 들어주지 않았으니 뒷날이 없을 것이라 비방합니다. 임금이 깨닫게 되면 다시 그를 가까이 할 것입니다."

그리고는 다시 태재 비에게 이렇게 덧붙였다.

"그대 뒷날을 힘쓰시오. 오왕은 사정으로 보아 그대에게 의지하고 있지요?"

태재 비가 말하였다.

"지혜의 생겨나는 바는 귀천이나 소장少長에 있지 아니하고 어떻게 서로를 인정하는가에 달려 있지요."

봉동이 나서서 오왕을 만나면서 난감해 하는 표정에 근심 띤 얼굴을 하였다.

봉동은 눈물을 흘리며 대답도 하지 못하는 태도를 취하였다.

오왕이 물었다.

"무릇 태재 비는 나의 충신이요, 그대는 과인의 이목에 해당하는 위치요. 그런데 장차 누가 그토록 원망스러운 것이오?"

봉동이 대답하였다.

"저에게는 걱정이 있습니다. 제가 말씀을 드려 임금께서 실행에 옮기시기만 하면 뒷걱정이 없어질 것입니다. 저는 말씀을 드리고 죽기를 각오합니다!"

왕이 말하였다.

"그대는 말하시오. 과인이 들어보겠소."

봉동이 말하였다.

"오늘 신서를 찾아가 만나보았더니 마침 신서는 피리와 함께 앉아 있었는데 그들의 모책이 심각했으며 마치 우리 임금을 해칠 뜻을 가지고 있는 것 같았습니다. 지금 신서는 나서서 간언을 할 때 마치 충성을 다하는 것 같지만 속뜻은 지극히 악하며 그 몸은 우리 오나라에 들어와 있으면서 마음은 들판을 떠도는 이리와 같습니다. 군왕께서는 그를 친히 여기십니까, 아니면 친히 여기지 않습니까? 그를 내쫓으실 작정이십니까, 아니면 내쫓지 않으실 작정이십니까? 친히 여기신다면 그가 성인聖人입니다. 그는 장차 더욱 더 원한의 마음을 지닌 채 끝이 없을 것입니다. 내쫓으실 작정이라면 그는 현인賢人입니다. 그는 능히 우리 임금을 해칠 것입니다. 죽여 없애실 것입니까? 죽여 없앨 수 있으나 역시 반드시 그럴만한 이유가 있어야 합니다."

오왕이 말하였다.

"지금 신서를 처치해야 한다면 장차 어떤 이유를 대면 되겠소?"

봉동이 대답하였다.

"왕께서는 군사를 일으켜 제齊나라를 치십시오. 그러면 신서는 틀림없이 '안 된다'고 간언을 할 것입니다. 왕께서는 그의 말을 무시한 채 제나라를 치십시오. 반드시 크게 이길 것이며 그렇게 하고 나면 가히 신서를 처치할 수 있을 것입니다."

申胥遜遯之舍, 歎曰:「於乎嗟! 君王不圖社稷之危, 而聽一日之說. 弗對, 以斥傷大臣, 而王用之. 不聽輔弼之臣, 而信讒諛容身之徒, 是命短矣! 以爲不信, 胥願廓目于邦門, 以觀吳邦之大敗也. 越人之入, 我王親所禽哉!」

太宰嚭之交逢同, 謂太宰嚭曰:「子難人申胥, 請爲卜焉.」

因往見申胥, 胥方與被離坐.

申胥謂逢同曰:「子事太宰嚭, 又不圖邦權而惑吾君王, 君王之不省也, 而聽衆儳之言. 君王忘邦, 嚭之罪也! 亡日不久也!」

逢同出, 造太宰嚭曰:「今日爲子卜於申胥, 胥誹謗其君不用胥, 則無後. 而君王覺而遇矣.」

謂太宰嚭曰:「子勉事後矣, 吳王之情在子乎?」

太宰嚭曰:「智之所生, 不在貴賤長少, 此相與之道.」

逢同出見吳王, 慚然有憂色.

逢同垂泣不對.

吳王曰：「夫囂, 我之忠臣; 子爲寡人遊目長耳, 將誰怨乎?」

逢同對曰：「臣有患也. 臣言而君行之, 則無後憂; 若君王弗行, 臣言而死矣!」

王曰：「子言, 寡人聽之.」

逢同曰：「今日往見申胥, 申胥與被離坐, 其謀慇然, 類欲有害我君王. 今申胥進諫類忠, 然中情至惡, 內其身而心野狼. 君王親之不親? 逐之不逐? 親之乎, 彼聖人也, 將更然有怨心不已. 逐之乎, 彼賢人也, 知能害我君王. 殺之爲乎? 可殺之, 亦必有以也.」

吳王曰：「今圖申胥, 將何以?」

逢同對曰：「君王興兵伐齊, 申胥必諫曰『不可』, 王無聽而伐齊, 必大克, 乃可圖之.」

【於乎】'嗚呼'와 같음. 感歎詞. '오호'로 읽음.

【一日】하루 잠깐 말하는 논리.

【弗對】맞지 않음. 사실이나 실정과 부합하지 않음.

【胥願廓目于邦門】張宗祥〈校注〉에《史記》作「抉吾眼懸東門上」,《吳越春秋》作「挂吾目於門」.《說文》云：「廓, 空也.」言空吾之目也.《史記》索隱曰：「東門, 鱤門, 謂鮮門也, 即今封門.」《國語》吳語稱：「吳王還自伐齊, 乃訊申胥, ……遂自殺. 將死, 曰：「以懸吾目於東門, 以見越之入, 吳國之亡也.」」라 함.

【逢同】《史記》에도 '逢同'으로 되어 있음. 그러나《吳越春秋》에는 '扶同'으로 되어 있음. 徐天祜는 "《史記》作逢同"이라 함. 그러나 이 둘은 같은 인물로 보이지 않음. 俞樾의〈讀越絶書〉에 "逢同事見〈請糴內傳〉, 乃太宰嚭之友譖殺伍子胥者,

及越滅吳, 殺太宰嚭·逢同及其妻子, 事迹甚明.〈外傳記范伯〉篇又作馮同, 馮與逢一聲之轉耳. 而《史記》勾踐世家乃以逢同爲越大夫, 敎勾踐結齊親楚附晉者, 何歟? 據《吳越春秋》, 越大夫爲扶同, 意者扶同·逢同本二人, 史公誤以扶同爲逢同乎?"라 하였고, 張宗祥〈校注〉에는 "此書及《史記》, 均作越滅吳, 誅伯嚭. 《史記》云:「越王滅吳, 誅太宰嚭, 以爲不忠, 而歸.」 此書則言誅伯嚭者五: 曰「擒夫差, 殺太宰嚭」; 曰「殺太宰嚭·逢同與其妻子」, 曰「殺夫差而戮其相」, 曰「殺太宰嚭, 戮其妻子」, 曰「擒夫差而戮太宰嚭, 與其妻子」. 考越滅吳爲魯哀公二十二年, 《左傳》哀二十四年, 哀公如越,「季孫懼, 使因太宰嚭而納賂焉.」 是吳亡二年, 伯嚭猶在, 此越亦信任之. 卽使終以罪誅, 亦在滅吳之後. 何所記不同如此也? 尋司馬遷記此, 皆不從《左氏》而與此書爲近"이라 함. 張宗祥〈校注〉에는 "《史記》索隱:「逢姓同名, 故楚有逢伯.」考證: 逢, 《越絶》作馮, 《吳越春秋》作扶. 又云梁玉繩曰:「逢乃越臣, 何以在吳與伯嚭爲友而譖伍胥耶?《越絶》亦云句踐殺太宰嚭·逢同與其妻子, 徐孚遠疑范蠡旣歸而遣逢事吳, 或當然也.」宗祥案: 句踐臣吳復歸, 爲句踐七年, 當魯哀公五年, 其九年召五大夫相謀, 中有扶同; 二十一年伐吳, 復有大夫扶同, 與謀其事. 以上均見《吳越春秋》, 惟據《左傳》則越伐吳在魯哀公十七年, 當句踐十九年, 此其異耳. 據此, 則一人之身, 豈能分事二國? 扶同·逢同, 實非一人"이라 함.

【請爲卜焉】'卜'은 시험해봄. 여기서는 동태를 살펴보고 대책을 세움.

【被離】吳나라 大夫. 伍子胥의 친구. 뒤에 함께 참훼를 입어 살해됨.

【豴】돗, 돼지. 太宰 伯嚭와 逢同 등 소인배들을 가리킴.

【君王覺而遇矣】'君王(夫差)이 자신의 잘못을 깨닫고 나면 申胥의 의견이 옳음을 알고 다시 申胥를 친히 여기고 太宰 嚭와 逢同 자신을 멀리할 것'이라는 뜻.

【逢同垂涕不對】樂祖謀〈校勘記〉에 "此句上當有脫文"이라 함.

【遊目張耳】사방을 둘러보는 눈과 열어놓고 듣는 귀. 逢同이 吳王의 정보원 역할을 함을 뜻함.

【內其身而心野狼】'申胥(伍子胥)는 몸은 이 吳나라에 納入시켜 놓았지만 마음을 들을 쏘다니는 이리와 같다'는 뜻. '內'은 '納'과 같음.

【聖人, 賢人】聖人이므로 죽음도 불사하고 끝없이 간언을 할 것이며, 賢人이므로 자신이 살기 위해 임금을 해치고 말 것임을 뜻함.

【必有以】반드시 이유가 있어야 함. '以'는 구실, 이유, 핑계, 명분을 말함.

127(6-4)
오자서의 죽음

이에 오왕은 제齊나라를 치고자 신서를 불렀으나 신서는 이렇게 대답하는 것이었다.

"저는 늙었습니다! 귀로는 듣는 것이 없고, 눈으로는 보는 것이 없습니다. 더불어 모책을 세울 수 없군요."

오왕이 태재 비를 불러 모책을 세우자 태재 비가 말하였다.

"훌륭합니다! 왕께서 군사를 일으켜 오나라를 정벌하심이여. 월越나라는 우리에게 별것 아닌 옴 정도에 불과하여 어떤 짓도 할 수 없습니다."

오왕이 다시 신서를 불러 모책을 짜려 하자 신서는 이번에도 이렇게 말하였다.

"저는 늙었습니다! 일러드릴 모책이 없습니다."

오왕이 신서를 청하여 세 번째 모책을 묻자 신서는 이렇게 대답하였다.

"제가 듣기로 어리석은 사나이의 말일지라도 성주聖主는 가려서 골라냅니다. 제가 듣기로 월왕 구천은 우리 오나라에서 풀려나 돌아간 그 해부터 궁중에 아궁이가 다섯이나 있음에도 음식에 중미重味를 먹지 않고 처첩妻妾의 수를 줄였으며, 사랑하는 자라고 해서 구별하는 법이 없으며 아내는 몸소 말斗을 잡고 구천 자신은 평미레를 들고 식사할 쌀의 양을 재어 먹으며 허기를 채우면 그 뿐 허비하는 일이 없다고 합니다. 이런 사람이 죽지 않으면 틀림없이 우리나라에 큰 해가 될 것입니다! 월왕 구천은 가축을 잡아 실컷 먹는 일이란 없으며 의복은 순색으로 소박하게 입으며 상하 같은 염색을 한 옷을 고집하지도 않으며 검은 색을 입으려 들지도 않으며, 허리에 차는 칼의 허리띠도 삼베로 대신하고 있습니다. 이런 사람이 죽지 않으며 틀림없이 큰 변고를 일으킬 것입니다. 그런가 하면 월왕 구천은 잠을 자도 편한 자리에 편한 잠을 자지 않으며 먹는데도 배부름을 요구하지 않으며 도 있는 자를 잘 대해주고 귀히 대접하고 있습니다. 이런 사람이 죽지 않으면 틀림없이 그 나라의 보배가 될 것입니다. 월왕 구천은 옷이 낡아도 새 옷을 입으려 들지 않고 경사스러운 일에는 상을 내리되 형벌이나 죽이는 일은 시행하지도 않고 있습니다. 이런 사람이 죽지 않는 한 반드시 그 명성을 이루게 될 것입니다. 월나라가 우리에게는 마치 뱃속에 들어있는 적취積聚와 같아 발작을 하지 않으면 아무런 상해를 입히지 않지만 움직여 발작을 했다 하면 몸이 죽게 될 것입니다. 그리니 제나라 치는 일을 중지하시고 월나라를 근심거리로 여겨야 합니다."

오왕은 이를 듣지 않고 과연 군사를 일으켜 제나라를 쳐서 크게 이기고 돌아왔다.

그리고 신서가 충성스럽지 못하다는 구실을 달아 칼을 내려 신서를 죽이고 피리는 곤형髡刑에 처해버렸다.

신서는 죽음에 이르자 이렇게 말하였다.

"옛날 걸桀이 관룡봉關龍逢을 죽였고, 주紂는 왕자王子 비간比干을 죽였다. 지금 오나라가 나를 죽이고 있으니 폭군이 걸과 주에 셋이 되는 것이며 오나라가 망함을 드러내는 짓이로다."

於是吳王欲伐齊, 召申胥, 對曰:「臣老矣! 耳無聞, 目無見, 不可與謀.」

吳王召太宰嚭而謀, 嚭曰:「善哉! 王興師伐齊也. 越在我猶疥癬, 是無能爲也.」

吳王復召申胥而謀, 申胥曰:「臣老矣! 不可與謀.」

吳王請申胥謀者三, 對曰:「臣聞愚夫之言, 聖主擇焉.

胥聞越王句踐罷吳之年, 宮有五竈, 食不重味; 省妻妾, 不別所愛; 妻操斗, 身操概, 自量而食, 適饑不費, 是人不死, 必爲國害! 越王句踐食不殺而饜, 衣服純素, 不袗不玄, 帶劍以布. 是人不死, 必爲大故. 越王句踐, 寢不安席, 食不求飽, 而善貴有道, 是人不死, 必爲邦寶. 越王句踐, 衣弊而不衣新, 行慶賞, 不刑戮, 是人不死, 必成其名. 越在我, 猶心腹有積聚, 不發則無傷, 動作者有死亡, 欲釋齊, 以越爲憂.」

吳王不聽, 果興師伐齊, 大克還.

以申胥爲不忠, 賜劍殺申胥, 鴟夷被離.

申胥且死, 曰:「昔者, 桀殺關龍逢, 紂殺王子比干, 今吳殺臣, 參桀紂, 而顯吳邦之亡也.」

【疥癬】 옴. 별 것 아닌 하찮은 질환.
【重味】 겹치는 맛.《韓非子》外儲說左下에 "食不二味, 坐不重席"이라 하였고,《史記》越王句踐世家에는 "吳旣赦越, 越王句踐反國, 乃苦身焦思, 置膽於坐, 坐臥卽仰膽, 飮食亦嘗膽也, 曰:「女忘會稽之恥邪?」身自耕作, 夫人自織, 食不加肉, 衣不重采, 折節下賢人, 厚遇賓客, 振貧吊死, 與百姓同其勞"라 함.
【省妻妾】 생(省)은 '줄이다'의 뜻. 그러나 錢培名〈札記〉에는 "句似有脫字"라 함.
【斗】 곡물을 되는 말.
【概】 '㮣'와 같음. 되나 말에 곡물을 담고 위를 평평하게 미는 평미레.
【袗】 옷 색깔을 같게 함. 상하 의상의 색을 같게 하여 화려하게 입음. '不袗'은 옷을 검소하게 입음을 뜻함.
【心腹有積聚】 '積聚'는 '積滯'와 같음. 뱃속에 막힌 것이 있어 위험한 경우가 됨을 뜻함.《史記》에는 "腹心之疾"로 되어 있음.
【賜劍殺申胥】《左傳》哀公 11년에는 屬鏤劍을 내려 自決하도록 한 것으로 되어 있음.

【髡】머리를 모두 깎아 禿頭로 만드는 형벌.

【桀】夏나라 마지막 王. 이름은 癸. 妹喜에게 빠져 무도한 짓을 저질렀으며 殷의 湯王에게 망함. 殷나라 末王 紂와 함께 '桀紂'라 하여 폭군의 전형으로 거론됨. 《史記》夏本紀를 참조할 것. 《十八史略》(1)에 "孔甲之後, 歷王皐·王發·王履癸. 號爲桀, 貪虐, 力能伸鐵鉤索. 伐有施氏, 有施以末喜女焉, 有寵, 所言皆從, 爲傾宮瑤臺, 殫民財. 肉山脯林, 酒池可以運船, 糟堤可以望十里, 一鼓而牛飮者三千人, 末喜以爲樂. 國人大崩, 湯伐夏, 桀走鳴條而死"라 함.

【關龍逢】夏나라 말기 桀王의 無道함을 극간하다가 참형을 당함. '關龍逄'으로도 표기함. 《韓詩外傳》을 볼 것.

【紂】殷의 마지막 王. 폭군으로 널리 알려짐. 帝辛, 商辛으로도 부르며 帝乙의 아들. 姐己에게 빠져 '炮烙之刑'과 '酒池肉林' 등의 악한 고사를 가지고 있으며 周 文王(姬昌)을 羑里(牖里)에 가두는 등 周나라와 대립하다가 武王(姬發)에게 망함.

【子胥】伍子胥. 伍員. 춘추시대 초나라 출신으로 아버지 伍奢, 형 伍尙이 楚 平王에게 피살되자 吳나라로 망명하여 闔閭와 夫差를 보좌함. 그리하여 楚나라에게 원한을 갚고 越나라를 항복시키는 등 많은 공을 세움. 그러나 越나라 항복을 받아주는 것을 반대하고 齊나라를 쳐서 패업을 이룰 것을 강하게 주장하다가 의심을 받아 夫差가 그에게 屬鏤劍을 주어 자결하도록 함. 《史記》伍子胥列傳 및 《吳越春秋》, 《國語》, 《左傳》 등을 참조할 것.

【比干】殷나라 王子. 紂의 叔父로 紂의 惡政을 諫하다가 心臟이 찢기는 변을 당함. 《史記》殷本紀에는 "比干乃强諫紂. 紂怒曰:「吾聞聖人心有七竅, 剖比干觀其心.」"이라 하였고, 《十八史略》(1)에도 "紂淫虐甚, 庶兄微子數諫, 不從, 去之. 比干諫, 三日不去, 紂怒曰:「吾聞聖人之心有七竅.」剖而觀其心, 箕子佯狂爲奴, 紂囚之, 殷大師, 持其樂器祭器奔周"라 함.

참고 및 관련 자료

1. 《韓非子》人主篇

明主者, 推功而爵祿, 稱能而官事, 所擧者必有賢, 所用者必有能. 賢能之士進, 則私門之請止矣. 夫有功者受重祿, 有能者處大官, 則私劍之士, 安得無離於私勇而疾距敵, 遊宦之士焉得無撓於私門而務於淸潔矣? 此所以聚賢能之士,而散私門之屬也. 今近習者不必智, 人主之於人也, 或有所知而聽之, 入因與近習論其言, 聽近習而不計其智, 是與愚論智也. 其當途者不必賢, 人主之於人, 或有所賢而禮之, 入因與當途者論其行, 聽其言而不用賢, 是與不肖論賢也. 故智者決策於愚人, 賢士程行於不肖, 則賢智之士奚時得用? 而人主之明塞矣. 昔關龍逢說桀而傷其四肢, 王子比干諫紂而剖其心, 子胥忠直夫差而誅於屬鏤. 此三子者, 爲人臣非不忠, 而說非不當也, 然不免於死亡之患者, 主不察賢智之言, 而蔽於愚不肖之患也. 今人主非肯用法術之士, 聽愚不肖之臣, 則賢智之士孰敢當三子之危而進其智能者乎! 此世之所以亂也.

128(6-5)
왕손락王孫駱

왕손락王孫駱이 이를 듣고 아침 조회에도 나오지 않자 왕이 왕손락을 불러 물었다.

"그대는 어찌 과인을 비난하며 아침에 조회에도 나오지 않았는가?"

왕손락이 대답하였다.

"신은 감히 비난을 하는 것이 아니라 저는 두려워하는 것입니다."

오왕이 물었다.

"그대는 무엇을 두려워하는가? 내가 신서를 죽인 것을 두고 너무 심했다고 여기는가?"

왕손락이 대답하였다.

"임금께서는 기가 높으신데 신서는 낮은 지위임에도 그를 죽였습니다. 여러 신하들과 상의하지도 않았으니 저는 이 때문에 두려워하는 것입니다."

왕이 말하였다.

"내가 그대 의견을 듣지도 않고 오자서를 죽인 것은, 신서는 나를 어떻게 하려는 의도를 가지고 있었기 때문이오."

왕손락이 말하였다.

"제가 듣기로 임금이 된 자에게는 반드시 감히 진언하는 신하가 있게 마련이고, 윗자리에 있는 자에게는 반드시 감히 말로 대드는 선비가 있다 하더이다. 이와 같아야 염려하는 생각이 날로 더욱 진보하게 되고 지혜가 생겨나는 것입니다. 신서는 선왕先王의 노신老臣입니다. 그가 충성이 없었다거나 믿음이 없었다면 그는 선왕의 노신이 될 수 없었을 것입니다."

왕이 태재 비를 죽일 생각을 내 비치자 왕손락이 대답하였다.

"안 됩니다! 왕께서 만약 죽이시면 이는 둘의 신서를 죽이는 것이 됩니다."

오왕은 왕손락을 옛날처럼 가까이 하였다.

王孫駱聞之, 旦卽不朝, 王召駱而問之:「子何非寡人旦不朝?」

王孫駱對曰:「臣不敢有非, 臣恐矣.」

吳王曰:「子何恐? 以吾殺胥爲重乎?」

王孫駱對曰:「君王氣高, 胥之下位而殺之. 不與群臣謀之, 臣是以恐矣.」

王曰:「我非聽子而殺胥, 胥乃圖謀寡人.」

王孫駱曰:「臣聞: 君人者, 必有敢言之臣; 在上位者, 必有敢言之士. 如是, 卽慮日益進, 而智益生矣. 胥, 先王之老臣, 不忠不信, 不得爲先王臣矣.」

王意欲殺太宰嚭, 王孫駱對曰:「不可! 王若殺之, 是殺二胥矣.」

吳王近駱如故.

【王孫駱】吳나라 대부. 당시 司馬벼슬이었음.《國語》越語(下)에는 '王孫雒'으로 되어 있으며 注에 "雒, 吳大夫; 王孫, 姓也"라 함.《史記》越王句踐世家에는 '公孫雄'으로,《說苑》에는 '公孫雒'으로 표기되어 있음. 張宗祥〈校注〉에 "《史記》越世家作'公孫雄', 〈集解〉引虞翻曰:「公孫雄, 吳大夫」一本作駱, 非.《呂氏春秋》當染篇:「夫差染於王孫雄·太宰嚭.」《吳越春秋》作王孫駱"이라 함.

【胥之下位而殺之】錢培名〈札記〉에 "句不可解.《吳越春秋》作「子胥位下, 王誅之」
亦有脫誤"라 함.
【我非聽子而殺胥】錢培名〈札記〉에 "《吳越春秋》作「非聽宰嚭而殺子胥」, 義較優"
라 함.

129(6-6)
부차의 최후

태재 비는 다시 이렇게 말하였다.

"월나라를 헤아려 보면 비록 그들은 우리를 상대로 일을 벌이고 있지만 왕께서는 걱정하실 것 없습니다."

왕이 말하였다.

"과인은 나라를 그대에게 맡기려 하니 청컨대 서둘러 어느 때라도 월나라를 대비하시오."

태재 비가 대답하였다.

"제가 듣건대 네 필 말이 막 달리고 있을 때 앞에서 말을 놀라게 하는 자는 목을 쳐야 한다고 하더이다! 그런 방법을 써야 반드시 바른 길로 갈 수 있습니다. 이와 같이 하면 월나라는 자신의 의도대로 할 수 없을 것입니다."

왕이 말하였다.

"그대가 제압하고 그대가 결단해 주시오."

그렇게 3년이 지나 월나라가 군사를 일으켜 오나라를 공격, 오호五湖에 이르자 태재 비는 무리를 이끌고 이렇게 말하였다.

"우리 전투를 거절한다."

그러면서도 그들은 다섯 번이나 도전하는 척 하다가 모두 되돌아서는 것이었다.

월왕은 참지 못하고 그들의 행동을 허용할 참이었다.

그러자 범려가 말하였다.

"임금께서는 낭묘廊廟에서 계획을 세워놓고 들판에서 이를 실패로 이끄시니 될 일입니까? 7년이나 모책을 세워놓고 잠깐 사이에 이를 포기하시고 있습니다. 왕께서는 화전을 허락하지 마십시오. 오나라는 겸탄할 수 있습니다."

월왕이 말하였다.

"허락하오."

전장에 있은 지 석달, 오나라 군사들은 스스로 지쳤고 태재 비는 도망치고 말았으며 오왕은 녹을 받는 관리와 현량賢良들을 이끌고 숨어서 사라지고 말았다.

월나라는 이를 추격하여 여항산餘杭山에 이르러 오왕夫差를 사로잡고 태재 비를 죽여버렸다.

월왕이 범려에게 오왕 부차를 죽이라고 하자 범려가 말하였다.

"신하의 지위로 감히 임금을 죽일 수 없습니다."

왕이 말하였다.

"형벌을 내리시오!"

범려가 말하였다.

"신하의 신분으로 감히 임금에게 형벌을 내릴 수 없습니다."

월왕은 직접 나서서 오왕에게 이렇게 말하였다.

"지난 날, 푸른 하늘이 우리 월나라를 그대 오나라에게 주었건만 오나라는 이를 받지 않았소. 그리고 신서申胥는 죄가 없음에도 죽였소. 또한 남을 헐뜯고 아첨하여 자신의 안전만 취하는 무리들을 진달시키고 충성과 믿음을 다하는 선비를 죽였소. 이렇게 큰 잘못이 셋이나 되어 결국 멸망에 이르게 된 것인데 그대는 알고 있소?"

오왕이 말하였다.

"알고 있소이다."

월왕이 그에게 칼을 주며 스스로 결단을 내리도록 하였다.

오왕은 이에 열흘이 지나 스스로 자살하고 말았다.

월왕은 그를 비유산卑猶山에 장례를 치러주고, 태재 비와 봉동逢同, 그리고 그 처자까지 죽여버렸다.

太宰嚭又曰：「圖越，雖以我邦爲事，王無憂.」

王曰：「寡人屬子邦，請早暮無時.」

太宰嚭對曰：「臣聞四馬方馳，驚前者斬！其數必正.若是，越難成矣.」

王曰：「子制之斷之.」

居三年，越興師伐吳，至五湖，太宰嚭率徒謂之曰：「謝.」

戰者五父，越王不忍，而欲許之.

范蠡曰：「君王圖之廊廟，失之中野，可乎？謀之七年，須臾棄之.王勿許，吳易兼也.」

越王曰：「諾.」

居軍三月，吳自罷，太宰嚭遂亡，吳王率其有祿與賢良遯而去.

越追之，至餘杭山，禽夫差，殺太宰嚭.

越王謂范蠡殺吳王，蠡曰：「臣不敢殺主.」

王曰：「刑之！」

范蠡曰：「臣不敢刑主.」

越王親謂吳王曰：「昔者，上蒼以越賜吳，吳不受也；夫申胥無罪，殺之；進讒諛容身之徒，殺忠信之士，大過者三，以至滅亡，子知之乎？」

吳王曰：「知之.」

越王與之劍，使自圖之.

吳王乃旬日而自殺也.

越王葬於卑猶之山, 殺太宰嚭·逢同與其妻子.

【無時】'항상, 어느 때라도'의 뜻. 혹은 '잘 살펴보다'의 뜻이 있음.

【其數必正】'數'는 술수. 방법. 도술. '그렇게 일을 처리함'을 뜻함.

【五湖】吳나라 도읍에 가까운 지금의 太湖를 가리킴.

【率徒謂之曰】이 문장은 앞뒤가 맞지 않음. 樂祖謀〈校勘記〉에 "句下當有脫文"
이라 함.

【謝戰者五父】이 구절 역시 訛脫이 심함.《國語》越語(下)에 "遂興兵伐吳, 至於
五湖. 吳人聞之, 出而挑戰, 一日五反, 王不忍, 欲許之"라 하였으며 이를 대화문
으로 역자가 다시 정리한 것이며 '父'는 '反'의 오류로 처리하였음. 張宗祥
〈校注〉에 "父, 疑反字之訛"라 함.

【廊廟】옛날 왕이 나라의 大事를 결정할 때 모여서 회의를 하고 조상에게 고하여
결의를 다짐. 廊은 朝廷의 回廊, 廟는 조상의 사당.

【罷】'疲'와 같음. 피로에 지침.

【有祿, 賢良】'有祿'은 왕으로부터 특별히 녹을 받는 경호원. '賢良'은 왕의 측근
참모들.

【餘杭山】'秦餘杭山'. 지금의 陽山. 일명 萬安山. 吳縣 서북쪽에 있으며 夫差가
잡혀 軟禁을 당했던 곳. 張宗祥〈校注〉에 "卽今陽山, 亦名萬安山"이라 함.

【臣不敢殺主】范蠡는 일찍이 闔廬를 모시고 吳나라에 入臣하여 한 때 吳王 夫差의
신하 신분이 된 적이 있어 이렇게 말한 것임.

【旬日而自殺】左傳 哀公 22년에 "冬十一月丁卯, 越滅吳, 請使吳王居甬東. 辭曰:
「孤老矣, 焉能事君?」乃縊"이라 함.

【卑猶山】지금의 徐侯山. 秦餘杭山 서북쪽.

卷六

〈7〉越絶 外傳〈紀策考〉第七

⟨7⟩ 越絶 外傳 ⟨紀策考⟩ 第七

　오월 항쟁은 오나라 군주 합려와 부차, 그리고 월나라 구천의 구성이 대칭을 이루고 있으나 그 아래 모사謀士들, 즉 오나라 오자서와 백비, 월나라 범려와 문종 및 계예 등의 대립이 아주 극명하게 대비를 이루고 있다.

　특히 월나라 세 사람의 책략은 각기 ⟨枕中⟩, ⟨九術⟩, ⟨計倪⟩ 등 정식 편명을 만들어 부각시킴으로써 월나라의 우세를 방향으로 잡고 있다. 특히 "子胥忠信, 死貴於生; 蠡審凶吉, 去而有名; 種留封侯, 不知令終. 二賢比德, 種獨不榮"의 평론은 지금도 시사하는 바가 크다.

⟨白陶鬹⟩ 大汶口 문화 1959 山東 泰安 大汶口 출토

130(7-1)
합려와 오자서의 만남

지난 날, 오왕 합려闔廬가 처음 자서子胥를 만났을 때 달가운 마음으로 그를 높이 여기며 상객上客으로 삼고 이렇게 말하였다.

"성인聖人은 천 년 전의 일도 알고 만 세世 뒤의 일도 봅니다. 우리 오나라에 대해 깊이 묻건대 어찌 이렇게 어둡기만 합니까? 혹 쇠퇴의 극에 달한 것은 아닌지요? 그대는 정통하니 과인은 뜻을 내려놓고 그대의 말을 듣고자 하오."

자서는 예, 예하면서 대답을 하지 않는 것이었다.

왕이 말하였다.

"그대는 명확히 뜻을 밝히시오."

자서가 말하였다.

"대답하여 명확하지 않으면 허물을 뒤집어쓸까 두렵습니다."

왕이 말하였다.

"원컨대 한 마디만 하셔서 그대가 직언을 하는 선비인지 시험해 주시오. 무릇 인자는 믿음을 즐거워하며 지자는 성실함을 좋아하며, 예를 잡고 있는 자는 어둡고 숨겨진 것조차 밝혀내는 것이니 과인에게 분명히 일러 주시오."

자서가 말하였다.

"말로 하기가 참으로 어렵군요! 나라가 제대로 성장하지 못함에 왕께서는 여러 가지 시도를 하셔야 합니다. 존속할 때는 기울 때가 있을 것임을 잊지 마시고 편안할 때는 망할 때도 있음을 잊지 마셔야 합니다. 제가 이 나라에 들어왔을 때 오나라가 쇠망할 징조를 보게 되었습니다. 오나라는 곤액을 만난 속에서도 패자가 되기는 하였으나 뒤를 이은 왕에 이르러 다시 텅 빈 나라가 될 것임을 말입니다."

왕이 말하였다.

"어찌 그렇다는 것이오?"

자서가 말하였다.

"뒤에는 틀림없이 장차 도를 잃어 왕은 구운 고기를 먹지 못한 채 야생의 고기를 먹으면서 앉아서 죽음을 기다리게 될 것입니다. 그리고 아첨하는 신하가 머지않아 오나라를 찾아올 것입니다. 안위安危의 조짐은 각기 하늘의 모습으로 명확히 나타나는 것이니 무지개와 견우성牽牛星이 여수女宿는 분리될 것이며 누런 기가 그 위를 덮고 푸르고 검은 색깔이 그 아래를 차지할 것입니다. 태세太歲가 8번 만날 때 임자壬子는 9라는 수를 상징하여, 왕상王相의 기氣는 11번 돌고 나면 더 이상 기가 없어져 죽게 되는 것이니 법칙대로 거기에서 끝이 나게 됩니다. 태자太子는 기가 없어 앞서 세 번의 세대와는 다릅니다. 해와 달이 밝고 빛이 나지만 남쪽으로 두수斗宿를 거쳐 지나가게 됩니다. 오나라와 월나라는 같은 풍속에 땅이 맞닿아 있으며, 서쪽으로는 대강大江이 있고 동쪽으로는 큰 바다에서 끝이 나며, 두 나라의 도성 또한 크기가 같고, 가구의 호수戶數도 엇비슷합니다. 근심해야 할 것은 바로 여기에 있으니 틀림없이 장차 골칫거리가 될 것입니다. 월나라에는 신산神山이 있으니 서로 이웃으로 살기 어려운 상대입니다. 왕께서 결정 하시되 저의 이 말을 누설함이 없도록 하시기 바랍니다."

昔者, 吳王闔廬始得子胥之時, 甘心以賢之, 以爲上客, 曰:「聖人前知乎千歲, 後覩萬歲. 深問其國, 世何昧昧? 得無衰極? 子其精焉, 寡人垂意, 聽子之言.」

子胥唯唯不對.

王曰:「子其明之.」

子胥曰:「對而不明, 恐獲其咎.」

王曰:「願一言之, 以試直士. 夫仁者樂, 知者好誠, 秉禮者探幽索隱. 明告寡人.」

子胥曰:「難乎言哉! 邦其不長, 王其圖之. 存無忘傾, 安無忘亡. 臣始入邦, 伏見衰亡之證, 當霸吳厄會之際, 後王復空.」

王曰:「何以言之?」

子胥曰:「後必將失道, 王食禽肉, 坐而待死, 佞諂之臣, 將至不久. 安危之兆, 各有明紀, 虹蜺牽牛, 其異女; 黃氣在上, 青黑於下; 太歲八會, 壬子數九, 王相之氣, 自十一倍, 死由無氣, 如法而止. 太子無氣, 其異三世. 日月光明, 歷南斗. 吳越爲鄰, 同俗幷土, 西州大江, 東絶大海. 兩邦同城, 相亞門戶, 憂在於斯, 必將爲咎. 越有神山, 難與爲鄰. 願王定之, 毋淺臣言.」

【上客】타국 출신으로서 가장 높은 대우를 받을 때의 신분.

【唯唯】가볍게 긍정만 하면서 말을 하지 아니함.

【仁者樂】〈三民本〉에는 '仁者樂信'으로 되어 있으며, 이에 따라 다음 구절 '知者好誠' 및 '秉禮者探幽索隱'과 羅列形 문장을 이루고 있음.

【王食禽肉】불에 익힌 고기를 먹지 못하고 들의 야생 고기나 먹는 처절한 패망에 빠짐. 혹 '적에게 사로잡히다'의 隱語라고도 함.

【佞諂之臣】〈貴州本〉에는 '佞方之臣'으로 잘못 되어 있음.

【明紀】象徵이나 徵兆가 매우 명확함.

【虹蜺牽牛】虹蜺는 虹霓로도 표기하며 무지개. 牽牛는 河鼓, 牽牛星. 28수(宿)의 하나로 牛郎星이라고도 칭함.

【其異女】〈三民本〉에는 '其各異女'로 되어 있음. '女'는 여수(女宿). 역시 28수의
하나이며 須女星, 婺女星, 織女星으로도 불림. 女宿는 吳나라의 分野에 해당함.
전체의 뜻은 무지개가 견우성과 직녀성을 분리하게 되며 이는 吳나라 분야에
해당하므로 변고가 생길 것임을 말한 것.

【黃氣】黃은 吉祥의 징조를 의미함.

【靑黑】두 색은 모두 凶徵을 의미함.

【太歲八會】'太歲'는 木星. 12년에 한 번씩 天上의 週期를 이루어 歲星이라 불렸음.
12년은 十二支와 五行(金木水火土)을 배합하여 水(子, 亥), 木(寅, 卯), 火(巳, 午),
金(申, 酉), 土(辰, 戌, 丑, 未)로 구분하여 凶風을 예상하였음. '會'는 歲星의 運行
年次.《周禮》天官 小宰에 "月計曰要, 歲計曰會"라 함. 태세가 8회가 되면 大淵
獻歲가 됨.《史記》天官書에 "大淵獻歲, 歲陰在亥, 星居辰. 以十月與角·亢晨出,
曰大章. 蒼蒼然, 星若躍而陰出旦, 是謂正平. 起師旅, 其率必武; 其國有德, 將有
四海. 其失次, 有應見婁"라 함.

【壬子】'壬'은 天干의 제 9번째. '子'는 地支의 첫 번째. 天干의 壬癸와 地支의
亥子는 모두 水에 속하며 大水(洪水)를 상징함.

【九】陽의 數.《易》의 陽爻를 九라 함.《周易》乾卦 '初九'의 疏에 "乾體有三劃,
坤體爲六, 陽得兼陰, 故其數九"라 함.

【自十一倍】'倍'는 '背'와 같음. 그러나 〈三民本〉에는 "此處有錯字, 按上下文意
應該是說君相所承受的靈氣應百十倍於常人"이라 함.

【南斗】두수(斗宿). 모두 6개의 별이 뭉쳐 있으며 28수의 하나로 分野는 越나라에
해당함.

【神山】越나라 會稽山을 가리킴. 大禹의 무덤이 있어 신령스러운 산이라 여겼음.

131(7-2)
어부의 아들

오나라는 자서로 하여금 채蔡나라를 구원하고 강한 초楚를 벌하며, 평왕平王의 무덤에 채찍질을 하도록 하자 오자서는 오래 초나라에 머물면서 떠나지 않았는데 그 의도는 초나라에 철저히 보복하고자 함이었다.

초나라는 이에 천금을 걸고 이들을 돌려보낼 계책을 찾았으나 많은 사람 누구 하나 오자서의 뜻을 능히 중지시킬 수가 없었다.

그 때 어떤 야인野人 하나가 나타나 오자서에게 이렇게 말하는 것이었다. "그만 하시오! 나는 부엄斧掩에서 국물을 먹여주었던 분의 아들이며 그 분은 바로 도시락을 펴서 배 안에서 그대를 살려주었던 분이오."

오자서는 이에 그가 어부였던 것을 알고 군대를 이끌고 돌아왔다.

그러므로 가서 되돌아오지 않는 것은 없으니 그 무슨 덕인들 보답에 없겠는가!

어부의 한 마디에 천금은 그에게 돌아갔고 그 때문에 오자서의 군대를 돌려보낼 수 있었던 것이다.

吳使子胥救蔡, 誅彊楚, 笞平王墓, 久而不去, 意欲報楚.

楚乃購之千金, 衆人莫能止之.

有野人謂子胥曰:「止! 吾是於斧掩壺漿之子, 發簞飮於船中者.」

子胥乃知是漁者也, 引兵而還.
故無往不復, 何德不報!
漁者一言, 千金歸焉, 因是還去.

【救蔡】楚나라가 蔡나라를 치자 伍子胥는 이를 빌미로 정식으로 초나라와 맞서기
시작하였음. 이에 夫差가 오자서로 하여금 채나라를 구원함과 동시에 그 기회에
초나라를 치도록 한 것임.

【平王】楚나라 군주. 姓은 羋, 氏는 熊. 이름은 棄疾. 뒤에 이름을 熊居로 바꿈.
靈王의 아우로서 영왕이 사냥을 나갔을 때 棄疾이 난을 일으키자 靈王은
돌아오던 길에 스스로 목매어 자결하여 棄疾이 왕위에 오른 것임. B.C.528~
B.C.516년까지 13년 동안 재위함. 費無忌의 讒言에 빠져 太子 建을 내쫓고
伍奢와 伍尚을 죽임. 이에 분을 품은 伍子胥가 吳나라로 달아나 吳王 闔廬를
부추겨 楚나라를 공격함. 오자서는 이미 죽은 平王의 무덤을 파헤치고 시신을
꺼내어 삼백 번 채찍질을 하는 등 보복을 함.

【久而不去】《左傳》定公 4년에 "楚子涉雎濟江, 入於雲中"이라 하여 吳나라가
楚나라 도읍을 함락하자 楚 昭王은
雲夢澤으로 피함. 그러자 오자서는
그대로 초나라 도읍에 머물며 보복
행위를 자행함.

【斧掩】나루 이름. 009에는 于斧로 되어
있으며《吳越春秋》에는 '千潯(千尋)'으로
되어 있어 각기 표기가 다름.

【漁者】于斧의 漁父. 009를 볼 것. 오자서
가 초나라를 떠나 망명할 때 그를 몰래
건너게 해 준 어부.

〈漁人圖〉(明) 戴進 미 프레얼 예술관 소장

【無往不復】원한이나 덕행 모두, 베푼 것은 반드시 그 응보가 있게 마련임.

132(7-3)
오나라가 망한 이유

범려范蠡가 군사를 일으켜 취리就李에서 전투를 벌였을 때 오나라 합려 閨廬가 흘러가는 화살에 맞아 오자서는 군사를 되돌렸으며 마음속으로 오나라에게 미안한 생각을 가졌고 진秦나라 연호를 쓰게 되었다.

합려 다음의 부차夫差에 이르러 다시 제후들의 패자가 되어 군사를 일으켜 월나라를 치면서 오자서를 그대로 임용하였다.

비록 부차는 교만하고 사치스러웠으나 월나라 포위를 풀어주었고, 오자서는 간언을 하다가 죽음을 당하였으며 태재 백비伯嚭는 아첨하는 마음으로 부차를 섬겨 마침내 오나라가 망하고 만 것이다.

부차가 마지막 곤궁에 빠졌을 때 필부匹夫의 신분이 되겠으니 살려 달라고 청하였지만 범려가 나서서 허락하지 않았고 오호五湖에서 멸망 시키고 말았다.

오자서가 오나라에게 주장했던 책략은 가히 명확했다고 할 수 있으리라!

范蠡興師戰於就李, 闔廬見中於飛失, 子胥還士, 中媿 於吳, 被秦號年.

至夫差復霸諸侯, 興師伐越, 任用子胥.

雖夫差驕奢, 釋越之圍, 子胥諫而誅, 宰嚭諛心, 卒以 亡吳.

夫差窮困, 請爲匹夫, 范蠡不許, 滅於五湖.
子胥策於吳, 可謂明乎!

【就李】'檇里', '檇李', '醉李' 등 여러 표기가 있으며 越나라 地名. 지금의 浙江
嘉興市 서남 本覺寺 일대.《左傳》定公 14年(B.C.496)년 經에 "五月, 於越敗吳于
檇李. 吳子光卒"이라 하였고, 傳에는 "吳伐越, 越子句踐禦之, 陳于檇李. 句踐
患吳之整也, 使死士再禽焉, 不動. 使罪人三行, 屬劍於頸, 而辭曰:「二君有治,
臣奸旗鼓. 不敏於君之行前, 不敢逃刑, 敢歸死.」逐自剄也. 師屬之目, 越子因而
伐之, 大敗之. 靈姑浮以戈擊闔廬, 闔廬傷將指, 取其一屨. 還, 卒於陘, 去檇李七里.
夫差使人立於庭, 苟出入, 必謂己曰:「夫差! 而忘越王之殺而父乎?」則對曰:
「唯. 不敢忘!」三年乃報越"이라 함.
【飛矢】流矢와 같음.
【被秦號年】이는 잘못 끼어든 구절임. 張宗祥〈校注〉에 "此四字疑錯簡. 上文
僅言吳憂在越, 不應敍及越爲楚敗·楚爲秦滅餘事"라 함.
【五湖】吳나라 도읍에 가까운 지금의 太湖를 가리킴.
【策於吳】越나라를 패배시켰을 때 越王 句踐과 范蠡 등을 모두 죽여 없애야
吳나라에 후환이 없을 것이라 했던 지난날의 策略.

133(7-4)
부차의 흉몽凶夢

지난 날, 오왕 부차가 군사를 일으켜 월나라를 공격하다가 취리就李에서 패배를 당하고 말았을 때, 마침 큰 바람이 미친 듯이 불어 밤낮을 그치지 않았고, 수레는 엎어지고 말이 달아났으며 기마병은 떨어져 죽고, 큰 배는 뭍으로 올라오고 작은 배는 침몰하였다.

오왕이 말하였다.

"과인이 낮잠에 우물물이 차서 크게 넘쳐나고, 월나라와 빗자루를 서로 가지려 다투었으며 월나라가 그 비로 나를 쓸어버리는 꿈을 꾸었소. 전투에 흉한 것이겠지요? 군사를 되돌리는 것이 어떻겠소?"

그 때 월나라 군사들이 소리를 지르자 부차는 그들 월나라 군사들이 자신에게로 공격해 들어올까 크게 놀라 두려워하였다.

오자서가 말하였다.

"왕께서는 힘을 내시오! 월나라 군사는 패하고 말 것입니다. 제가 듣기로 우물이란 사람이 물을 마시는 곳이며 넘쳐흘렀다는 것은 먹고도 남았다는 뜻입니다. 월나라는 남쪽에 있으니 불을 상징하고 우리 오나라는 북쪽에 있으니 물을 상징합니다. 물은 불을 제압하는데 왕께서는 무엇을 의심하십니까? 그리고 북풍이 불어오고 있으니 이는 오나라를 돕는 것입니다. 옛날 무왕武王이 주紂를 칠 때 혜성彗星이 나타나자 주나라가 흥했습니다. 그 때 무왕이 물었더니 태공太公은 '제가 듣기로 혜성을 두고 서로 다툴 때 이를 거꾸로 하면 이긴다고 했습니다'라 하였습니다. 저도 듣기를 재이災異는 혹 길하기도 하고 혹 흉하기도 하여 만물이란 상승相勝함이 있다 하였으니 이것이 그 증거입니다. 원컨대 왕께서는 서둘러 행동으로 옮기십시오. 이는 월나라는 장차 흉한 꼴을 당하고 오나라는 장차 창성할 징조입니다."

　昔者, 吳王夫差興師伐越, 敗兵就李, 大風發狂, 日夜不止; 車敗馬失, 騎士墮死; 大船陵居, 小船沒水.

　吳王曰:「寡人晝臥, 夢見井嬴溢大, 與越爭彗, 越將掃我, 軍其凶乎? 孰與師還?」

　此時越軍大號, 夫差恐越軍入, 驚駭.

　子胥曰:「王其勉之哉! 越師敗矣. 臣聞井者, 人所飮; 溢者, 食有餘. 越在南, 火; 吳在北, 水. 水制火, 王何疑乎? 風北來, 助吳也. 昔者, 武王伐紂時, 彗星出而興周. 武王問, 太公曰:『臣聞以彗鬪, 倒之則勝.』胥聞災異或吉或凶, 物有相勝, 此乃其證. 願大王急行, 是越將凶, 吳將昌也.」

【敗兵就李】〈三民本〉에는 "陳兵就李"라 하고 "陳, 本作敗, 誤"라 하였음. '陳'은 '陣'과 같음.

【陵居】狂風에 밀려 배가 뭍으로 올라옴.

【井嬴溢大】'嬴'은 '盈'과 같음. 우물물이 가득차서 흘러넘침.

【爭彗】'彗'는 빗자루. 빗자루를 서로 차지하려고 다툼.

【南火】五行說에 남쪽은 火, 북쪽은 水, 동쪽은 木, 서쪽은 金, 중앙은 土를 상징함.

【武王伐紂】殷末 周 武王(姬發)이 제후를 이끌고 殷의 마지막 王 紂를 정벌한 사건.

【彗星】빗자루처럼 생겨 彗星이라 부르며, 掃帚星이라고도 함.

【太公】姜子牙, 姜尙. 太公望. 呂尙. 姜太公. 渭水 가에서 낚시질 하다가 文王에게
발탁됨. 師尙父로 존칭하였으며 武王(姬發)을 도와 殷紂를 멸한 뒤 齊나라에
봉을 받아 齊나라 시조가 됨.

【倒之則勝】彗星은 빗자루처럼 생겨 이를 거꾸로 잡으면 승리함. 그러나 구체적
으로 어떤 상황을 표현한 것인지 알 수 없음.

【災異】天災나 異變.

【相勝】서로 엇물려 어느 것이 영원한 勝者는 없음. 설령 흉몽이라도 그것이
길조의 바탕이 되기도 하며 길몽이라도 흉조가 될 수도 있음.

〈朱繪獸耳陶壺〉(부분) 戰國(燕)

134(7-5)
변통을 모르는 오자서

　오자서는 지극히 곧아 사악한 자나 왜곡된 자와는 함께 하지 않았다.
　자신의 몸을 버리면서 간절히 간언하였고 목숨을 훼손하며 나라를 위하
였다. 임금 사랑하기를 자신의 몸 사랑하듯 하였고, 나라 걱정하기를 마치
집안 걱정하듯이 하였으며, 시비를 꺼려하지 않았고 직언을 그치지 않아
거의 그 임금을 바른 군주로 만들 수 있었으나 도리어 소원疏遠을 당하였다.
　헐뜯는 자가 이간질을 하여 그 몸 또한 죽음을 당하고 말았다.
　범려范蠡가 이를 듣고 오자서는 변통을 모르는 자라 여겼다.
　"수數를 알면서도 쓰지 않고, 두려움을 안다면서 떠나지 않는다더니
이를 두고 하는 말일까?"
　그러자 오자서가 이를 듣고 이렇게 탄식하였다.
　"나는 초나라를 등지고 활을 차고 떠났으니 의미로 보아 그저 궁벽한
정도에 그친 것이 아니다. 내가 앞서서는 공을 세웠으나 나중에는 죽음을
당하게 된 것은 먼저는 합려闔廬를 만났고 뒤에는 부차夫差를 만났기 때문
이었다. 내 듣기로 임금을 모시는 것은 아버지를 모시는 것과 같아 사랑도
같고 엄하기도 같다. 태고 이래로 임금 된 자가 자신의 덕행을 훼손하면서
신하된 자에게 보복을 하는 경우란 보지 못하였다. 신하로써 큰 영예를
얻고 공명이 훤하게 드러났으며, 나로서는 내 분수分數도 알기에 끝내
오나라를 떠나지 않은 것이다. 선군先君의 은택 또한 아직도 잊을 수 없기에
나는 원하기를 머리카락이 썩고 이가 다 빠진다 해도 내 어찌 오나라를
버리고 떠날 생각이 있겠는가? 범려는 내 겉모습만 보았지 내 속은 알지

못하고 있다. 지금 비록 굴복하여 원통함에 젖어 있지만 오히려 한 번 죽으면 끝나는 일일 뿐이다!"

자공子貢이 말하였다.

"오자서는 충성과 믿음을 고집하였으며 죽음을 삶보다 귀히 여겼다. 그에 비해 범려는 길흉을 잘 살펴 떠남으로써 이름을 얻었고, 문종文種은 그대로 머물러 후侯에 봉해졌지만 영예로운 죽음을 알지 못하였다. 두 현인의 덕은 엇비슷하지만 문종만은 영예를 얻지 못하였다."

범려의 지혜와 능력이 오자서와 같다라는 것은 바로 이를 두고 한 말이다.

子胥至直, 不同邪曲.

捐軀切諫, 虧命爲邦; 愛君如軀, 憂邦如家; 是非不諱, 直言不休, 庶幾正君, 反以見疎.

讒人間之, 身且以誅.

范蠡聞之, 以爲不通:「知數不用, 知懼不去. 豈謂之歟?」

胥聞歎曰:「吾背楚荊, 挾弓以去, 義不止窮. 吾前獲功, 後遇戮, 非吾智衰, 先遇闔廬, 後遭夫差也. 胥聞事君猶事父也, 愛同也, 嚴等也. 太古以來, 未嘗見人君虧恩, 爲臣報仇也. 臣獲大譽, 功名顯著, 胥知分數, 終於不去. 先君之功, 且猶難忘, 吾願腐髮弊齒, 何去之有? 蠡見其外, 不知吾內. 今雖屈冤, 猶止死焉!」

子貢曰:「胥執忠信, 死貴於生; 蠡審凶吉, 去而有名; 種留封侯, 不知令終. 二賢比德, 種獨不榮.」

范蠡智能同均, 於是之謂也.

【至直】지극히 곧아 굽힐 줄 모름. 그러나 錢培名〈札記〉에는 "至, 疑當作正"이라 함.

【庶幾】거의 목적한 바에 이를 정도가 됨.

【義不止窮】상황으로 보아 그저 단순히 궁한 정도의 고생만 한 것이 아님.

【分數】天數. 자신에게 주어진 天分이나 限界.

【子貢】孔子 제자. 端木賜(B.C. 520~?). 姓은 端木, 이름은 賜, 字는 子貢. 衛나라 출신으로 孔子보다 31세 아래였음. 子贛으로도 표기함. 理財와 외교술에 모두 뛰어났음. 이에 春秋말 각 나라를 다니며 공자의 뜻에 따라 국제 질서를 바로 잡고자 하였음. 그 덕분에 越나라가 霸者가 될 수 있었음.《史記》仲尼弟子列傳 및《孔子家語》등을 참조할 것.

【文種】大夫 文種. 자는 子禽, 혹 少禽, 會. 越나라 대부로 智謀가 있어 范蠡와 함께 句踐을 도와 吳나라에게 복수를 하고 句踐을 霸者로 만든 名臣. 그 뒤에 范蠡가 떠나고 句踐에게 죽음을 당함. 그러나《吳越春秋》徐天祜 注에는 "大夫種, 姓文氏, 字會. 楚之鄒人"이라 함.《史記》越王句踐世家와《吳越春秋》및《國語》 越語 등을 참조할 것.

【令終】'令'은 '아름답다'의 뜻. 아름다운 송말. 훌륭한 끝마무리를 뜻함.

【於是之謂也】錢培名〈札記〉에 "是, 上疑脫胥字"라 함.

135(7-6)
진秦나라 공주의 미색

오자서伍子胥의 아버지 자사子奢가 초왕楚王의 대신이 되어 세자世子의 혼사를 위해 진秦나라 공주를 맞으러 갔다.

그런데 그 공주가 아주 미색이어서 초왕은 사사롭게 이를 좋아하여 자신이 차지하고자 하였다.

자사는 충정을 다하여 들어가 간언하며 조정을 지키며 그치지 않고 어떻게 해서든 왕을 바로잡아주고자 하였다.

그런데 왕은 그의 간언을 거절하면서 점을 쳐서 물어보았더니 자사가 임금을 해칠 것이라는 것이었다.

세상에 이토록 뛰어난 신하는 왕이 참언과 사악한 말을 듣고 묶어서 가두어둔 채 두 아들이 오기를 기다렸다가 죽일 참이었다.

큰 아들 오상伍尙은 효성스러워 들어왔지만 자서子胥는 용감하여 속일 수가 없었다.

몇 대를 걸쳐 충성과 믿음을 바쳤던 오사는 그 때를 잘못 만나 오사는 초나라에 간언을 하다가 죽고 오자서는 오吳나라에서 죽음을 당하고 만 것이다.

《시詩》에 "남 헐뜯는 말 끝이 없더니, 나라 넷을 혼란에 빠뜨렸네"라고 하였으니 이를 두고 한 말이다.

伍子胥父子奢, 爲楚王大臣, 爲世子聘秦女.

大有色, 王私悅之, 欲自御焉.

奢盡忠入諫, 守朝不休, 欲匡正之.

而王拒之諫, 策而問之, 以奢乃害於君.

絶世之臣, 聽讒邪之辭, 係而囚之, 待二子而死.

尙孝而入, 子胥勇而難欺.

累世忠信, 不遇其時, 奢諫於楚, 胥死於吳.

《詩》云『讒人罔極, 交亂四國』, 是之謂也.

【伍子奢】伍奢. 伍子胥의 아버지. 楚 平王 때 太子 建의 太傅가 되었으나 費無忌의
讒訴로 큰 아들 伍尙과 함께 平王에게 죽음을 당함. 한편 伍子胥 집안은 伍參
→伍擧(椒擧)→伍奢→伍尙·子胥로 이어지며 대대로 楚나라 세족집안이었음.
【楚王】楚나라 平王. 姓은 芈, 氏는 熊. 이름은 棄疾. 뒤에 이름을 熊居로 바꿈.
靈王의 아우로서 영왕이 사냥을 나갔을 때 棄疾이 난을 일으키자 靈王은
돌아오던 길에 스스로 목매어 자결하여 棄疾이 왕위에 오른 것임. B.C.528~
B.C.516년까지 13년 동안 재위함. 費無忌의 讒言에 빠져 太子 建을 내쫓고
伍奢와 伍尙을 죽임. 이에 분을 품은 伍子胥가 吳나라로 달아나 吳王 闔廬를
부추겨 楚나라를 공격함. 오자서는 이미 죽은 平王의 무덤을 파헤치고 시신을
꺼내어 삼백 번 채찍질을 하는 등 보복을 함.
【世子】太子. 제왕이나 제후왕의 정처 소생의 장자. 대를 이어 왕이 될 자. 여기
서는 太子 建을 가리킴. 뒤에 太子 建은 왕이 되지 못하고 熊壬이 왕이 됨. 이가
楚 昭王임.
【大有色】원전에는 "夫有色"으로 되어 있고, 夾註에 "一作大"라 함. 錢培名 〈札記〉에
"注云:「一作大」. 按, 作大是也"라 함.
【御】임금의 행동을 '御'라 함. 여기서는 秦女를 자신이 차지하여 부인으로 삼고
싶어 함.

【策】蓍草로 점을 치는 것을 '策'이라 하며 거북으로 치는 점을 'ト'이라 함.

【尙】伍尙. 伍奢의 맏아들이며 伍子胥의 형. 楚 平王이 아버지 伍奢를 인질로 잡고 두 형제를 부르자 子胥는 달아나도록 하고 홀로 아버지께 달려가 父子가 함께 죽임을 당함. 당시 伍尙은 棠邑大夫를 지내고 있었으며 그 때문에 棠君尙(棠尹尙)으로도 불렀음.

【詩】《詩經》小雅 靑蠅의 구절.

참고 및 관련 자료

1.《史記》伍子胥列傳

平王二年, 使費無忌如秦爲太子建取婦. 婦好, 來, 未至, 無忌先歸, 說平王曰: 「秦女好, 可自娶, 爲太子更求.」 平王聽之, 卒自娶秦女, 生熊珍. 更爲太子娶. 是時伍奢爲太子太傅, 無忌爲少傅. 無忌無寵於太子, 常讒惡太子建. 建時年十五矣, 其母蔡女也, 無寵於王, 王稍益疏外建也.

2.《詩經》小雅 靑蠅

營營靑蠅, 止于樊. 豈弟君子, 無信讒言. 營營靑蠅, 止于棘. 讒人罔極, 交亂四國. 營營靑蠅, 止于榛. 讒人罔極, 構我二人.

136(7-7)
태재太宰 백비伯嚭

태재太宰는 관직 칭호이며 비嚭는 이름으로 백주伯州의 손자이다.

백주는 초楚나라 신하였는데 잘못을 저질러 처벌을 받자 백비伯嚭는 곤경에 처하게 될 것이라 여겨 오吳나라로 도망쳐 온 것이다.

당시 오왕 합려闔廬는 초나라를 치던 중이어서 초나라에 원한을 진 자는 모두 불러 가까이 하고 있었다.

백비는 사람됨이 널리 듣고 언변과 견문이 뛰어났으며 눈과 귀는 통달하지 않는 것이 없었으며 여러 가지 일에 알지 못하는 것이 없었다. 그래서 때를 놓치지 않고 오나라에 들어와 초나라를 치는 유리함에 대해 언변을 늘어놓았다.

합려는 그의 계책을 써서 초나라를 치면서 오자서伍子胥와 손무孫武, 그리고 백비를 장수로 삼아 초나라 도읍 영郢으로 쳐들어가게 하여 큰 공을 세우게 되었다.

그들이 돌아오자 오왕은 백비를 태재로 삼았는데 그 지위는 높고 권세는 대단하였으며 나라의 권한을 전담하게 되었다.

얼마 지나지 않아 합려가 죽고 말았다.

백비는 부차夫差가 안으로는 기둥이나 초석이 될 만한 굳건함이 없고 밖으로는 결단을 내려 끊어버리는 세력이 없음을 알아차리고 아첨하는 말재주로 스스로를 부차에게 접근시켜 독단獨斷의 권리를 거머쥐게 되었고 부차도 마침내 그의 조종을 따르게 되었다.

그렇게 되자 충신들은 입을 자물쇠로 채운 듯이 단 한 마디도 하지 않게 되었다.

백비는 시간만 지나면 그만이라는 것만 알았지 앞으로 닥쳐올 일에 대해서는 알지 못하였고 부차는 죽기에 이르러서야 일찍이 백비를 처단하지 못했음을 후회하였다.

전傳에 "맑은 것을 보면 탁한 것을 알아야 하고 굽은 것을 보면 곧은 것을 알아야 한다. 임금이 선비를 선택할 때는 각기 자신의 덕과 같은 자를 뽑게 된다"라 하였다.

부차는 소견이 얕고 짧아 그 때문에 백비에게 전권을 준 것이요, 오자서는 백비에게 미혹함을 당하였다 하였으니 이를 두고 한 말이다.

太宰者, 官號; 嚭者, 名也, 伯州之孫.

伯州爲楚臣, 以過誅, 嚭以困奔於吳.

是時吳王闔廬伐楚, 悉召楚仇而近之.

嚭爲人覽聞辯見, 目達耳通, 諸事無所不知, 因其時自納於吳, 言伐楚之利.

闔廬用之伐楚, 令子胥·孫武與嚭將師入郢, 有大功.

還, 吳王以嚭爲太宰, 位高權盛, 專邦之枋.

未久, 闔廬卒.

嚭見夫差內無柱石之堅, 外無斷割之勢, 諛心自納, 操獨斷之利, 夫差終以從焉.

而忠臣籥口, 不得一言.

嚭知往而不知來, 夫差至死, 悔不早誅.

傳曰:「見淸知濁, 見曲知直; 人君選士, 各象其德.」

夫差淺短, 以是與嚭專權, 伍胥爲之惑, 是之謂也.

孫子〈演陣教美人戰圖〉版畫

【嚭】吳나라 太宰 伯嚭. 伯州犁의 아들. 伯州犁가 晉나라 출신으로 楚나라에
망명하여 楚나라에 太宰가 되었으며 그 아들이 이번에는 吳나라로 망명하여
오나라 太宰가 됨. 뒤에 伍子胥와 함께 越나라 范蠡, 大夫 文種 등 넷은 吳越
抗爭의 중심인물이 됨.《吳越春秋》에는 '白喜'로 되어 있음.

【伯州】伯州犁. 원래 그 조상 伯糾는 晉나라 大夫였으며 그 아들 伯宗의 아들
伯州犁가 魯 成公 15년 楚나라로 망명하여 太宰에 올랐고, 그 손자 伯嚭가 다시
吳나라로 망명하여 吳나라 태재가 됨.

【闔廬】闔閭로도 표기하며 원래 吳나라 公子 光이 吳나라 王이 된 뒤의 稱號.
B.C.514~B.C.496까지 19년 동안 재위하고 夫差로 이어짐. 公子 光은 諸樊의
아들.《世本》에는 '夷眛生光'이라 하여 夷眛(餘眛, 夷末)의 아들로 되어 있음.
《左傳》昭公 27년 "我, 王嗣也, 吾欲求之. 事若克, 季子雖至, 不吾廢也"의 杜預
注에 "光, 吳王諸樊子也. 故曰「我王嗣.」"라 하였으나 孔穎達 疏에는《世本》云：
「夷眛及僚, 夷眛生光.」服虔云：「夷眛生光而廢之. 僚者, 而眛之庶兄. 而眛卒,
僚代立, 故光曰：我王嗣也」是用《公羊》爲說也. 杜言：「光, 吳王諸樊子」用《史記》
爲說也. 班固云：「司馬遷采《世本》爲《史記》.」而今之《世本》與遷言不同.《世本》
多誤. 不足依憑, 故杜以《史記》爲正也. 光言「我王嗣」者, 言己是世適之長孫也"
라 함. 뒤에 光은 專諸를 시켜 吳王 僚를 시해하고 왕이 됨. 이를 闔閭(闔廬)라
부름. 따라서 闔廬(闔閭)는 公子 光이 왕이 된 뒤의 王號였음. 張宗祥의 〈校注〉에

"是時主吳者爲僚, 公子光尙未立, 不得稱闔廬. 蓋闔廬乃公子光王吳後之稱, 當云「道於公子光曰」"이라 함. 한편 《左傳》昭公 20년에는 "員如吳, 言:「我楚之利於州于(僚).」公子光曰:「是宗爲戮而欲反其仇, 不可從也.」員曰:「彼將有他志. 余姑爲之求士, 而鄙以待之」乃見鱄設諸焉, 而耕於鄙"라 하였고, 《左傳紀事本末》(50) 〈補逸〉에는 《呂氏春秋》를 인용하여 "伍子胥欲見吳王而不得, 客有言之於王子光者, 見之而惡其貌, 不聽其說, 而辭之. 客請之王子光, 王子光曰:「其貌適吾所甚惡也.」客以聞伍子胥, 伍子胥曰:「此易故也, 願令王子居於堂上, 重帷而見其衣若手, 請因說之.」王子許, 伍子胥說之半, 王子光擧帷, 搏其手而與之坐. 說畢, 王子光大悅. 伍子胥以爲有吳國者, 必王子光也, 退而耕於野"라 함.

【孫武】孫子. 자는 長卿. 춘추시대 유명한 병법가. 《史記》孫子吳起傳에는 '齊人'이라 하였으며, 《漢書》藝文志에 《孫子兵法》82편이 저록 되어 있으나 지금 전하는 것은 計篇, 作戰篇, 謀攻篇, 形篇, 勢篇, 虛實篇, 軍爭篇, 九變篇, 行軍篇, 地形篇, 九地篇, 火攻篇, 用間篇 등 13편만이 전함. 한편 1972년 山東 臨沂縣 漢墓에서 《孫子兵法》竹簡 2백 餘枚, 2천 3백 餘字가 出土되었음.

【郢】春秋시대 楚나라 도읍. 지금의 湖北 江陵 紀南城.

【專邦之枋】'枋'은 '柄'과 같음. 자루. 國權, 權柄.

【籥口】'籥'은 '龠(鑰)'과 같음. 鎖鑰. 자물쇠. 입을 자물쇠로 채운 듯 어떤 말도 하지 못함.

【夫差淺短】부차는 소견이 얕고 짧음. 《左傳》哀公 元年 기록에 의하면 楚나라 子西가 夫差는 '貪圖享樂'이라 평함.

【伍胥爲之惑】張宗祥 〈校注〉에 "《吳越春秋》載伍胥薦伯嚭事, 故云爲惑"이라 함.

참고 및 관련 자료

1. 《左傳》哀公 元年

子西曰:「二三子恤不相睦, 無患吳矣. 昔闔廬食不二味, 居不重席, 室不崇壇, 器不彤鏤, 宮室不觀, 舟車不飾; 衣服財用, 擇不取費. 在國, 天有菑癘, 親巡孤寡而共其乏困. 在軍, 熟食者分而後敢食, 其所嘗者, 卒乘與焉. 勤恤其民, 而與之勞逸, 是以民不罷勞, 死知不曠. 吾先大夫子常易之, 所以敗我也. 今聞夫差, 次有臺榭陂池焉, 宿有妃嬙·嬪御焉; 一日之行, 所欲必成, 玩好必從; 珍異是聚, 觀樂是務; 視民如讎, 而用之日新. 夫先自敗也已, 安能敗我?」

2.《左傳》定公 4年

楚之殺郤宛也, 伯氏之族出. 伯州犁之孫嚭爲吳大宰以謀楚. 楚自昭王卽位,
無歲不有吳師, 蔡侯因之, 以其子乾與其大夫之子爲質於吳.

137(7-8)
범려范蠡와 문종文種

범려范蠡는 처음 초楚나라에 살았으며 완탁宛橐에서 태어났으며, 혹 오호伍戶의 언덕에서 태어났다고도 한다.

그가 어린 아이였을 때 언뜻 바보짓을 하다가 다시 화들짝 깨어나기도 하여 당시 사람들은 모두가 그를 미치광이라고 여겼다.

그러나 독특하게 성현聖賢의 명철함이 있었지만 사람들은 누구도 그와 말을 나눌 수 없어, 안으로는 마치 맹인처럼 자신을 살피면서도 도리어 듣는 것은 마치 귀머거리와 같았다.

대부 문종文種이 그 고을에 들어가 현자가 있음을 알았으나 그가 있는 곳을 찾을 수 없어 읍에서 찾아보았으나 그 읍인들 중에서도 찾지 못하자 미치광이들 중에는 흔히 현사가 많고 천한 무리 속에 군자가 있을 것이라 여겨 두루두루 찾아보았다.

드디어 범려를 얻자 즐거워하며 이에 자신 휘하의 관속으로 삼고 치술治術에 대하여 물어보았다.

범려는 의관을 단정히 하고 잠시 후 나왔는데 진퇴進退와 읍양揖讓에 모두 군자의 용모가 있었다.

종일 함께 말을 나누어 보았더니 시원하게 패도와 왕도에 대하여 진술하여 서로 뜻이 합치되어 호월胡越이 서로 통하는 형국이었다.

둘은 패도의 조짐이 동남쪽에서 일어날 것임을 알고 가지고 있던 관직을 버리고 함께 초나라를 떠나 동남쪽 왕을 찾아가 신하가 되기로 하였다.

이것이 작아야 손해가 있을 뿐이며 커야 작은 성취를 이룬다는 것이다.

그들은 관직을 버리고 오吳나라에 이르자 혹자가 오자서伍子胥에게 몸을 맡기라 하여 두 사람은 오자서가 이 나라에 있는 한 자신들은 그의 모자란 점을 파고들 틈이 없을 것이라 여겼다.

문종이 물었다.

"이제 장차 어디로 갈까?"

범려가 말하였다.

"저 사람은 저 사람이요 나는 나 자신이니 어느 나라에 간들 불가하겠는가?"

그리하여 오나라를 버리고 월越나라로 갔더니 구천句踐이 우대해주는 것이었다.

문종은 몸소 나라 안의 일을 바로잡기에 힘을 쏟았고, 범려는 밖을 다스리기에 힘을 쏟아 나라 안은 번거롭고 탁한 것이 없게 되었고 나라 밖의 일은 성취시키지 못하는 것이 없게 되었다.

신하와 임금이 한 마음이 되어 드디어 월나라를 패자로 성취시키게 되었다.

문종은 처음 계획을 세우는 일에 뛰어났고 범려는 일의 마무리에 탁월하여 월나라는 이 두 훌륭한 자의 의견을 이어받아 나라의 안녕을 누릴 수 있었다.

다만 시작할 때 재변災變이 있었지만 범려가 그 명석함을 다하였으니 가히 훌륭하다 할 것이니 능히 굽힐 줄 알고 능히 펼 줄 알았던 것이다.

范蠡其始居楚也, 生於宛橐, 或伍戶之虛.

其爲結僮之時, 一癡一醒, 時人盡以爲狂.

然獨有聖賢之明, 人莫可與語, 以內視若盲, 反聽若聾.

大夫種入其縣, 知有賢者, 未覩所在, 求邑中, 不得其邑人, 以爲狂夫多賢士, 衆賤有君子, 汎求之焉.

得蠡而悅, 乃從官屬, 問治之術.

蠡修衣冠, 有頃而出, 進退揖讓, 君子之容.

終日而語, 疾陳霸王之道; 志合意同, 胡越相從.

俱見霸兆出於東南, 捐其官位, 相要而往臣.

小有所虧, 大有小成.

捐止於吳, 或任子胥, 二人以爲胥在, 無所闚其辭.

種曰:「今將安之?」

蠡曰:「彼爲我, 何邦不可乎?」

去吳之越, 句踐賢之.

種躬正內, 蠡出治外, 內不煩濁, 外無不得.

臣主同心, 遂霸越邦.

種善圖始, 蠡能慮終, 越承二賢, 邦以安寧.

始有災變, 蠡專其明, 可謂賢焉, 能屈能伸.

【宛橐】 宛城의 어느 지역. 구체적으로는 알 수 없음. 范蠡의 출생지. 宛은 당시 文種이 宛令으로 있었음.

【伍戶之虛】 '伍戶'는 '三戶'의 오류로 보임. '虛'는 '墟'와 같음. 大丘, 土山의 뜻. 《說文》에 "古者九部爲井, 四井爲邑, 四邑爲丘, 丘謂之虛"라 함. 錢培名 〈札記〉에 "按高誘《呂氏春秋》注云:「范蠡, 楚三戶人也.」越世家〈正義〉引《吳越春秋》云:「蠡字少伯」, 乃「楚宛三戶人也」, 又云: 文種「爲宛令, 之三戶之里, 范蠡從犬竇蹲而吠之」. 此'伍'字疑'三'之誤"라 함. 張宗祥 〈校注〉에도 "《史記》集解:「《太史公素王妙論》曰: 蠡本南陽人.《列仙傳》云: 蠡, 徐人.」〈正義〉:「《吳越春秋》云: 蠡字少伯, 乃楚宛三戶人也.《越絶》云: 在越爲范蠡, 在齊爲鴟夷子皮, 在陶爲朱公. 又云: 居楚曰范伯」宗祥按: 〈正義〉所引, 今本《吳越春秋》·《越絶》無此語"라 함.

【結僮】 머리를 묶은 童年의 나이. '僮'은 '童'과 같음.

【內視若盲, 反聽若聾】《史記》商君列傳에 "反聽謂之聰, 內視謂之明"이라 하여 매우 聰明함을 뜻함.

【知有賢者】《史記》越王句踐世家〈正義〉에《吳越春秋》를 인용하여 "大夫種 姓文名種, 字子禽. 荊平王時爲宛令, 之三戶之里, 范蠡從犬竇蹲而吠之, 從吏恐 文種慚, 令人引衣而鄣之. 文種曰:「無鄣也. 吾聞犬之所吠者人, 今吾到此, 有聖 人之氣, 行而求之, 來至於此. 且人身而犬吠者, 謂我是人也」乃下車拜, 蠡不爲禮" 라 함.

【不得其邑人】'不得其人'이어야 함. 錢培名〈札記〉에 "邑字疑衍"이라 함.

【終日而語】《史記》越王句踐世家〈正義〉에《會稽典錄》을 인용하여 "范蠡字 少伯, 越之上將軍也. 本是楚宛三戶人, 佯狂倜儻負俗. 文種爲宛令, 遣吏謁奉. 吏還曰:「范蠡本國狂人, 生有此病」種笑曰:「吾聞士有賢俊之姿, 必有佯狂之譏, 內懷獨見之明, 外有不知之毁, 此固非二三子之所知也」駕車而往, 蠡避之. 後知 種之必來謁, 謂兄嫂曰:「今日有客, 願假衣冠」有頃種至, 抵掌而談, 旁人觀者 聳聽之矣"라 함.

【疾陳】끊임없이 진술함.

【胡越相從】錢培名〈札記〉에 "胡, 疑當作吳"라 함. 그러나 서로 통할 수 없는 상대가 의기투합하여 소통하게 됨을 뜻함.

【彼爲我】《史記》越王句踐世家〈正義〉에《越絕書》를 인용하여 "居楚曰范伯, 謂大夫種曰:「三王則三皇之苗裔也, 五伯乃五帝之末世也. 天運歷紀, 千歲一至, 黃帝之元, 執辰破巳, 霸王之氣, 見於地戶. 伍子胥二是挾弓矢干吳王」於是要 大夫種入吳. 此時馮同相與共戒之:「伍子胥在, 自餘不能關其詞」蠡曰:「吳越 之邦, 同風共俗, 地戶之位, 非吳則越. 彼爲彼, 我爲我」乃入越, 越王常與言, 盡日 方去"라 함. 張宗祥〈校注〉에는 위에서 언급한《越絕書》에 대해 "今本未見, 而今本此句費解, 恐有闕文"이라 함.

【能屈能伸】하나를 固執함이 없이 時宜에 맞게 일을 처리함.

卷七

〈8〉越絶 外傳〈記范伯〉第八

〈9〉越絶 內傳〈陳成恒〉第九

〈8〉越絶 外傳〈記范伯〉第八

범려는 월나라 최고 명신이며 전인전사全人全事의 대표적인
사례를 보여주는 인물이다. 비천한 가문 출신에 재상과 거부
巨富로 변신하여 범려, 범백, 치이자피, 도주공 등으로 불리며
겪어내는 일생은 역사고사 중에서도 많은 사람들의 입에
오르내리고 있다.

정치적으로 재상에 오르고, 개인적으로는 갑부가 되는 등
이력과 사건, 가정적으로는 말년에 둘째 아들 살려내지 못하는
일화 등은 지금도 교훈적인 예지豫知로 회자되고 있다. 본편은
범려에 관한 일을 주로 기록하고 있다.

〈陶鶴〉(東漢) 明器 四川 成都 출토

138(8-1)
범백范伯

옛날, 범려가 처음 초楚나라에 살고 있을 때는 범백范伯이라 불렀다.

그는 쇠미하고 천한 집안으로 일찍이 봉록을 받는 지위도 지낸 적이 없다고 스스로 여겨 그 때문에 자포자기하고 있었다.

그는 음식은 천하의 맛없는 것을 달게 여겼고 삶은 천하에 낮은 지위를 편안히 여겼으며 다시 머리를 풀어헤치고 거짓 미친 체하며 세상에는 관여하는 바가 없었다.

그리고 대부 문종文種에게 이렇게 말하였다.

"삼왕三王은 삼황三皇의 묘예苗裔이며, 오백五伯은 오제五帝의 말세末世입니다. 하늘의 운은 여러 기紀를 거쳐 천세千歲에 한 번 오는 것이니 황제皇帝의 기원은 진辰을 잡고 사巳를 깨뜨려야 합니다. 그리고 패왕霸王의 기는 땅의 위치에서 드러나는 것이니 오자서伍子胥가 이 때문에 활을 끼고 오왕吳王을 찾아간 것입니다."

이에 대부 문종에게 오나라로 갈 것을 요구하였다.

이 당시 풍동馮同이 그들과 함께 있었는데 다 같이 범려에게 이렇게 경계하였다.

"이 나라에는 오자서가 있으니 우리 스스로 그의 말을 막을 수 없을 것이오."

그러자 범려가 말하였다.

"오, 월 두 나라는 기氣가 같고 풍속도 같으며 땅의 위치도 같으니 패자가 될 나라는 오나라가 아니면 월나라일 것이오."

그리고 월나라로 들어가 갔다.

昔者, 范蠡其始居楚, 曰范伯.

自謂衰賤, 未嘗世祿, 故自菲薄.

飲食則甘天下之無味, 居則安天下之賤位, 復被髮佯狂, 不與於世.

謂大夫種曰: 「三王則三皇之苗裔也, 五伯乃五帝之末世也. 天運歷紀, 千歲一至, 皇帝之元, 執辰破巳; 霸王之氣, 見於地戶, 子胥是以挾弓干吳王.」

於是要大夫種入吳.

此時馮同相與, 共戒之: 「伍子胥在, 自與不能關其辭.」

蠡曰: 「吳越二邦, 同氣共俗, 地戶之位, 非吳則越.」

乃入越.

【菲薄】雙聲連綿語. 아주 微賤함. 여기서는 스스로 떨쳐 일어나지 못하고 자포자기함을 뜻함.

【三王】古代 夏, 殷, 周의 개국군주 禹, 湯, 文王과 武王을 가리킴. 王道를 실현한 세 군주의 훌륭한 시대를 뜻함.

【三皇】여러 설이 있으며 흔히 伏羲氏, 神農氏에 黃帝(軒轅氏)를 넣기도 하고 혹 女媧氏, 祝融氏, 燧人氏를 임의로 넣어 三皇으로 부르기도 하며, 또는 초보적으로 天皇氏, 地皇氏, 人皇氏를 지칭하기도 함.

【五伯】五霸를 뜻함. 흔히 春秋시대 齊桓公, 宋襄公, 晉文公, 秦穆公, 楚莊王을 들고 있으나 혹 宋襄公 대신 越王 句踐, 또는 吳王 夫差를 넣기도 함.

【五帝】여러 설이 있으나《史記》五帝本紀에는 黃帝(軒轅氏), 顓頊(高陽氏), 帝嚳(高辛氏), 帝堯(陶唐氏), 帝舜(有虞氏)을 들고 있음. 혹 黃帝는 三皇으로 넣고 대신 少昊(金天氏)를 넣기도 함.

【歷紀】기는 1천 5백년을 一紀라 함.《史記》天官書에 "夫天運, 三十歲一小變, 五百載大變; 三大變一紀, 三紀而大備, 此其大數也"라 함.

【辰, 巳】 지지의 5, 6째 次位. 五行의 土에 해당하며 색은 黃. 黃帝는 土德으로 왕이 되어 黃帝라 칭함.《淮南子》天文訓에 "中央土也, 其帝黃帝, 其佐后土, 執繩而制四方"이라 함.

【地戸】 땅의 門戸. 瑞氣에 해당하는 위치. 고대 전설에 하늘 문인 天門과 땅의 문인 地戸가 있었음.《吳越春秋》闔閭內傳에 "立蛇門者, 以象地戸也"라 함.

【馮同】 당시 吳나라 사람. 구체적인 사적은 알 수 없음.

139(8-2)
대부 석매石買

월왕은 항상 그와 더불어 하루해가 다하도록 말을 나누었다.

그런데 대부 석매石買가 월나라에 있었는데 권세도 있고 언변도 뛰어났다. 그가 나서서 이렇게 말하였다.

"자신을 자랑하는 여자는 정숙한 여인이 아니며 자신을 파는 선비는 믿을 수 있는 자가 아닙니다. 떠도는 객으로 제후 나라를 두로 돌아다니고 하수의 나루를 건너 아무 인연도 없는 이 나라에 스스로 찾아왔으니 아마 진실한 현자는 아닐 것입니다. 무릇 화씨지벽和氏之璧은 그것을 갖고자 하는 자는 값을 다투지 않으며, 기기驥驥와 같은 천리마의 재능을 가진 자는 험난한 길을 어렵다 여기지 않는 법입니다. 저 자는 초나라에서 나서 여러 제후들을 두루 다니면서도 팔리지 않은 것을 보면 길 가에서 들은 것을 떠들고 다니는 무리일 것이니 오직 대왕께서는 잘 살피시기 바랍니다!"

이에 범려는 물러나 아무런 말을 하지 않은 채 다시 초나라와 월나라 사이를 유랑하였다.

그러자 대부 문종이 나서서 이렇게 말하였다.

"옛날 시장의 좀도둑이었던 자가 자신을 진晉나라에 팔자 진나라는 이를 등용하여 초나라에게 승리를 거두었고, 이윤伊尹은 솥을 짊어지고 은殷나라로 들어가 드디어 탕湯을 보좌하여 천하를 얻었습니다. 지혜가 있는 선비는 원근에 관계없이 취하는 것입니다. 제왕帝王이라 일컬어지면서 모든 것을 갖추기를 요구하는 자는 망하고 마는 것입니다. 《역易》에도 '세상에 높은 재목감의 선비는 반드시 세속의 얽매임을 짊어지고, 지극한 지혜의 명석함을 가진 자는 틀림없이 많은 무리의 입방아를 뒤집어쓰게 마련이다. 큰 공을 성취한 자는 세속에 얽매이지 않고 대도를 논하는 자는 무리의 의견에 꼭 합치되는 것은 아니다'라 하였습니다. 오직 대왕께서는 잘 살피시기 바랍니다."

이에 석매는 점차 왕으로부터 멀어졌으며, 그 뒤 그에게 병사들을 이끌고 밖에 보냈을 때 결국 군의 병사에게 살해를 당하고 말았다.

越王常與言盡日.

大夫石買居國, 有權辯口, 進曰:「衒女不貞, 衒士不信, 客歷諸侯, 渡河津, 無因自致, 殆非眞賢. 夫和氏之璧, 求者不爭賈; 騏驥之材, 不難險阻之路. 彼生於荆楚之邦, 歷諸侯無所售, 道聽之徒, 唯大王察之!」

於是范蠡退而不言, 遊於楚越之間.

大夫種進曰:「昔者, 市偸自衒於晉, 晉用之而勝楚; 伊尹負鼎入殷, 遂佐湯取天下. 有智之士, 不在遠近取也, 謂之帝王, 求備者亡.《易》曰:『有高世之材, 必有負俗之累; 有至智之明者, 必破庶衆之議. 成大功者不拘於俗, 論大道者不合於衆.』唯大王察之.」

於是石買益疏, 其後使將兵於外, 遂爲軍士所殺.

【石買】越나라 大夫. 范蠡에 대해 부정적인 생각을 가지고 있었음.
【衒】자신을 자랑함. 자신을 팔아 목적을 취하고자 함.
【和氏之璧】楚나라 卞和가 발견하여 楚 文王과 武王 二代를 걸쳐 진실을 애소한 끝에 다듬어 성취시킨 천하의 보물.《韓非子》和氏篇에 "楚人和氏得玉璞楚山中,

奉而獻之厲王. 厲王使玉人相之, 玉人曰:「石也.」王以和爲誑, 而刖其左足. 及厲
王薨, 武王卽位, 和又奉其璞而獻之武王, 武王使玉人相之. 又曰:「石也.」王又
以和爲誑, 而刖其右足. 武王薨, 文王卽位, 和乃抱其璞而哭於楚山之下, 三日三夜,
泣盡而繼之以血. 王聞之, 使人問其故, 曰:「天下之刖者多矣, 子奚哭之悲也?」
和曰:「吾非悲刖也, 悲夫寶玉而題之以石, 貞士而名之以誑, 此吾所以悲也.」王乃
使玉人理其璞而得寶焉, 遂命曰「和氏之璧」이라 함.

【騏驥】천리마.《博物志》(6)에 "周穆王有八駿: 赤驥·飛黃·白蟻·華騮·騄耳·
騧騟·渠黃·盜驪"라 함.

【彼生於荊楚之邦】〈四部備要〉본에는 "□□□□之邦"으로 되어 있어 '彼生於
荊楚'의 5자가 네 글자의 빈 칸으로 표시되어 있음.

【售】'팔다, 팔리다'의 뜻.

【市偸】시장의 좀도둑. 그가 晉나라에게 楚나라를 이길 모책을 알려주어 초나라
로부터 승리를 얻어낼 수 있었음.《淮南子》道應訓에 "楚將子發好求技道之士.
楚有善爲偸者, 往見曰:「聞君求技道之士. 臣, 楚市偸也, 願以技齎一卒.」子發
聞之, 衣不給帶, 冠不暇正, 出見而禮之. 左右諫曰:「偸者, 天下之盜也, 何爲之禮?」
君曰:「此非左右之所得與.」後無幾何, 齊興兵伐楚, 子發將師以當之, 兵三却.
楚賢良大夫皆盡其計而悉其誠, 齊師愈强. 於是市偸進請曰:「臣有薄技, 願爲
君行之.」子發曰:「諾.」不問其辭而遣之, 偸則夜解齊將軍之疇帳而獻之. 子發
因使人歸之, 曰:「卒有出薪者, 得將軍之帷, 使歸之於執事.」明日又復往取其枕,
子發又使人歸之. 明日又復往取其簪, 子發又使歸之. 齊師聞之大駭, 將軍與軍
吏謀曰:「今日不去, 楚軍恐取吾頭.」乃還師而去. 故曰無細而能薄, 在人君用之耳.
故老子曰:「不善人, 善人之資也.」라 함.

【伊尹】殷나라 湯王의 재상. 이름은 摯. 湯이 有莘氏의 딸을 아내로 맞을 때 媵臣
으로 따라가면서 조리 기구를 짊어지고 가서 주방장이 되어 湯에게 접근하였음.
뒤에 탕에게 발탁되어 재상에 올랐으며 夏의 마지막 王 桀을 쳐서 殷왕조를
일으키는 데에 큰 공을 세웠음.《史記》殷本紀를 볼 것.《墨子》尙賢篇(下)에
"昔伊尹爲莘氏女師僕, 使爲庖人"이라 하였고,《史記》孟荀列傳에 "伊尹負鼎,
而勉湯以王"이라 함.

【湯】殷(商)나라 시조 湯王. 子姓. 이름은 履. 武湯, 成湯, 天乙로도 불림. 有자는
접두사. '湯'은 원래 夏나라 때의 諸侯. 亳을 근거로 발전하여 夏나라 마지막 王
桀의 무도함을 제거하고 伊尹을 등용하여 殷(商)을 세운 개국군주. 儒家에서
聖人으로 받듦.《史記》殷本紀를 참조할 것.《十八史略》(1)에는 "殷王成湯:

子姓, 名履. 其先曰契, 帝嚳子也. 母簡狄, 有娀氏女, 見玄鳥墮卵吞之, 生契. 爲唐
虞司徒, 封於商, 賜姓"이라 함.

【求備】 상대에게 완전히 갖추어 준비되어 있기를 요구함.《尙書》伊訓篇에
"與人不求備, 檢身若不及"이라 하였고,《論語》子路篇에 "及其使人也, 求備焉"
이라 하였고, 微子篇에는 "周公謂魯公曰:「君子不施其親, 不使大臣怨乎不以.
故舊無大故, 則不棄也. 無求備於一人!」"이라 함.

【易】《周易》. 그러나 인용된 구절은 지금의《周易》에서는 찾을 수 없음.

【有高世之材】 錢培名〈札記〉에는 "依下句例, 句末當有'者'字"라 함.

【必破庶衆之議】 錢培名〈札記〉에 "破, 疑當作被"라 함.

140(8-3)
석매石買와 자공子貢

이 당시에 구천句踐은 무리를 잃고 회계산會稽山으로 들어가 버티면서 다시 문종과 범려의 모책을 써서 견뎌낼 수가 있었다.

그러므로 우순虞舜이 이렇게 말했던 것이다.

"배웠으면 이에 때에 맞게 써야 한다. 이는 마치 양약良藥과 같다."

왕은 이렇게 말하였다.

"석매는 지나간 일만 알았지 다가올 일은 알지 못한 채 과인으로 하여금 훌륭한 자를 버리라 하였지."

뒤에 드디어 두 사람을 부려 마침내 오吳나라 부차를 사로잡게 된 것이다.

자공子貢은 이렇게 말하였다.

"한 마디 추천으로 그 혜택이 자신에게까지 돌아오고, 어진 이 하나를 임용함으로써 명예를 얻게 되는 것이다. 어진 이를 상하게 하면 나라를 잃게 되고, 능력 있는 자를 은폐하게 되면 재앙이 있게 된다. 덕을 등지고 은혜를 망각하면 그 결과는 자신이 벌을 받게 된다. 남의 훌륭함을 허물어 뜨리면 뒷날이 없게 되고, 남의 성취를 어그러뜨리면 하늘의 처벌을 받는다."

그러므로 오자서를 억울하게 몰아 죽음에 이르게 한 것은 거듭 오자서를 오왕에게 참훼하였음에도 오나라는 헛되이 다시 그렇게 참훼하는 자를 중용함에서 비롯된 것이니 오자서는 죄도 없으면서 죽음을 당하고 만 것이다.

전傳에 "차라리 천금을 잃을지언정 한 사람의 마음을 잃지 않도록 하라"라 하였으니 이를 두고 한 말이다.

是時句踐失衆, 棲於會稽之山, 更用種·蠡之策, 得以存.

故虞舜曰:「以學乃時而行, 此猶良藥也.」

王曰:「石買知往而不知來, 其使寡人棄賢.」

後遂使二人, 竟以禽吳.

子貢曰:「薦一言, 得及身; 任一賢, 得顯名. 傷賢喪邦, 蔽能有殃; 負德忘恩, 其反形傷. 壞人之善毋後世, 敗人之成天誅行.」

故冤子胥僇死, 由重譖子胥於吳, 吳虛重之, 無罪而誅.

傳曰:「寧失千金, 毋失一人之心.」是之謂也.

【句踐失衆】句踐이 吳王 夫差에게 패하여 사졸들이 모두 흩어졌음을 말함.

【種·蠡之策】文種과 范蠡가 치욕을 참고 항복하였다가 나중에 복수할 것을 권한 책략.

【虞舜】고대 五帝의 마지막 임금 舜. 有虞氏 집단의 수령. 姒姓, 이름은 重華. 虞舜으로도 부름. 堯임금으로부터 천하를 물려받아 帝位에 오름. 瞽瞍의 아들로 孝誠이 뛰어났던 분으로 널리 알려져 있으며 儒家에서 聖人으로 추앙함. 《十八史略》(1)에 "帝舜有虞氏: 姚姓, 或曰名重華, 瞽瞍之子, 顓頊六世孫也. 父惑於後妻, 愛少子象, 常欲殺舜. 舜盡孝悌之道, 烝烝乂不格姦"이라 함.

【其反形傷】'形'은 '身'과 같음. 자신에게 직접 그 상처가 돌아옴.

〈9〉越絶 內傳 〈陳成恒〉第九

　본편은 자공(子貢, 端木賜)의 활약을 부각시키기 위하여 제나라 진항(陳恒, 田成子)를 제목으로 삼은 것일 뿐이다. 진항은 진陳나라 출신으로 제나라에 이주한 진완陳完의 후손으로 전씨로 성을 바꾸고 발전하여 진항에 이르렀을 때는 실권을 잡고 조정을 좌지우지하고 있었으며 그 후손이 제나라 군주자리를 탈취하여 전국시대 전씨제田氏齊가 되는 주요 길목의 주인공이다.

　그러나 본편의 내용은 자공이 여러 나라를 돌며 "亂齊, 安魯, 破吳, 霸越"의 과정을 성취시키는 내용을 주로 다루고 있어 실제 '자공편'이라 이름하는 것이 걸맞을 정도이다.

〈詛盟場面〉銅貯貝器(서한) 1956 雲南 晉寧縣 滇王墓 출토

141(9-1)
진성항陳成恒

옛날 진성항陳成恒이 제齊 간공簡公의 재상이 되어 난을 일으키려 하였다.
그러나 제나라에는 포씨鮑氏와 안씨晏氏가 있어 이들이 껄끄러운 대상
이었다. 그래서 우선 병력을 옮겨 노魯나라를 쳤다.

노나라 임금이 걱정을 하자 공자孔子도 근심한 나머지 문인과 제자들을
불러 이렇게 말하였다.

"제후들끼리 서로 공벌하는 것은 오히려 수치스러운 일이다. 지금 노나라는
우리들 부모의 나라이며 조상들의 무덤도 여기에 있다. 지금 제나라가 장차
우리를 친다 하니 한 번 나설 만하지 않겠느냐?"

이에 안연顏淵이 나서겠다고 하자 공자가 말렸으며, 자로子路가 나서겠다고
해도 공자는 말렸지만 자공子貢이 나서겠다고 하자 공자는 그를 파견하였다.

昔者, 陳成恒相齊簡公, 欲爲亂.

憚齊邦鮑·晏, 故徙其兵而伐魯.

魯君憂也, 孔子患之, 乃召門人弟子而謂之曰:「諸侯
有相伐者, 尙恥之. 今魯父母之邦也, 丘墓存焉. 今齊將
伐之, 可無一出乎?」

顏淵辭出, 孔子止之; 子路辭出, 孔子止之; 子貢辭出,
孔子遣之.

〈子貢辭行〉《孔子聖迹圖》

【陳成恒】田恆. 田恒. ‘恆’은 ‘恒’의 異體字. 田常, 陳恒, 陳成子, 田成子 등으로
널리 불림. 簡公을 유폐시켜 시살한 인물. ‘陳恆’으로도 표기하며 ‘恆’은 ‘恒’의
異體字. 원래 그의 선조 陳完(田完, 敬仲)은 陳나라 출신으로 齊나라에 옮겨와
정착하여 田氏로 성을 바꾸었으며 차츰 세력을 키워 卿에 오른 다음, 도공 때
陳釐子(田乞)가 이미 권력을 잡았고 그가 죽은 뒤 아들 田常이 백성들에게 私惠를
베풀면서 지지를 확보, 簡公 4년(B.C.481) 簡公을 시해하고 平公을 옹립하여
자신이 재상에 올랐으며 결국 姜氏(姜太公의 후손)의 齊나라를 대신하여 戰國
시대 田氏齊를 세움.《史記》田敬仲完世家 참조.
【簡公】춘추 말 齊나라 군주. 이름은 壬. 悼公(陽生)을 이어 B.C.484~B.C.481년
까지 4년 동안 재위하고 田常에게 시해를 당하였으며 平公(驁)이 그 뒤를 이어
춘추시대를 마감함.
【鮑·晏】鮑는 鮑叔의 후손들. 晏은 晏子(晏嬰) 집안. 당시 齊나라의 世族으로
高氏, 國氏, 晏氏, 鮑氏 등이 있었으며 이들은 田氏(陳氏)의 횡포를 억제하는
작용을 하였음.《史記》仲尼諸子列傳에 “憚高·國·鮑·晏”이라 하여 이들을
모두 거론하고 있음.
【魯君】당시 魯나라 군주는 哀公이었음. 哀公은 定公(宋)의 아들이며 이름은 蔣.
《史記》魯周公世家에는 이름을 ‘將’이라 하였음. 어머니는 定姒. B.C.494~
B.C.468년까지 27년 동안 재위함. 梁玉繩의 《史記志疑》에는 “人表於魯悼公下

注云「出公子」, 是哀公亦有出公之稱, 以孫于越故也"라 함. 〈謚法〉에 "恭仁短折曰哀"라 함.

【孔子】 姓은 孔, 이름은 丘. 字는 仲尼(B.C.551~B.C.479). 魯나라 陬邑(지금의 山東 曲阜) 사람. 아버지 叔梁紇과 어머니 顔徵在 사이에 태어났으며 그 조상은 宋나라 微子啓의 후손으로 煬公熙의 아들 弗父何로 전해지고 있음. 弗父何의 後孫 孔父嘉의 아들 子木金父가 魯나라로 옮겨와 孔氏를 姓으로 삼았으며 이가 孔子의 5代祖임.《孔子家語》를 참조 할 것. 公子는 중국 최고의 사상가이며 교육자, 儒家學派의 창시자로서 六經을 정리하여 學術, 哲學, 사상 등에 가장 큰 영향을 남긴 聖人.

【丘墓】 墳墓. '丘'는 공자 이름이 아님.

【顔淵】 孔子 제자 顔淵. 顔回. '不遷怒, 不二過'하였으며 공자가 가장 아꼈던 제자.

【辭出】 떠나겠다고 인사함. '辭'는 임무를 맡고 떠나면서 인사함을 뜻함.

【子路】 孔子 제자. 이름은 仲由, 字는 子路, 卞邑 사람. 勇力을 좋아하였으며 衛나라에 벼슬하다가 B.C.480년 太子의 莊公 시해 사건에 연루되어 죽임을 당함.《史記》仲尼弟子列傳에 "仲由字子路, 卞人也. 少孔子九歲. 子路性鄙, 好勇力, 志伉直, 冠雄雞, 佩豭豚, 陵暴孔子. 孔子設禮稍誘子路, 子路後儒服委質, 因門人 請爲弟子. 子路問政, 孔子曰:「先之, 勞之」請益. 曰:「無倦」子路問:「君子尚勇乎?」孔子曰:「義之爲上. 君子好勇而無義則亂, 小人好勇而無義則盜」子路有聞, 未之能行, 唯恐有聞. 孔子曰:「片言可以折獄者, 其由也與!」「由也好勇過我, 無所取材」「若由也, 不得其死然」「衣敝縕袍與衣狐貉者立而不恥者, 其由也與!」「由也升堂矣, 未入於室也」季康子問:「仲由仁乎?」孔子曰:「千乘之國可使治其賦, 不知其仁」子路喜從游, 遇長沮・桀溺・荷篠丈人. 子路爲季氏宰, 季孫問曰:「子路可謂大臣與?」孔子曰:「可謂具臣矣」子路爲蒲大夫, 辭孔子. 孔子曰:「蒲多壯士, 又難治. 然吾語汝: 恭以敬, 可以執勇; 寬以正, 可以比衆; 恭正以靜, 可以報上」初, 衛靈公有寵姬曰南子. 靈公太子蕢聵得過南子, 懼誅出奔. 及靈公卒而夫人欲立公子郢. 郢不肯, 曰:「亡人太子之子輒在」於是衛立輒爲君, 是爲出公. 出公立十二年, 其父蕢聵居外, 不得入. 子路爲衛大夫孔悝之邑宰. 蕢聵乃與孔悝作亂, 謀入孔悝家, 遂與其徒襲攻出公. 出公奔魯, 而蕢聵入立, 是爲莊公. 方孔悝作亂, 子路在外, 聞之而馳往. 遇子羔出衛城門, 謂子路曰:「出公去矣, 而門已閉, 子可還矣, 毋空受其禍」子路曰:「食其食者不避其難」子羔卒去. 有使者入城, 城門開, 子路隨而入. 造蕢聵, 蕢聵與孔悝登臺. 子路曰:「君焉用孔悝? 請得而殺之」蕢聵弗聽. 於是子路欲燔臺, 蕢聵懼, 乃下石乞・壺黶攻子路, 擊斷子路之纓.

子路曰: 「君子死而冠不免.」 遂結纓而死. 孔子聞衛亂, 曰: 「嗟乎, 由死矣!」已而 果死. 故孔子曰: 「自吾得由, 惡言不聞於耳.」 是時子貢爲魯使於齊"라 함.

【子貢】 端木賜. 衛나라 출신의 孔子 제자. 言辯이 뛰어났고 理財에 밝았던 인물. 孔子의 31세 아래였음. 공자가 다른 셋은 불허하며 子貢을 보낸 것은 그의 言辯을 높이 산 것임.

참고 및 관련 자료

1. 《史記》 仲尼弟子列傳

田常欲作亂於齊, 憚高·國·鮑·晏, 故移其兵欲以伐魯. 孔子聞之, 謂門弟子曰: 「夫魯, 墳墓所處, 父母之國, 國危如此, 二三子何爲莫出?」子路請出, 孔子止之. 子張·子石請行, 孔子弗許. 子貢請行, 孔子許之.

2. 《吳越春秋》 夫差內傳

十三年, 齊大夫陳成恆欲弑簡公, 陰憚高·國·鮑·晏, 故前興兵伐魯, 魯君憂之. 孔子患之, 召門人而謂之曰: 「諸侯有相伐者, 丘常恥之. 夫魯, 父母之國也, 丘墓 在焉. 今齊將伐之, 子無意一出耶?」子路辭出, 孔子止之. 子張·子石請行, 孔子 弗許. 子貢辭出, 孔子遣之.

3. 《孔子家語》 屈節解

孔子在衛, 聞齊國田常將欲爲亂, 而憚鮑·晏, 因欲移其兵以伐魯, 孔子會諸弟子 以告之曰: 「魯父母之國, 不可不救, 不忍視其受敵, 今吾欲屈節於田常以救魯, 二三子誰爲使?」於是子路曰: 「請往齊.」孔子弗許; 子張請往, 又弗許; 子石 請往, 又弗許.

4. 張宗祥 〈校注〉

《史記考證》: 蘇轍曰: 齊之伐魯, 本於悼公之怒季姬, 而非陳恒; 吳之伐齊, 本怒 悼公之反復, 而非子貢. 吳齊之戰, 陳乞猶在, 而恒未任事, 所記皆非. 蓋戰國 說客, 設爲子貢之辭, 以自托於孔氏, 而太史公信之耳. ……案吳復伐齊, 《吳越 春秋》在夫差十二年, 卽《左傳》哀公十一年, 黃池之會在哀公十三年, 越滅吳 在哀公二十年. 簡公四年, 田常弑之, 實爲哀公十四年, 在吳晉黃池之會後一年. 今不顧史實, 以十餘年之事, 錯綜成文, 假名子貢. 《韓非子》五蠹篇有「齊將攻魯, 魯使子貢說之」之言. 《戰國策》蘇代說燕王噲, 亦有「且夫無報人之心而令人疑之, 拙也; 有報人之心使人知之, 殆也」之言. 此可證是說起於戰國策士, 史遷信而 傳之, 《吳越春秋》及此書, 又從而述之, 實未可據.

142(9-2)
자공子貢이 진성항陳成恒을 만나

자공은 제齊나라로 가서 진성항陳成恒을 만나 이렇게 말하였다.

"무릇 노魯나라는 치기 어려운 나라인데 치고자 하시니 잘못된 것입니다!"

진성항이 말하였다.

"노나라는 치기 어렵다니 무슨 뜻이오?"

자공이 말하였다.

"그 나라의 성은 얇고 낮으며 못은 좁고 얕습니다. 그리고 그 임금은 어리석고 어질지 못하며 그 대신들은 거짓을 일삼고 쓸모가 없습니다. 그 나라 사민士民들은 전쟁이라는 말만 들어도 싫어하는 마음을 가지고 있습니다. 이런 나라와는 전투를 벌일 수 없으니 그대께서는 오吳나라를 치느니만 못합니다. 오나라는 성은 높고 두터우며 못은 넓고 깊습니다. 무기는 새로운 것이며, 병사들은 선발되어 배불리 먹고 있습니다. 대단한 무기에 정교한 노가 그 속에 있으며 명석한 대부로 하여금 지키게 하고 있습니다. 이런 나라는 치기 쉬우니 그대께서는 오나라를 치느니만 못합니다."

그러자 진성항은 분연히 얼굴을 붉히며 말하였다.

"그대가 어렵다고 하는 것은 남은 쉽게 여기는 것이며, 그대가 쉽다고 여기는 것은 남들은 어렵게 여기는 것이오! 그런데 나에게 그런 것을 가르쳐 주고 있으니 어찌된 것이오?"

자공이 대답하였다.

"제가 듣건대 안으로 근심이 있는 자는 강한 자를 공격하고, 밖으로 근심이 있는 자는 약한 자를 공격한다 하였는데 지금 그대께서는 안으로 근심이 있습니다. 그리고 제가 듣건대 그대께서는 세 번이나 봉封을 받고자 하였으나 세 번 모두 성공하지 못한 것은 대신들 중에 당신 말을 들어주지 않은 자가 있었기 때문이라 하더이다. 그런데 그대께서 노나라를 깨뜨려 제나라를 넓혀주려 하고 있고, 노나라를 무너뜨려 신하들을 높여주고 있으니 그렇게 되면 그대의 공은 거기에 인정을 받지 못하게 될 것입니다. 이는 그대께서 위로는 임금의 마음만 교만하게 만들어주는 것이 되고 아래로는 신하들만 더욱 방자하게 해 주는 것이 될 것인데 그러면서 큰 일을 성취시키겠다고 바라시니 어렵습니다! 게다가 임금이 교만해지면 일을 범할 것이요 신하가 교만해지면 다투게 될 것이니, 그대께서는 위로는 임금으로부터 배척을 당하고 아래로는 대신들과 경쟁을 해야 할 것입니다. 이와 같아지면 그대께서 제나라에 서 있기는 달걀을 쌓아놓은 것보다 위험할 것입니다! 저는 그 까닭으로 '오나라를 치느니만 못하다'라고 말한 것입니다. 하물며 저 오나라는 용맹을 다해 거침없이 나서서 그 명령을 실행하는 데에 명확하며, 백성들은 전투와 수비에 익숙하며, 장수들은 법에 밝아 제나라가 이들을 만나면 틀림없이 사로잡히고 말 것입니다! 지금 그때께서 국경 안의 사람들을 다 선발하고, 대신들을 내세워 둘러싼다면 검수黔首는 밖에서 죽고 대신들은 안에서 다 도망하고 비게 될 것입니다. 이렇게 되면 그대께서는 위로는 강한 대신들이 그대의 적수가 될 수 없고 아래로는 그대를 반대할 검수들이 없어지는 것이니 홀로 서서 제나라를 마음대로 통제할 자는 바로 그대입니다."

진항陳恒이 말하였다.

"훌륭하고. 비록 그렇기는 하나 나의 병력은 이미 노나라 성 아래에 가 있는데 만약 이를 포기하고 오나라로 향한다면 대신들이 장차 나를 의심하는 마음을 갖게 될 터인데 어떻게 하면 되겠소?"

자공이 말하였다.

"그대께서는 군사 행동을 멈추고 공벌하지 말고 계십시오. 제가 청컨대 오왕吳王을 만나 그들로 하여금 노나라를 구제하고 제나라를 치도록 하겠습니다. 그 때 그대께서는 이를 기회로 군사로써 맞이하면 될 것입니다."

진성항이 허락하자 자공인 이에 길을 나섰다.

子貢行之齊, 見陳成恒曰:「夫魯, 難伐之邦, 而伐之, 過矣!」

陳成恒曰:「魯之難伐, 何也?」

子貢曰:「其城薄以卑, 池狹而淺; 其君愚而不仁, 其大臣僞而無用, 其士民有惡聞甲兵之心, 此不可與戰, 君不如伐吳. 吳城高以厚, 池廣以深; 甲堅以新, 士選以飽; 重器精弩在其中, 又使明大夫守. 此邦易也, 君不如伐吳.」

成恒忿然作色曰:「子之所難, 人之所易也; 子之所易, 人之所難也! 而以敎恒, 何也?」

子貢對曰:「臣聞: 憂在內者攻彊, 憂在外者攻弱, 今君憂內. 臣聞: 君三封而三不成者, 大臣有不聽者也. 今君破魯以廣齊, 墮魯以尊臣, 而君之功不與焉. 是君上驕主心, 下恣群臣, 而求成大事, 難矣! 且夫上驕則犯, 臣驕則爭, 是君上於主有却, 下與大臣交爭也. 如此, 則君立於齊, 危於重卵矣! 臣故曰:『不如伐吳.』且夫吳, 明猛以毅而行其令, 百姓習於戰守, 將明於法, 齊之遇, 爲禽必矣! 今君悉擇四疆之中, 出大臣以環之, 黔首外死, 大臣內空, 是君上無彊臣之敵, 下無黔首之士, 孤立制齊者, 君也.」

陳恒曰:「善. 雖然, 吾兵已在魯之城下, 若去而之吳, 大臣將有疑我之心, 爲之奈何?」

子貢曰:「君按兵無伐, 臣請見吳王, 使之救魯而伐齊,
君因以兵迎之.」

陳成恒許諾, 乃行.

【重器】 전투에 매우 중요한 큰 裝備.

【易也】 錢培名 〈札記〉에 《史記》·《吳越春秋》并作「此易伐也」, 此但作「易也」,
不文, 疑有脫字. 或云當屬上「此邦」二字爲句; 易, 言易與也. 姑備一說"이라 함.

【憂在內者攻彊】 나라 안에 해결하기 어려운 일이 있을 때는 밖의 강한 자를
쳐서 관심을 돌리거나 반대파를 전투에 몰아서 제거함.

【墮魯以尊臣】 張宗祥 〈校注〉에 《史記》作「破國以尊臣」, 〈集解〉王肅曰: 「鮑顏
等帥師, 若破國則臣尊矣.」라 함.

【犯】 錢培名 〈札記〉에 "犯字疑誤, 《史記》作恣"라 함.

【且夫吳明猛以毅而行其令】 錢培名 〈札記〉에 "句有脫誤"라 함. 《吳越春秋》에는
"吳王剛猛而毅, 能行其令"으로 되어 있음.

【黔首】 백성의 다른 말. 머리가 검은 사람들이라는 뜻. 평민.

【孤立制齊者】 張宗祥 〈校注〉에 "立, 《史記》·《吳越春秋》作主"라 함.

참고 및 관련 자료

1.《史記》仲尼弟子列傳

遂行, 至齊, 說田常曰:「君之伐魯過矣. 夫魯, 難伐之國, 其城薄以卑, 其地狹
以泄, 其君愚而不仁, 大臣僞而無用, 其士民又惡甲兵之事, 此不可與戰. 君不
如伐吳. 夫吳, 城高以厚, 地廣以深, 甲堅以新, 士選以飽, 重器精兵盡在其中,
又使明大夫守之, 此易伐也」田常忿然作邑曰:「子之所難, 人之所易; 子之所易,
人之所難: 而以教常, 何也?」子貢曰:「臣聞之, 憂在內者攻彊, 憂在外者攻弱.
今君憂在內. 吾聞君三封而三不成者, 大臣有不聽者也. 今君破魯以廣齊, 戰勝
以驕主, 破國以尊臣, 而君之功不與焉, 則交日疏於主. 是君上驕主心, 下恣羣臣,
求以成大事, 難矣. 夫上驕則恣, 臣驕則爭, 是君上與主有郤, 下與大臣交爭也.
如此, 則君之立於齊危矣. 故曰不如伐吳. 伐吳不勝, 民人外死, 大臣內空, 是君

上無彊臣之敵, 下無民人之過, 孤主制齊者唯君也」田常曰:「善. 雖然, 吾兵業已加魯矣, 去而之吳, 大臣疑我, 奈何?」子貢曰:「君按兵無伐, 臣請往使吳王, 令之救魯而伐齊, 君因以兵迎之」田常許之.

2.《吳越春秋》夫差內傳

子貢北之齊, 見成恆, 因謂曰:「夫魯者, 難伐之國, 而君伐, 過矣」成恆曰:「魯何難伐也?」子貢曰:「其城薄以卑, 其池狹以淺, 其君愚而不仁, 大臣無用, 士惡甲兵, 不可與戰. 君不若伐吳. 夫吳, 城厚而崇, 池廣以深, 甲堅士選, 器飽弩勁, 又使明大夫守之, 此易邦也」成恆忿然作色, 曰:「子之所難, 人之所易; 子之所易, 人之所難. 而以教恆, 何也?」子貢曰:「臣聞君三封而三不成者, 大臣有所不聽者也. 今君又欲破魯以廣齊, 墮魯以自尊, 而君功不與焉, 是君上驕主心, 下恣群臣, 而求以成大事, 難矣. 且夫上驕則犯, 臣驕則爭, 此君上於王有邊, 而下與大臣交爭, 如此則君立於齊, 危如累卵. 故曰『不如伐吳』. 且吳王剛猛而毅, 能行其令; 百姓習於戰守, 明於法禁, 齊遇為擒, 必矣. 今君悉四境之甲, 出大臣以環之, 人民外死, 大臣內空, 是君上無强敵之臣, 下無黔首之士, 孤主制齊者, 君也」陳恆曰:「善! 雖然, 吾兵已在魯之城下矣, 吾去之, 吳大臣將有疑我之心, 為之奈何?」子貢曰:「君按兵無伐, 請為君南見吳王, 請之救魯而伐齊, 君因以兵迎之」陳恆許諾.

3.《孔子家語》屈節解

三者退, 請子貢曰:「今夫子欲屈節以救父母之國, 吾三人請使而不獲往, 此則吾子用便之時也, 吾子盍請行焉?」子貢請使, 夫子許之, 遂如齊說田常曰:「今子欲收功於魯, 實難; 不若移兵於吳, 則易」田常不悅, 子貢曰:「夫憂在內者功強, 憂在外者功弱. 吾聞子三封而三不成, 是則大臣不聽令, 戰勝以驕主, 破局以尊臣, 而子之功不與焉. 則交日疏於主, 而與大臣爭, 如此, 則子之位危矣」田常曰:「善! 然兵甲已加魯矣, 不可更, 如何?」子貢曰:「緩師, 吾請於吳, 令救魯以伐齊, 子因以兵迎之」田常許諾.

143(9-3)
오왕을 찾아간 자공

  자공은 남쪽으로 오왕吳王을 찾아가 오왕에게 이렇게 말하였다.

  "제가 듣기로 왕자王者는 남의 세대를 끊지 않으며, 패자霸者는 강한 적을 그대로 남겨두지 않는다 하더이다. 천 균鈞의 무게도 아주 작은 수銖의 무게를 더하면 기울고 맙니다. 지금 만승萬乘의 제齊나라가 천승千乘밖에 되지 않는 작은 노魯나라를 차지하려고 오나라와 강함을 다투고 있으니 저는 임금을 위해 아주 두렵게 여깁니다. 그러나 장차 노나라를 구제하는 것은 그 명예를 드러내는 것이요, 제나라를 치는 것은 큰 이익이 되는 일입니다. 의義는 노나라를 그대로 존속시켜 주는 데에 있고, 용勇은 강한 제나라에게 해를 끼치는 데에 있으니 이렇게 하여 진晉나라에 위협을 펴 보인다면 왕자가 되는 일은 의심하지 않아도 됩니다."

  오왕이 말하였다.

  "비록 그렇기는 하나 나는 항상 월越나라와 싸워왔고 월나라는 회계 會稽에 버티고 있소. 무릇 월나라 임금은 현명한 군주로서 제 몸을 괴롭혀 가면서 온갖 힘든 일을 다 하며 밤을 낮으로 이어가고, 안으로는 그 정치를 바르게 닦고 밖으로는 제후들을 섬기고 있으니 틀림없이 장차 나에게 보복 하려는 심사를 가지고 있을 것입니다. 그대는 내가 월나라를 치고 돌아올 때까지 기다려주시오."

  자공이 말하였다.

  "안 됩니다. 무릇 월나라의 강함이 노나라보다 못한 것은 아니요, 오나라의 강함은 제나라보다 앞서지는 못합니다. 그런데 임금께서 월나라를 치고 돌아오면 제나라는 이미 노나라를 합병하고 난 다음이 될 것입니다. 게다가 작은 월나라를 치면서 강한 제나라를 두려워하는 것은 용기가 없는 것이요, 작은 이익을 탐하느라 큰 손해를 잊는 것은 지혜롭지 못한 것이 됩니다. 이 두 가지는 저로서는 임금이 해서는 안 될 것이라 여깁니다. 게다가 제가 듣건대 어진 사람은 남의 곤액을 더욱 곤란하게 하느라 자신의 덕을 그르치는 일은 없도록 하며, 지혜로운 자는 기회를 놓치면서 자신의 공을 드러내겠다고 하지 않으며, 왕노릇 하는 자는 남의 세대를 끊어가면서 정의를 세우려 들지는 않습니다. 임금께서 지금 월나라를 그대로 두고 훼멸하지 마시고 사방 이웃들을 인仁으로써 친히 여기며, 포악함에서 구제하고 제나라를 곤경에 빠뜨려 위세를 진나라에게 무력으로써 펴 보이고, 노나라를 구제하고 주실周室이 끊어지지 않도록 하여 제수들에게 정의를 밝히십시오. 펴 보십시오. 이렇게 하면 제가 보기에는 바다를 등진 월나라 따위를 넘어 틀림없이 구이九夷조차도 임금에게 조공을 올 것이며 왕업王業은 이루어지게 될 것입니다! 게다가 강한 이 오나라가 작은 저 월나라를 두려워하신다니, 이와 같다면 제가 청하건대 동쪽으로 월왕을 만나 그들로 하여금 정예 병력을 내어 왕의 아래 관리가 되어 따르도록 하십시오. 이는 실제 월나라를 텅 비게 하는 것이며 명분으로도 제후를 구제하기 위해 토벌에 나서는 것이 되는 것입니다."

오왕은 크게 기뻐하며 이에 자공을 월나라로 보냈다.

子貢南見吳王, 謂吳王曰: 「臣聞之: 王者不絶世, 而霸者不彊敵; 千鈞之重, 加銖而移. 今萬乘之齊, 私千乘之魯, 而與吳爭彊, 臣切爲君恐, 且夫救魯, 顯名也; 而伐齊, 大利也. 義在存亡魯, 勇在害彊齊, 而威申晉邦者, 則王者不疑也.」

吳王曰: 「雖然, 我常與越戰, 棲之會稽. 夫越君, 賢主也,

苦身勞力, 以夜接日, 內飾其政, 外事諸侯, 必將有報我
之心. 子待吾伐越而還.」

　子貢曰:「不可. 夫越之彊不下魯, 而吳之彊不過齊, 君以
伐越而還, 卽齊也, 亦私魯矣. 且夫伐小越而畏彊齊者
不勇, 見小利而忘大害者不智. 兩者, 臣無爲君取焉. 且臣
聞之, 仁人不困厄, 以廣其德; 智者不棄時, 以擧其功;
王者, 不絶世, 以立其義. 今君存越勿毁, 親四隣以仁;
救暴困齊, 威申晉邦以武; 救魯, 毋絶周室, 明諸侯以義.
如此, 則臣之所見, 溢乎負海, 必率九夷而朝, 卽王業成矣!
且大吳畏小越, 如此, 臣請東見越王, 使之出銳師以從
下吏, 是君實空越, 而名從諸侯以伐也.」

　吳王大悅, 乃行子貢.

【不絶世】王統이나 家門의 世系를 끊지 않음.《論語》堯曰篇에 "興滅國. 繼絶世,
擧逸民, 天下之民歸心焉"이라 함.《呂氏春秋》圜道篇 "皆欲世勿失矣"의 注에
"父死子繼曰世"라 함.
【鈞】重量의 단위.《漢書》律曆志에 "三十斤爲鈞"이라 하여 千鈞은 매우 무거운
무게를 뜻함.
【銖】아주 가벼운 무게의 단위. 1兩의 24분의 1을 1銖로 함.
【萬乘】'乘'은 고대 4필 말을 단위로 하여 셈하는 것으로 흔히 兵車를 뜻함. 春秋
시대에는 兵車 1輛에 甲士 3인, 步卒 72인을 배속시켰음.
【私魯矣】私는 사사롭게 차지함, 병탄, 겸병의 뜻.
【棲之會稽】B.C.494년 吳王 夫差가 大椒에서 越王 句踐을 대패시키고 월나라
도읍으로 쳐들어가자 句踐은 겨우 5천의 군사로 會稽山으로 들어가 스스로
吳나라 老僕이 되겠다고 항복한 사건을 가리킴. 會稽는 지금의 浙江 紹興
동남쪽에 있는 산이며 월나라 도읍 主山이기도 함. 茅山, 苗山, 防山이라고도

불리며 會稽山은 범위가 커 句踐이 피해들었던 곳은 지금의 浙江 諸暨縣 勾嶁山이었다 함.

【夜以接日】밤을 낮으로 이어감. 매우 부지런함을 뜻함.

【內飾其政】'飾'은 '飭'과 같음.

【申】'伸'과 같음. 펴 보임.

【負海】바다를 등지고 있는 험한 지형. 여기서는 越나라를 지칭함.

【以廣其德】'廣'은 '曠'과 같음. 황폐하게 함. 그르침.

【毋絶周室】魯나라는 周室과 동성인 姬姓이며 周公이 봉을 받은 나라이므로 周나라 제사가 끊어지지 않도록 해야 함을 말한 것.

【九夷】중원 이외의 여러 민족을 통칭함.

【下吏】副官, 휘하의 부하.

참고 및 관련 자료

1. 《史記》 仲尼弟子列傳

使子貢南見吳王. 說曰:「臣聞之, 王者不絶世, 霸者無彊敵, 千鈞之重加銖兩而移. 今以萬乘之齊而私千乘之魯, 與吳爭彊, 竊爲王危之. 且夫救魯, 顯名也; 伐齊, 大利也. 以撫泗上諸侯, 誅暴齊以服彊晉, 利莫大焉. 名存亡魯, 實困彊齊, 智者不疑也.」吳王曰:「善. 雖然, 吾嘗與越戰, 棲之會稽. 越王苦身養士, 有報我心. 子待我伐越而聽子.」子貢曰:「越之勁不過魯, 吳之彊不過齊, 王置齊而伐越, 則齊已平魯矣. 且王方以存亡繼絶爲名, 夫伐小越而畏彊齊, 非勇也. 夫勇者不避難, 仁者不窮約, 智者不失時, 王者不絶世, 以立其義. 今存越示諸侯以仁, 救魯伐齊, 威加晉國, 諸侯必相率而朝吳, 霸業成矣. 且王必惡越, 臣請東見越王, 令出兵以從, 此實空越, 名從諸侯以伐也.」吳王大說, 乃使子貢之越.

2. 《吳越春秋》 夫差內傳

子貢南見吳王, 謂吳王曰:「臣聞之:『王者不絶世, 而霸者無强敵. 千鈞之重, 加銖而移.』今萬乘之齊, 而私千乘之魯; 而與吳爭强, 臣竊爲君恐焉. 且夫救魯, 顯名也; 伐齊, 大利也. 義存亡魯, 害暴齊而威强晉, 則王不疑也.」吳王曰:「善. 雖然, 吾嘗與越戰, 棲之會稽, 入臣於吳, 不卽誅之, 三年使歸. 夫越君賢主, 苦身勞力, 夜以接日, 內飾其政, 外事諸侯, 必將有報我之心, 子待我伐越而聽子.」子貢曰:「不可. 夫越之强, 不過於魯; 吳之强, 不過於齊. 王以伐越而不聽臣,齊亦已私魯矣. 且畏小越而惡強齊, 不勇也. 見小利而忘大害, 不智也. 臣聞:『仁人不因居, 以廣其德; 智者不棄時, 以舉其功; 王者不絕世, 以立其義.』且夫畏越如此, 臣誠東見越王, 使出師以從下吏」吳王大悅.

3.《孔子家語》屈節解

子貢遂南說吳王曰:「王者不滅國, 霸者無強敵. 千鈞之重, 加銖兩而移. 今以齊國而私千乘之魯, 與吳爭強, 甚爲王患之. 且夫救魯以顯名, 以撫泗上諸侯, 誅暴齊以服晉, 利莫大焉. 名存亡魯, 實困強齊, 智者不疑」吳王曰:「善! 然吳常困越, 越王今苦身養士, 有報吳之心, 子待我先越, 然後乃可」子貢曰:「越之勁不過魯, 吳之強不過齊, 而王置齊而伐越, 則齊必私魯矣. 王方以存亡繼絕之名, 棄齊而伐小越, 非勇也. 勇而不避難, 仁者不窮約, 智者不失時, 義者不絕世. 今存越示天下以仁, 救魯伐齊, 威加晉國, 諸侯必相率而朝, 霸業盛矣. 且王必惡越, 臣請見越君, 令出兵以從, 此則實害越, 而名從諸侯以伐齊」吳王悅, 乃遣子貢之越.

144(9-4)
월왕을 찾아간 자공

　자공이 동쪽으로 월왕을 만나러 나서자 월왕은 이를 듣고 길을 청소하고 교외에까지 나와 맞이하였다.

　현縣에 이르자 월왕은 몸소 수레를 몰아 자공을 숙소까지 모신 다음 이렇게 물었다.

　"이곳은 편벽되고 누추한 나라이며 만이蠻夷의 백성들이 살고 있습니다. 대부께서 어찌 이런 곳을 찾으셔서 거연居然히 욕됨을 무릅쓰고 이곳에 이르셨습니까?"

　자공이 말하였다.

　"그대를 조문하여야겠기에 그 때문에 온 것이오."

　월왕 구천이 계수稽首하며 두 번 절하고 말하였다.

　"제가 듣건대 화禍와 복福은 이웃이라 하더이다. 지금 대부께서 저를 조문하신다니 이는 저의 복입니다. 감히 그 내용을 들려주십시오."

　자공이 말하였다.

　"제가 지금 오왕吳王을 만나 노魯나라를 구하고 제齊나라를 치도록 일러 주었더니 그는 마음속으로 월나라를 두려워하면서 '일찍이 월나라와 전투를 벌였는데 월왕은 회계산會稽山에 숨어들어 있소. 무릇 월나라 임금은 현명한 군주로서 자신을 괴롭혀 가면서 힘써 노력하며 밤을 낮으로 이으면서 안으로는 그 정치를 바로 닦고 밖으로는 제후들을 섬기고 있으니 틀림없이 장차 나에게 보복하고자 하는 마음을 가지고 있을 것이오. 그러니 그대는 내가 월나라를 치기를 기다려 주시면 내 그대의 말을 듣겠소'라고 하더이다. 무릇 보복할 마음이 없는데도 남들로 하여금 이를 의심하게 하는 것은 졸렬한 것이며 보복할 마음이 있는데 남으로 하여금 이를 알아차리도록 하는 것은 위태로운 것이며 일이 아직 드러나지도 않았는데 소문이 났다면 이는 위험한 것입니다. 이 세 가지는 세상에서 크게 꺼려야 하는 것입니다."

월왕 구천은 계수하며 재배하고 이렇게 말하였다.

"지난 날, 나는 불행히도 어려서 선인先人을 잃고 안으로 내 역량을 헤아리지 못한 채 오나라와 전투를 벌여 군대는 패하고 내 자신 욕을 입었으며 선인들께는 치욕을 안겨 주었소. 그리하여 숨어 도망한 끝에 위로는 회계산에 숨어 버티고 아래로는 바다를 지키면서 보이는 것은 오직 물고기나 자라일 뿐이라오. 지금 대부께서 욕됨을 무릅쓰고 직접 찾아와 주셨고, 또한 훌륭한 말씀으로 과인을 가르쳐 주시니. 선인들의 은혜를 의지하며 감히 가르침을 받들지 않을 수 있겠습니까?"

자공이 말하였다.

"제가 듣기로 명석한 왕은 사람을 임용함에 그의 능력을 놓치지 아니하고, 곧든 선비가 추천하는 어진 이는 세상에 제대로 대접받지 못하던 자일 수도 있다 하더이다. 그러므로 재물에 임해서 이익을 나누는 일이라면 어진 이를 부려야 하고, 위험을 건너고 어려움을 물리쳐야 할 일이라면 용기 있는 자를 부려 써야 하며, 무리를 동원하고 백성을 다스릴 때며 어진 이를 부려야 하고, 천하를 바로잡고 제후를 안정시키려면 성인을 부려 써야 하는 것입니다. 제가 몰래 관리들의 마음을 상세히 헤아려보건대 무력이 강하면서도 약한 나라를 겸병하는 데에 사용하지 아니하고, 윗자리에서 세력을 가졌다고 해서 아랫사람으로서 하기 싫어하는 일을 명하는 자라면 그러한 임금은 어찌 되겠습니까? 제가 몰래 스스로 공을 이루어 왕자에 이르는 이들의 예를 상세히 헤아려보건대 그것이 오직 다만 신하의 힘으로 해서야 어찌 되겠습니까? 지금 무릇 오왕은 제나라를 칠 뜻을 가지고 있으니 임금께서는 중기重器를 아끼지 말고 그의 환심을 사십시오. 그리고 비굴한 언사를 싫어하지 말고 그를 높여 예를 다하십시오. 그렇게 되면 그가 제나라를 칠 것은 틀림이 없을 것입니다! 저들이 전투를 벌여 이기지 못하면 그것은 임금의 복이 될 것이요, 저들이 전투에 승리를 하게 되면 틀림없이 남은 병력으로서 진晉나라 쪽으로 임할 것입니다. 신은 청컨대 북쪽으로 진나라 임금을 뵙고 임금과 함께 오나라를 공격하도록 할 것이니 그렇게 되면 오나라를 약화시키기는 틀림이 없게 될 것입니다! 오나라의 기마병과 정예 병사들은 제나라와 싸움에 피폐될 것이요, 중기와 우모羽旄는 진나라와의 싸움에 소진 될 것이니, 임금께서는 피폐한 그들을 제압하기만 하면 되는 것이니 이것이야 말로 오나라를 멸망시키기에는 틀림이 없는 작전입니다!"

월왕 구천이 계하고 재배하며 말하였다.

"지난 날, 오왕은 그 많은 백성을 나누어서 우리나라를 잔폐시키고 우리 백성을 패배시켜 죽였으며, 우리 백성을 도륙하였고 우리 종묘를 허물어 뜨렸습니다. 그리하여 우리나라는 텅 빈 가시밭이 되었고 몸은 물고기와 자라의 먹이가 되고 말았습니다. 지금 나의 오왕에 대한 원한은 골수에 깊이 박혀있습니다! 그런데도 내가 오왕을 섬기기는 마치 아들이 아버지 무서워하듯, 아우가 형 공경하듯 하고 있는데 이는 저의 겉으로 드러내는 믿음일 뿐입니다. 그런데 대부께서 저에게 가르침을 내려주시니 제가 감히 의심을 하겠습니까? 청컨대 말씀을 해 주십시오. 저의 몸은 침상이나 누워도, 자리에 앉아도 편안하지 아니하고, 입으로는 맛 나는 것을 감히 먹지 아니하며, 눈으로는 좋은 색깔을 보지 아니하며, 귀로는 음악도 듣지 아니한 지가 이미 3년이나 되었습니다. 입술이 타고 목이 마르도록 마음 고통으로 힘든 일을 마다하지 아니하며 위로는 신하들을 받들고 아래로는 백성들을 기르고 있습니다. 원컨대 한 번 천하의 병사들과 함께 오나라와 들판에서 한 번 마주하여 오왕과 소매를 가지런히 하고 팔을 엇붙잡고 분격하여, 오나라 월나라 병사들이 밟은 자국을 계속 따라가며 연달에 죽어나가고, 사민士民들은 유랑하며 흩어져 간과 뇌가 땅바닥을 쳐 바르는 일이 한 번 있었으면 하는 것이 저의 가장 큰 바람입니다! 이러한 일은 될 수 없는 일이며, 지금 안으로는 내 나라의 역량을 헤아려 보면 오나라를 해치기에는 부족하고 밖으로는 제후를 섬기기에도 능하지 못합니다. 그래서 저는 우리나라를 다 비워둔 채 모책과 힘을 찾느라 용모를 바꾸고 이름과

성도 바꾸고 키와 빗자루를 들고, 소와 말을 기르며 오왕의 신하가 되어 그를 모시고 있는 것입니다. 나는 비록 허리와 목이 이어지지 못하고, 손과 발이 다른 자리에 나뒹굴고, 사지가 널부러져 향읍鄕邑의 웃음거리가 된다 해도 나의 의지는 드러내고야 말 것입니다! 대부께서 이렇게 가르침을 내려 주시니 이는 망해가는 나라를 존속시켜 주시고 죽어가는 사람을 일으켜 주는 것이니 저는 조상들이 내리는 은혜에 기대어 감히 명령을 기다리지 않을 수 있겠습니까?"

자공이 말하였다.

"무릇 오왕의 사람됨은 공명功名을 탐하면서 이해利害는 모르는 사람입니다."

월왕이 급히 자리를 피해 앉으며 말하였다.

"모두 그대에게 달렸습니다!"

자공이 말하였다.

"제賜가 임금을 위해 오왕의 사람됨을 관찰하였더니 현명하고 강하여 아랫 사람에게 방자하게 굴고, 아랫사람은 능히 이에 순종하지 못하고 있습디다. 그리하여 자주 전투와 정벌에 나서서 사졸들은 참지를 못하고 있습니다. 그런데 태재太宰 비嚭는 사람됨이 지혜는 있으나 우매하며, 강하면 서도 약하고 교묘한 말솜씨에 날카로운 언사를 가지고 있어 안으로는 자신을 위하며, 거짓 술수에 뛰어나 그것으로 임금을 섬기고 있습니다. 지나간 일은 잘 알지만 다가올 일에는 잘 모른 채 임금의 허물도 그대로 순종하면서 자신의 안전에만 힘을 쏟고 있습니다. 이는 바로 나라를 망칠 관리요, 임금을 멸망으로 이끌 신하입니다."

월왕은 크게 기꺼워하였다.

자공은 월나라를 떠나 길을 나서면서 월왕이 금 백 일鎰, 보검 한 자루, 양마良馬 두 필을 주었으나 자공은 받지 않았다.

子貢東見越王, 越王聞之, 除道郊迎.

至縣, 身御子貢至舍, 而問曰:「此乃僻陋之邦, 蠻夷之民也. 大夫何索, 居然而辱, 乃至於此?」

　子貢曰:「弔君, 故來.」

　越王句踐稽首再拜, 曰:「孤聞之: 禍與福爲鄰, 今大夫弔孤, 孤之福也. 敢遂聞其說.」

　子貢曰:「臣今見吳王, 告以救魯而伐齊, 其心申, 其志畏越, 曰:『嘗與越戰, 棲於會稽山上. 夫越君, 賢主也, 苦身勞力, 夜以接日, 內飾其政, 外事諸侯, 必將有報我之心. 子待我伐越而聽子.』且夫無報人之心, 而使人疑之者, 拙也; 有報人之心, 而使人知之者, 殆也; 事未發而聞者, 危也. 三者, 舉世之大忌.」

　越王句踐稽首再拜, 曰:「昔者, 孤不幸少失先人, 內不自量, 與吳人戰, 軍敗身辱, 遺先人恥. 遯逃出走, 上棲會稽山, 下守滇海, 唯魚鼈是見. 今大夫不辱而身見之, 又出玉聲以教孤. 孤賴先人之賜, 敢不奉教乎?」

　子貢曰:「臣聞之: 明王任人, 不失其能; 直士舉賢, 不容於世. 故臨財分利, 則使仁; 涉危拒難, 則使勇; 用衆治民, 則使賢; 正天下·定諸侯, 則使聖人. 臣竊練下吏之心, 兵彊而不幷弱, 勢在其上位, 而行惡令其下者, 其君幾乎? 臣竊自練可以成功至王者, 其唯臣幾乎? 今夫吳王有伐齊之志, 君無惜重器, 以喜其心; 毋惡卑辭, 以尊其禮, 則伐齊必矣! 彼戰而不勝, 則君之福也; 彼戰而勝, 必以其餘兵臨晉. 臣請北見晉君, 令共攻之, 弱吳必矣! 其騎士·

銳兵弊乎齊, 重器‧羽旄盡乎晉, 則君制其敝, 此滅吳必矣!」

越王句踐稽首再拜, 曰:「昔者, 吳王分其人民之眾, 以殘伐吾邦, 殺敗吾民, 屠吾百姓, 夷吾宗廟. 邦爲空棘, 身爲魚鼈餌. 今孤之怨吳王, 深於骨髓! 而孤之事吳王, 如子之畏父, 弟之敬兄, 此孤之外言也. 大夫有賜, 故孤敢以疑? 請遂言之. 孤身不安牀席, 口不敢厚味, 目不視好色, 耳不聽鐘鼓者, 已三年矣. 焦唇乾嗌, 苦心勞力, 上事群臣, 下養百姓. 願一與吳交天下之兵, 於中原之野, 與吳王整襟交臂而奮; 吳越之士, 繼蹟連死, 士民流離, 肝腦塗地, 此孤之大願也! 如此不可得也, 今內自量吾國, 不足以傷吳; 外事諸侯, 不能也. 孤欲空邦家, 措策力, 變容貌, 易名姓, 執箕帚, 養牛馬, 以臣事之. 孤雖要領不屬, 手足異處, 四支布陳, 爲鄉邑笑, 孤之意出焉! 大夫有賜, 是存亡邦而興死人也, 孤賴先人之賜, 敢不待命乎?」

子貢曰:「夫吳王之爲人也, 貪功名而不知利害.」

越王愯然避位, 曰:「在子!」

子貢曰:「賜爲君觀夫吳王之爲人, 賢彊以恣下, 下不能逆; 數戰伐, 士卒不能忍. 太宰嚭爲人, 智而愚, 彊而弱; 巧言利辭, 以內其身; 善爲偽詐, 以事其君; 知前而不知後, 順君之過, 以安其私, 是殘國之吏‧滅君之臣也.」

越王大悅.

子貢去而行, 越王送之金百鎰‧寶劍一‧良馬二, 子貢不受.

【縣】 고대 王畿 안의 都邑이나 제후 나라의 도읍을 낮추어 일컫던 말.

【其心申, 其志畏越】 이는 명확한 문장을 이루지 못하고 있음. 錢培名 〈札記〉에 "其心申, 文不成義.《吳越春秋》作「其心畏越」, 意亦未備.《史記》作「其志欲之而 畏越」"이라 하여 이에 따라 풀이함.

【事未發而聞者】 錢培名 〈札記〉에 "《史記》作「事未發而先聞」, 此似脫'先'字"라 함.

【玉聲】 남의 가르침이나 말을 높여 칭한 것.

【兵彊而不幷弱】 錢培名 〈札記〉에 "句不可解.《吳越春秋》作「兵强而不能行其 威勢, 在上位而不能施其政令於下者, 其君幾乎?」"라 함. 그러나《吳越春秋》의 "其君幾乎"는 "其君幾乎難矣"로 보아야 하며 이 경우 "병력이 강한데도 능히 그 위엄을 행사하지 못하거나 세력이 위에 있으면서도 능히 그 정령을 아랫 사람에게 베풀지 못한다면 그러한 군주는 거의 재난을 가까이 하고 있는 것 입니다!"로 풀이 하여야 함. 여기서는 문자 그대로 억지로 풀이를 하였음.

【竊練】 '竊'은 자신의 생각을 낮추어 일컫는 표현. '練'은 '익숙히, 상세히'의 뜻.

【羽旄】 군대에서 사용하는 깃발. 새의 깃털이나 쇠꼬리 등으로 장식한 旗幟.

【吳王分其人民之衆】 俞樾의 〈讀越絶書〉에 "「分」字無義, 乃「介」字之誤.《漢書》 南粵傳:「欲介使者權」, 師古曰:「介, 恃也.」此'介'字亦當訓「恃」, 言吳恃其衆而 伐吾邦也. 襄二十四年《左傳》:「以陳, 國之介恃大國而陵虐於敝邑」, 義與此同" 이라 하여 '分'자는 '介'자의 오류이며 '恃'의 뜻이라 하였음. 그러나 역자는 원문 대로 풀이하였음.

【故孤敢以疑】 錢培名 〈札記〉에 "句不可解.《吳越春秋》作「故孤敢以報情, 報情 尤不辭」, 蓋卽此文「疑請」二字之誤. 或云此文「故」字衍, 「敢以疑」, 言不敢疑也; 「請」字屬下讀"이라 함.

【繼蹟連死】 《史記》와《吳越春秋》에는 모두 '蹟'이 '踵'으로 되어 있음.

【肝腦塗地】 참혹한 죽음을 뜻함. 간과 뇌가 땅을 바름.

【如此不可得也】 錢培名 〈札記〉에 "句未達《吳越春秋》作「思之三年不可得也.」"라 함.

【要領】 '要'는 '腰'와 같음. '領'은 목. 허리와 목. '要領不屬'은 허리와 목이 연접 되지 못함. 참혹한 죽음을 뜻함.

【慥然】 매우 급한 모습.

【賜爲君觀】 여기서의 사는 자공의 이름. 端木賜이며 자는 子貢.

【下不能逆】 '逆'은 '迎'과 같음.

【內其身】 '內'은 '納'과 같음. 자신의 安危와 地位만을 지킴.

【百鎰】 일은 고대 중량의 단위. 24兩을 1鎰이라 함.

1.《史記》仲尼弟子列傳

越王除道郊迎, 身御至舍而問曰:「此蠻夷之國, 大夫何以儼然辱而臨之?」子貢曰:「今者吾說吳王以救魯伐齊, 其志欲之而畏越, 曰『待我伐越乃可』. 如此, 破越必矣. 且夫無報人之志而令人疑之, 拙也; 有報人之志, 使人知之, 殆也; 事未發而先聞, 危也. 三者擧事之大患」句踐頓首再拜曰:「孤嘗不料力, 乃與吳戰, 困於會稽, 痛入於骨髓, 日夜焦脣乾舌, 徒欲與吳王接踵而死, 孤之願也.」遂問子貢. 子貢曰:「吳王爲人猛暴, 羣臣不堪; 國家敝以數戰, 士卒弗忍; 百姓怨上, 大臣內變; 子胥以諫死, 太宰嚭用事, 順君之過以安其私: 是殘國之治也. 今王誠發士卒佐之以徼其志, 重寶以說其心, 卑辭以尊其禮, 其伐齊必也. 彼戰不勝, 王之福矣. 戰勝, 必以兵臨晉, 臣請北見晉君, 令共攻之, 弱吳必矣. 其銳兵盡於齊, 重甲困於晉, 而王制其敝, 此滅吳必矣.」越王大說, 許諾. 送子貢金百鎰, 劍一, 良矛二. 子貢不受, 遂行.

2.《吳越春秋》夫差內傳

子貢東見越王, 王聞之, 除道郊迎, 身御至舍, 問曰:「此僻狹之國, 蠻夷之民, 大夫何索? 然若不辱, 乃至於此?」子貢曰:「君處, 故來.」越王句踐再拜稽首, 曰:「孤聞:『禍與福爲鄰.』今大夫之弔, 孤之福也. 孤敢不問其說?」子貢曰:「臣今者見吳王, 告以救魯而伐齊, 其心畏越. 且夫無報人之志, 而使人疑之, 拙也; 有報人之意, 而使人知之, 殆也; 事未發而聞之者, 危也. 三者, 擧事之大忌也.」越王再拜, 曰:「孤少失前人, 內不自量, 與吳人戰, 軍敗身辱, 遁逃, 上棲會稽, 下守海濱, 唯魚鱉見矣. 今大夫辱弔而身見之, 又發玉聲以教孤. 孤賴天之賜也. 敢不承教?」子貢曰:「臣聞:『明主任人, 不失其能; 直士擧賢, 不容於世.』故臨財分利, 則使仁; 涉患犯難, 則使勇; 用智圖國, 則使賢; 正天下定諸侯, 則使聖. 兵强而不能行其威, 勢在上位而不能施其政令於下者, 其君幾乎難矣! 臣竊自擇可與成功而至王者, 惟幾乎! 今吳王有伐齊·晉之志, 君無愛重器, 以喜其心; 無惡卑辭, 以盡其禮. 而伐齊, 齊必戰. 不勝, 君之福也. 彼戰而勝, 必以騎兵臨晉. 騎士銳兵弊乎齊, 重寶車騎羽毛盡乎晉, 則君制其餘矣.」越王再拜, 曰:「昔者, 吳王分其民之衆以殘吾國, 殺敗吾民, 鄙吾百姓, 夷吾宗廟, 國爲墟棘, 身爲魚鱉. 孤之怨吳, 深於骨髓; 而孤之事吳, 如子之畏父·弟之敬兄. 此孤之死言也. 今大夫有賜, 故孤敢以報情. 孤身不安重席, 口不嘗厚味, 目不視美色, 耳不聽雅音, 旣已三年矣. 焦脣乾舌, 苦身勞力, 上事群臣, 下養百姓,願一與吳交戰於天下平原之野, 正身臂而奮吳‧越之士, 繼踵連死‧肝腦塗地者, 孤之願也. 思之三年, 不可得也. 今内量吾國, 不足以傷吳; 外事諸侯, 而不能也. 願空國‧棄群臣‧變容貌‧易姓名‧執箕帚‧養牛馬以事之. 孤雖知要領不屬, 手足異處, 四支布陳, 爲鄉邑笑, 孤之意出焉. 今大夫有賜存亡國‧死死人, 孤賴天賜, 敢不待令乎?」子貢曰:「夫吳王爲人, 貪功名而不知利害」越王愀然避位. 子貢曰:「臣觀吳王, 爲數戰伐, 士卒不息, 大臣内引, 讒人益衆. 夫子胥爲人, 精誠中廉, 外明而知時, 不以身死隱君之過, 正言以忠君, 直行以爲國, 其臣死而不聽. 太宰嚭爲人, 智而愚, 强而弱, 巧言利辭以内其身, 善爲詭詐以事其君, 知其前而不知其後, 順君之過以安其私, 是殘國傷君之佞臣也.」越王大悅. 子貢去, 越王送之金百鎰‧寶劍一‧良馬二, 子貢不受.

3.《孔子家語》屈節解

越王郊迎, 而自爲子貢御, 曰:「此蠻夷之國, 大夫何足儼然辱而臨之!」子貢曰:「今者, 吾說吳王以救魯伐齊, 其志欲之而心畏越, 曰:『待我伐越而後可.』則破越必矣. 且無報人之志, 而令人疑之, 拙矣! 有報人之意, 而使人知之, 殆乎! 事未發而先聞者危矣, 三者舉事之患矣.」句踐頓首曰:「孤嘗不料力而興吳難, 受困會稽, 痛於骨髓, 日夜焦脣乾舌, 徒欲與吳王接踵而死, 孤之願也. 今大夫幸告以利害.」子貢曰:「吳王爲人猛暴, 群臣不堪, 國家疲弊, 百姓怨上, 大臣内變, 申胥以諫死, 太宰嚭用事, 此則保吳之時也, 王誠能發卒佐之, 以邀射其志, 而重寶以悅其心, 卑辭以尊其禮, 則其伐齊必矣, 此聖人所謂屈節求其達者也. 彼戰不勝, 王之福; 若勝, 則必以兵臨晉, 臣還北, 請見晉君, 共攻之, 其弱吳必矣, 銳兵盡於齊, 重甲困於晉, 而王制其弊焉.」越王頓首許諾.

145(9-5)
다시 오나라로 찾아온 자공

자공은 드디어 길을 나서서 오吳나라에 이르렀다.

그리고 오왕에게 이렇게 보고하였다.

"공경하건대 나 하리下吏의 말로 월왕越王에게 고하였더니 월왕이 크게 두려워하면서 겁을 먹고 이렇게 말하더이다. '지난 날 나는 불행하게도 어려서 선인을 잃고 안으로 스스로를 헤아리지도 못한 채 오나라에 죄를 지어 군대는 패하고 내 자신은 욕을 입은 채 도망하여 회계산에 버렸는데 나라는 텅 빈 가시나무 밭에 되었고 몸은 물기기와 자라의 먹이가 되고 말았습니다. 그런데 대왕의 은사에 힘입어 조두俎豆를 받들어 조상에게 제사를 올릴 수 있었습니다. 대왕의 은사를 죽어도 잊을 수 없는데 어찌 모책을 세워 염려를 감히 끼쳐드리겠습니까?'라고 말입니다. 그는 속으로 심히 두려워하고 아마 장차 사신을 보내올 것으로 보입니다."

자공이 오나라에 와 있은 지 닷새가 지나자 과연 월나라에서 사신이 와서 이렇게 말하는 것이었다.

"동해東海의 부림을 받는 신하 구천은 사신 문종文種으로 하여금 감히 하리의 신분이 되어 임금의 좌우에게 고하도록 합니다. 지난 날 저는 불행히도 어려서 선인을 잃고 안으로 스스로를 헤아리지 못한 채 그대 나라에 죄를 지었습니다. 그리하여 군사는 패하고 제 자신은 치욕을 입어 몰래 도망하여 회계산에 버티게 되었습니다. 그 때 나라는 텅 빈 가시밭이 되었고 저는 물고기 자라의 먹이가 되고 말았습니다. 그런데 대왕의 은사에 힘입어 조두를 받들고 조상에게 제사를 올릴 수 있었습니다. 대왕의 은사는 죽어서도 잊을 수 없습니다. 지금 몰래 듣자하니 대왕께서 장차 대의大義를 일으키고자 강한 자를 주벌하고 약한 자를 구제하며, 포악한 제나라를 곤핍하게 하고 주실周室을 위무하시고자 하신다 하더이다. 그 때문에 우리 월나라 천한 신하 문종으로 하여금 선인이 비장하고 있던 무기, 즉 갑옷 20령領, 굴로모屈盧矛, 보광검步光劍으로써 대왕의 군리軍吏를 치하하도록 합니다. 대왕께서 장차 대의를 수행하고 나시면 우리 나라는 비록 작지만 군내 모든 사람을 선발하여 사졸 3천명을 내어 따르도록 하겠습니다. 그리고 저는 청컨대 직접 갑옷을 입고 예리한 무기를 들고 전장터에 나서서 화살과 돌을 맞겠습니다.'

오왕은 크게 기꺼워하며 자공을 불러 이렇게 고하였다.

"월나라가 과연 사신을 보내왔소. 3천의 병졸은 낼 것이며 그 임금도 따라 나서서 나와 함께 제나라를 치겠다 하오. 되겠소?"

자공이 말하였다.

"안 됩니다. 무릇 남의 나라를 비워두게 하고 그 나라 민중을 모두 나서며 게다가 임금을 따르게 하는 것은 어질지 못한 일이오. 임금께서는 그들의 예물만 받고 그들의 군사만을 허락하시고 그 임금이 나서는 것은 사양하시오."

오왕은 그 의견에 허락하였다.

遂行, 至吳.

報吳王曰:「敬以下吏之言告越王, 越王大恐, 乃懼曰: 『昔孤不幸, 少失先人, 內不自量, 抵罪於縣, 軍敗身辱, 遁逃出走, 棲於會稽, 邦爲空棘, 身爲魚鼈餌. 賴大王之賜, 使得奉俎豆而修祭祀. 大王之賜, 死且不忘, 何謀敢慮?』 其志甚恐, 似將使使者來.」

子貢至五日, 越使果至, 曰:「東海役臣孤句踐, 使使臣種, 敢修下吏, 聞於左右: 昔孤不幸, 少失先人, 內不自量,抵罪於縣, 軍敗身辱, 遁逃出走, 棲於會稽. 邦爲空棘, 臣爲魚鼈餌. 賴大王之賜, 使得奉俎豆而修祭祀. 大王之賜, 死且不忘! 今竊聞大王將興大義, 誅彊救弱, 困暴齊而撫周室. 故使越賤臣種, 以先人之藏器: 甲二十領·屈盧之矛·步光之劍, 以賀軍吏. 大王將遂大義, 則弊邑雖小, 悉擇四疆之中, 出卒三千, 以從下吏; 孤請自被堅執銳, 以受矢石.」

吳王大悅, 乃召子貢而告之曰:「越使果來, 請出卒三千, 其君又從之, 與寡人伐齊, 可乎?」

子貢曰:「不可. 夫空人之邦, 悉人之衆, 又從其君, 不仁也. 君受其幣, 許其師, 而辭其君.」

吳王許諾.

【下吏】部下. 여기서는 子貢이 자신을 낮추어 부른 말.

【乃懼】錢培名〈札記〉에 "上云「大恐」, 此不得更云「乃懼」, 二字當衍, 《史記》·《吳越春秋》幷無"라 함.

【俎豆】宴會, 朝聘, 祭祀에 사용되는 禮器. '俎'는 육류를 담는 궤. '豆'는 역시 제물을 담는 器皿.

【役臣】부림을 당하고 있는 신하. 句踐 자신을 지칭함. 附庸國 군주가 大國 군주에게 자신을 낮추어 부르는 말.

【種】大夫 文種. 자는 子禽, 혹 少禽, 會. 越나라 대부로 智謀가 있어 范蠡와 함께 句踐을 도와 吳나라에게 복수를 하고 句踐을 霸者로 만든 名臣. 그 뒤에 范蠡가 떠나고 句踐에게 죽음을 당함. 그러나 徐天祜 注에는 "大夫種, 姓文氏, 字會. 楚之鄒人"이라 함.

【大義】公義를 내세워 큰 일을 벌임.

【周室】天子國 周나라 왕실. 춘추시대 霸者들은 주실을 "尊王攘夷"의 大義名分을

내세웠음.

【甲】鎧甲. 갑옷.

【屈盧之矛】屈盧는 창을 잘 만들던 矛匠.《史記》商君列傳〈索隱〉에 "屈盧·干將,
幷古良匠造矛戟者名"이라 함. 아주 훌륭한 창을 대신하여 일컫는 말. 矛는 창의
일종.《左傳》哀公 11년에 "吳將伐齊, 越子率其衆以朝焉, 王及烈士, 皆有饋賂"
라 함.

【步光之劍】名劍 이름.

【受其弊】'弊'는 '幣'의 오류. 禮物, 즉 越나라에서 제공하기로 한 여러 좋은 무기
등을 뜻함.

> ### 참고 및 관련 자료

1.《史記》仲尼弟子列傳

報吳王曰:「臣敬以大王之言告越王, 越王大恐, 曰:『孤不幸, 少失先人, 內不
自量, 抵罪於吳, 軍敗身辱, 棲于會稽, 國爲虛莽, 賴大王之賜, 使得奉俎豆而
修祭祀, 死不敢忘, 何謀之敢慮!』」後五日, 越使大夫種頓首言於吳王曰:「東海
役臣孤句踐使者臣種, 敢修下吏問於左右. 今竊聞大王將興大義, 誅彊救弱,
困暴齊而撫周室, 請悉起境內士卒三千人, 孤請自被堅執銳, 以先受矢石. 因越
賤臣種奉先人藏器, 甲二十領, 鈇屈盧之矛, 步光之劍, 以賀軍吏.」吳王大說,
以告子貢曰:「越王欲身從寡人伐齊, 可乎?」子貢曰:「不可. 夫空人之國, 悉人
之衆, 又從其君, 不義. 君受其幣, 許其師, 而辭其君.」吳王許諾. 乃謝越王. 於是
吳王乃遂發九郡兵伐齊.

2.《吳越春秋》夫差內傳

至吳, 謂吳王曰:「臣以下吏之言告於越王, 越王大恐, 曰:『昔者, 孤身不幸, 少失
前人, 內不自量, 抵罪於吳. 軍敗身辱, 逋逃出走, 棲於會稽, 國爲墟莽, 身爲魚鱉.
賴大王之賜, 使得奉俎豆, 修祭祀. 大王賜死且不敢忘, 何謀之敢?』其志甚恐,
將使使者來謝於王.」子貢館五日, 越使果來, 曰:「東海役臣句踐之使者臣種,
敢修下吏, 少聞於左右:『昔孤不幸, 少失前人, 內不自量, 抵罪上國, 軍敗身辱,
逋逃會稽, 賴王賜得奉祭祀, 死且不忘. 今竊聞大王興大義, 誅强救弱, 困暴齊
而撫周室.』故使賤臣以奉前王所藏甲二十領·屈盧之矛·步光之劍, 以賀軍吏.
若將遂大義, 敝邑雖小, 請悉四方之內, 士卒三千人, 以從下吏, 請躬被堅執銳,

以前受失石, 君臣死無所恨矣.」吳王大悅, 乃召子貢曰:「越使果來, 請出士卒三千, 其君從之, 與寡人伐齊, 可乎?」子貢曰:「不可. 夫空人之國, 悉人之衆, 又從其君, 不仁也. 受幣, 許其師, 辭其君, 卽可.」吳王許諾.

3.《孔子家語》屈節解

子貢返五日, 越使大夫文種頓首言於吳王曰:「越悉境內之士三千人以事吳.」吳王告子貢曰:「越王欲身從寡人, 可乎?」子貢曰:「悉人之率衆, 又從其君, 非義也.」吳王乃受越王卒, 謝留句踐, 遂自發國內之兵以伐齊, 敗之.

진나라를 찾아간 자공

자공은 오나라를 떠나 진晉나라로 가서 진나라 임금에게 이렇게 말하였다.

"제가 듣건대 염려만 하고 계책을 확정짓지 않으면 갑작스러운 일에 대응할 수가 없고, 군사를 미리 훈련시켜 놓지 않으면 적을 이길 수 없다 하더이다. 지금 제齊나라와 오吳나라가 장차 전투를 벌이게 될 것인데 이기면 틀림없이 그 병력을 이 진나라로 향할 것입니다."

진나라가 크게 두려워하며 말하였다.

"어찌 하면 되겠소?"

자공이 말하였다.

"군사를 훈련시켜 쉬게 하면서 오나라를 기다리십시오. 저들은 싸워도 이기지 못할 것이며 월越나라가 그들을 어지럽힐 것은 틀림없습니다."

진나라 임금이 허락하였다.

자공은 진나라를 떠나 노魯나라로 향하였다.

子貢去而之晉, 謂晉君曰:「臣聞之: 慮不先定, 不可以應卒; 兵不先辨, 不可以勝敵. 今齊·吳將戰, 勝則必以其兵臨晉.」

晉大恐, 曰:「爲之奈何?」

子貢曰:「修兵休卒以待吳, 彼戰而不勝, 越亂之必矣.」

晉君許諾.

子貢去而之魯.

【晉君】구체적으로는 晉 定公을 가리킴. 晉 頃公(姬去疾)의 아들. 춘추 말 진나라 군주. 姬午. B.C.511~B.C.475년까지 37년 동안 재위함.

【應卒】돌발 사태에 응함. '卒'은 '猝'과 같음. 갑작스러움. 《史記》仲尼弟子列傳〈索隱〉에 "卒, 謂急卒也. 言計慮不先定, 不可以應卒有非常之事"라 함.

【先辨】'辨'이 《吳越春秋》에는 '辦'으로 되어 있음.

【休卒】《吳越春秋》에는 '伏卒'로 되어 있어 "병졸을 매복시켜 놓다"의 뜻이어서 훨씬 타당성이 있음.

참고 및 관련 자료

1. 《史記》仲尼弟子列傳

子貢因去之晉, 謂晉君曰:「臣聞之, 慮不先定不可以應卒, 兵不先辨不可以勝敵. 今夫齊與吳將戰, 彼戰而不勝, 越亂之必矣; 與齊戰而勝, 必以其兵臨晉.」晉君大恐, 曰:「爲之奈何?」子貢曰:「修兵休卒以待之.」晉君許諾. 子貢去而之魯.

2. 《吳越春秋》夫差內傳

子貢去晉, 見定公曰:「臣聞:『慮不預定, 不可以應卒; 兵不預辦, 不可以勝敵.』今吳·齊將戰, 戰而不勝, 越亂之必矣. 與戰而勝, 必而其兵臨晉, 君爲之奈何?」定公曰:「何以待之?」子貢曰:「修兵伏卒以待之.」晉君許之, 子貢返魯.

3. 《孔子家語》屈節解

子貢遂北見晉君, 令承其弊.

147(9-7)
황지黃池의 회담과 월나라의 반격

오왕 부차는 과연 구군九郡의 병사를 다 모아 발동하여 제나라와 애릉艾陵에서 전투를 벌여 제나라 군사를 대패시키고 일곱 장수를 사로잡았다.

그리고 병사들을 그대로 주둔시키고는 과연 진晉나라와 황지黃池에서 만났다.

오나라와 진나라가 서로 강함을 다투다가 진나라가 이를 쳐서 오나라 군사를 대패시켰다.

월왕 구천이 이 소식을 듣고 강江을 건너 오나라를 습격하여 도성에서 7리 되는 곳에 진을 쳤다.

오왕이 이를 듣고 진나라를 포기하고 월나라 막기에 나섰다.

월왕은 이를 맞아 오호五湖에서 전투를 벌였는데 오나라는 세 번 싸움에 모두 이기지 못하여 성문을 지켜낼 수 없었다.

드디어 왕궁을 포위하고 부차를 죽이고 그 재상을 죽였다.

오나라를 정벌한 지 3년, 월나라는 동방의 패자가 된 것이다.

그러므로 "자공이 한 번 나서자 노나라를 존속시켰고, 제나라를 혼란에 빠뜨렸으며 오나라를 깨뜨리고, 진나라를 강하게 하였으며, 월나라를 패자로 만들었다"라 하였으니 이를 두고 한 말이다.

吳王果興九郡之兵, 而與齊大戰於艾陵, 大敗齊師, 獲七將.

陳兵不歸, 果與晉人相遇於黃池之上.

吳晉爭彊, 晉人擊之, 大敗吳師.

越王聞之, 涉江襲吳, 去邦七里而軍陣.

吳王聞之, 去晉從越.

越王迎之, 戰於五湖, 三戰不勝, 城門不守.

遂圍王宮, 殺夫差而僇其相.

伐吳三年, 東鄉而霸.

故曰「子貢一出, 存魯, 亂齊, 破吳, 彊晉·霸越」, 是也.

【九郡】 나라 안의 모든 행정 구역을 통틀어 한 말.

【艾陵】 春秋時代 齊나라 地名.《史記》伍子胥列傳 "大敗齊師於艾陵"의〈正義〉에
"《括地志》云:「艾山, 在兗州博城縣南百六十里, 本齊博邑」이라 함. 지금의 山東
萊蕪縣 동북.《左傳》과《國語》에 의하면 艾陵之戰은 吳王 夫差 11년(B.C.485)
이었음.

【黃池】 宋나라 地名. 지금 河南 封丘縣 서남쪽.《左傳》哀公 13년에 "秋七月辛丑,
盟, 吳晉爭先. 吳人曰:「於周室, 我爲長.」晉人曰:「於姬姓, 我爲伯.」"이라 함.

【五湖】 吳나라 도읍에 가까운 지금의 太湖를 가리킴.

【僇其相】 '僇'은 '戮'과 같음. 晉과 吳의 黃池 會談 후, 哀公 13년 吳나라는 越
나라와 화평을 이루었으나 17년 3월 越나라가 吳나라를 공격, 笠澤에서 전투를
벌임. 20년 11월 越나라는 다시 吳나라를 포위하였고, 22년 11월 丁卯, 吳나라가
완전히 멸망하고 말았음.

> 참고 및 관련 자료

1.《吳越春秋》夫差內傳

吳王果興九郡之兵, 將與齊戰. 道出胥門, 因過姑胥之臺, 忽晝假寐於姑胥之
臺而得夢, 及寤而起, 其心惝然悵焉. 乃命太宰嚭, 告曰:「寡人晝臥有夢, 覺而

恬然悵焉. 請占之, 得無所憂哉? 夢入章明宮, 見兩鑩蒸而不炊, 兩黑犬嘷以南·嘷以北, 兩鋘殖吾宮牆, 流水湯湯越吾宮堂, 後房鼓震簁簁有鍛工, 前園橫生梧桐. 子爲寡人占之.」太宰嚭曰:「美哉! 王之興師伐齊也. 臣聞: 章者, 德鏘鏘也. 明者, 破敵聲聞, 功朗明也. 兩鑩蒸而不炊者, 大王聖德氣有餘也. 兩黑犬嘷以南·嘷以北者, 四夷已服, 朝諸侯也. 兩鋘殖宮牆者, 農夫就成, 田夫耕也. 湯湯越宮堂者, 鄰國貢獻, 財有餘也. 後房簁簁鼓震有鍛工者, 宮女悅樂, 琴瑟和也. 前園橫生梧桐者, 樂府鼓聲也」吳王大悅, 而其心不已. 復召王孫駱, 問曰:「寡人忽晝夢, 爲予陳之.」王孫駱曰:「臣鄙淺於道, 不能博大. 今王所夢, 臣不能占. 其有所知者, 東掖門亭長, 長城公弟公孫聖. 聖爲人, 少而好游, 長而好學, 多見博觀, 知鬼神之情狀, 願王問之.」

임동석(茁浦 林東錫)

慶北 榮州 上茁에서 출생. 忠北 丹陽 德尙골에서 성장. 丹陽初中 졸업. 京東高 서울教大 國際大 建國大 대학원 졸업. 雨田 辛鎬烈 선생에게 漢學 배움. 臺灣 國立臺灣師範大學 國文研究所(大學院) 博士班 졸업. 中華民國 國家文學博士(1983). 建國大學校教授. 文科大學長 역임. 成均館大 延世大 高麗大 外國語大 서울대 등 大學院 강의. 韓國中國言語學會 中國語文學研究會 韓國中語中文學會 會長 역임. 저서에 《朝鮮譯學考》(中文) 《中國學術槪論》 《中韓對比語文論》. 편역서에 《수레를 밀기 위해 내린 사람들》 《栗谷先生詩文選》. 역서에 《漢語音韻學講義》 《廣開土王碑研究》 《東北民族源流》 《龍鳳文化源流》 《論語心得》 〈漢語雙聲疊韻研究〉 등 학술 논문 50여 편.

임동석중국사상100

월절서 越絶書

袁康 撰 吳平 輯錄 / 林東錫 譯註
1판 1쇄 발행/2015년 1월 2일
발행인 고정일
발행처 동서문화사
창업 1956. 12. 12. 등록 16-3799
서울강남구도산대로163(신사동,1층) ☎546-0331~6 (FAX)545-0331
www.dongsuhbook.com
잘못 만들어진 책은 바꾸어 드립니다.

＊

＊

사업자등록번호 211-87-75330
ISBN 978-89-497-0899-7   04080
ISBN 978-89-497-0542-2   (세트)